LYKURG
Rede gegen Leokrates

TEXTE ZUR FORSCHUNG

Band 93

Die Deutsche Nationalbibliothek verzeichnet diese Publikation
in der Deutschen Nationalbibliografie;
detaillierte bibliografische Daten sind im Internet über
http://dnb.d-nb.de abrufbar

© 2008 by WBG (Wissenschaftliche Buchgesellschaft), Darmstadt
Die Herausgabe des Werkes wurde durch
die Vereinsmitglieder der WBG ermöglicht.
Einbandgestaltung: Neil McBeath, Stuttgart
Gedruckt auf säurefreiem und alterungsbeständigem Papier
Printed in Germany

Besuchen Sie uns im Internet: www.wbg-darmstadt.de

ISBN 978-3-534-20083-2

LYKURG
Rede gegen Leokrates

Herausgegeben, eingeleitet und übersetzt
von
JOHANNES ENGELS

Inhaltsverzeichnis

Vorwort

Die Anklagerede des Lykurg gegen Leokrates in einem Eisangeliaverfahren ist ein zentrales Quellenzeugnis für den letzten Abschnitt der spätklassischen Periode Athens von 338-322 v. Chr., die man nach dem führenden athenischen Politiker dieser Jahre, Lykurg, Sohn des Lykophron aus dem Demos Butadai, in der Forschung auch das 'lykurgische Athen' nennt. Sie ist der längste Text, den wir aus der Feder dieses Priesters, Rhetors und Dioiketen der öffentlichen Finanzen der Polis Athen kennen. Daher eignet sie sich hervorragend dazu, die stark durch die Religion und die Tradition Athens geprägte Wertewelt dieses athenischen Politikers kennenzulernen. Die Regierungszeit Alexanders des Großen (von 336-323 v. Chr.) überschneidet sich fast völlig mit dem 'lykurgischen Athen' und gab die weltpolitischen Rahmenbedingungen für die athenische Politik jener Jahre vor. Diese Periode der griechischen Geschichte bildet bereits seit Jahren einen Schwerpunkt meiner Forschungsinteressen.

Der auf dem Fundament einer tief empfundenen Religiosität und des Stolzes auf die Jahrhunderte alten Traditionen Athens und seiner adeligen Familie gründende, nach dieser Anklagerede gegen Leokrates zu urteilen äußerst radikale, geradezu militante Patriotismus Lykurgs ist ein interessantes Phänomen, das zu epochenübergreifenden Vergleichen anregt. Der in mehreren bekannten Prozessen von Lykurg systematisch unternommene Versuch, die Mitbürger Athens durch 'Schauprozesse' gegen angebliche Übeltäter und deren strenge Verurteilung zu besseren Bürgern zu erziehen, nähert sich im vorliegenden Falle der Anklage gegen Leokrates und bei der intendierten enormen Ausweitung des justiziablen Begriffsinhaltes von 'Verrat' schon fast einem Mißbrauch des demokratischen Gerichtswesens Athens an. Parallelen hierfür lassen sich auch in nachantiken Staaten und Gesellschaftssystemen finden.

Konkreter Anlaß für diese Monographie wurde ein Arbeitskurs an der Universität zu Köln im Sommersemester 2007 über diese Rede als zentrale Quelle für das 'lykurgische Athen'. Dabei zeigte sich, daß aus der Sicht der Studierenden eine moderne deutsche Übersetzung mit knapper Kommentierung dieses Schlüsseltextes ein Desiderat darstellt. Den Teilnehmern dieses Kurses und anderer Lehrveranstaltungen über die Zeit Alexanders des Großen möchte ich an dieser Stelle für ihre anregenden Fragen und Diskussionen zu Themenbereichen, die im Kommentar zu der Rede gegen Leokrates angeschnitten werden, ausdrücklich danken. Auch diese Monographie hat sehr profitiert von der angenehmen kollegialen Atmosphäre im Institut für Altertumskunde der Universität zu Köln, das in einer für dieses Projekt idealen Weise verschiedene altertums-wissenschaftliche Disziplinen verbindet und eine hervorragende Bibliothek unterhält. Schließlich sei auch den zuständigen Lektoren bei der WBG, Herrn Dr. Baulig und Herrn Geinitz, an dieser Stelle herzlich dafür gedankt, daß sie dieses Projekt mit großem Sachverstand und viel Geduld unterstützt haben. Ohne das Interesse, die Rücksichtnahme und aufmunternde Unterstützung meiner Frau, Dr. Marianne Engels, und meines Sohnes Johannes wäre dieses Buch nicht geschrieben worden.

Johannes Engels   Köln, im Februar 2008

1. Überlieferungsgeschichte der Rede Lykurgs *gegen Leokrates*, wichtige ältere Ausgaben, Kommentare und Übersetzungen

Die Überlieferung der Rede Lykurgs *gegen Leokrates* basiert vor allem auf sieben verschiedenen Handschriften. Von diesen sind zwei nach dem übereinstimmenden Urteil der Philologen, die sich mit der Kollation aller Handschriften zur Rede *gegen Leokrates* und der Erstellung eines Stemmas ihrer Abhängigkeitsverhältnisse befaßt haben, als die entscheidenden und besten Überlieferungsträger anzusehen.[1] Diese beiden wichtigsten Handschriften für die Konstitution des Textes der Rede *gegen Leokrates*, die einen von wenigen Einzelheiten abgesehen weitgehend übereinstimmenden Text bieten und von einem gemeinsamen Archetypos herstammen dürften, werden in den textkritischen Ausgaben mit den Siglen N und A bezeichnet. N ist ein *Codex Bodleianus* (Ms. Auct. II 8) aus Oxford und stammt aus dem späten 13. oder frühen 14. Jahrhundert, A ein *Codex Crippsianus* oder *Burneianus* 95, der im British Museum in London aufbewahrt wird und ebenfalls aus dem frühen 14. Jh. (ca. 1320) stammt. Welche von diesen beiden Handschriften als die bessere einzuschätzen ist, ist in der philologischen Fachdiskussion des späten 19. und frühen 20. Jh. intensiv diskutiert worden. Dabei hat sich insbesondere Blass als ein führender Fachmann für die attische Beredsamkeit, der auch selbst eine ausgezeichnete kritische Ausgabe der Rede *gegen Leokrates* mitsamt den Lykurgfragmenten vorgelegt hat (Leipzig 1899), nachdrücklich für eine Priorität der Handschrift N ausgesprochen, während andere Fachleute eher für A plädieren.

Im Vergleich mit anderen kanonischen attischen Rednern, insbesondere mit Lysias, Demosthenes oder Isokrates, sind bisher nur sehr wenige Papyri[2] mit Überresten aus der Leokratesrede Lykurgs bekanntgeworden. Keiner der relevanten Papyri bringt einen neuen Wortlaut des Textes, der das Verständnis einer Textstelle der Leokratesrede wesentlich verändern würde, welches bereits aus der Handschriftentradition gewonnen wurde. Die relativ geringe Anzahl erhaltener Handschriften mit dem Text der Rede *gegen Leokrates* und die wenigen literarischen Papyri mit Überresten aus dieser Rede belegen auch,

---

[1] Vgl. über die Handschriften insb. die *praefatio* der bedeutendsten kritischen Ausgabe der Rede *gegen Leokrates* und der Fragmente Lykurgs von Conomis 1970, V-XVII in der Bibliotheca Scriptorum Graecorum et Latinorum Teubneriana mit einem Stemma der Handschriften XV; siehe auch weiterhin die älteren wertvollen textkritischen Beiträge, die in der Literaturübersicht von Emminger 1913 über die Jahre 1886-1904 gesammelt sind; knapp zu den Handschriften auch Durrbach 1932 (1956²), LIII-LIV und Malcovati 1966, 46-51.

[2] Siehe als Vorarbeit zum künftigen neuen Repertorium der griechischen literarischen Papyri (Pack-Mertens) die Einträge zu Lykurg in der Datenbank des CEDOPAL (Univ. Liège): P.Oxy. 2550 zur Leokratesrede par. 1-2, P.Ryl. 551 zu den par. 22-23 und ein weiteres kurzes Stück P.Berol. inv. 11748 mit einer Passage aus der Anklage *gegen Menesaichmos*.

daß schon seit der Antike die Rezeption und Verbreitung der Reden des Lykurg geringer war als diejenige anderer kanonischer attischer Redner.

Die *editio princeps* der Leokratesrede erschien als eine *Aldina* in Venedig im Jahre 1513 (in der Sammlung *Oratores Graeci* 2, 132-151). Sie stützt sich offenbar noch nicht auf die beiden heute als beste angesehenen Handschriften A und N und weist aus heutiger Sicht verschiedene Schwächen auf. Dennoch wurde diese *Aldina* in der frühen Neuzeit bis zum 19. Jh. und zum Erscheinen einer Reihe neuer philologisch-textkritischer Editionen zur Grundlage der Kenntnis über die Rede Lykurgs *gegen Leokrates*. Eine ausführliche Liste wichtiger folgender Editionen stellte Conomis (1970, XIX-XX) zusammen.[3] Von den Ausgaben, die vor dem 19. Jh. erschienen sind, seien stellvertretend und aus wissenschaftsgeschichtlichem Interesse hier die Editionen von Ph. Melanchthon (Wittemberg 1545, griechisch mit lateinischer Übersetzung: *Lycurgi oratio contra Leocratem, desertorem patriae, dulcissime de officiis Patriae debitis disserens*), Henri Etienne (Paris 1575) und J.J. Reiske im Rahmen seiner einflußreichen Ausgabe der griechischen Redner (Leipzig 1771) genannt.

Mehrere Ausgaben des 19. Jh. und frühen 20. Jh. haben aufgrund der dort vorgeschlagenen überzeugenden Konjekturen und Emendationen, durch die profunde sprachliche Kompetenz der Herausgeber in ihren philologischen Erläuterungen zum Textverständnis, aber auch durch zum Teil reiche historische und realienkundliche Kommentarnotizen in bester positivistischer Gelehrtentradition ihren Wert bis heute bewahrt. Die folgende Aufzählung strebt keine Vollständigkeit an, sondern führt lediglich diejenigen Werke auf, die sich aus meiner Sicht als besonders hilfreich erwiesen haben. Blass schlug in seiner *editio maior* für die *Bibliotheca Teubneriana* (Leipzig 1899) zahlreiche glänzende Konjekturen vor, die sich bis heute in den führenden Textausgaben durchgesetzt haben. Bei anderen Konjekturen aus seiner Feder zur Rede *gegen Leokrates* jedoch wird deutlich, daß sie vielleicht nicht alle unbedingt notwendig sind, sondern aus dem systematischen Bedürfnis dieses Gelehrten nach Reinheit des Prosastiles der attischen Beredsamkeit resultieren (u.a. zur strengen Vermeidung des Hiates oder wegen bestimmter Prosarhythmen). Thalheim brachte in der Ausgabe der *Bibliotheca Weidmanniana* (Berlin 1880) ebenfalls einige Textverbesserungen, Nicolai (Berlin 1885[2]), Rehdantz (Leipzig 1876) und Sofer (Leipzig 1905) boten gute Lesetexte des griechischen Originals der Rede und wertvolle Erläuterungen in ihren kommentierten Ausgaben, die in jenen für die klassische Altertumskunde glücklichen Zeiten in verbreiteten Reihen für die Schullektüre mit Titeln wie "Griechische und lateinische Klassiker - Schulausgaben mit Anmerkungen" oder "Meisterwerke der Griechen und Römer in kommentierten Ausgaben" erschienen. In der zweiten Hälfte des 19.

---

[3] Landfester - Egger, DNP Suppl. 2, 2007 haben in ihr nützliches Handbuch zur Geschichte der antiken Texte leider keinen Eintrag über Lykurg und die Ausgaben und Übersetzungen seiner Reden aufgenommen.

und der ersten Hälfte des 20. Jh. wurde die Rede Lykurgs *gegen Leokrates* durchaus noch ab und zu im Griechischunterricht der Gymnasien gelesen, wenngleich andere attische Redner wie Lysias oder Demosthenes wesentlich häufiger auf dem Lektüreplan standen. Die Rede wurde daher sicherlich auch als ein Zeitdokument des spätklassischen Athen intensiver rezipiert als im ausgehenden 20. und beginnenden 21. Jh.

Bei der Vorbereitung dieser vorliegenden Ausgabe haben sich zudem die folgenden ausländischen zweisprachigen Ausgaben bzw. Übersetzungen der Rede *gegen Leokrates* als wertvolle Arbeitsmittel erwiesen: Durrbach (Paris 1932, 1956[2]) mit französischer Übersetzung, Treves (Mailand 1934), Malcovati (Rom 1966) und Marzi - Leone - Malcovati (Turin 1977) mit italienischer Übersetzung, Petrie (Cambridge 1922) wegen des Kommentars, Burtt (London - Harvard Mass. 1954) mit englischer Übersetzung sowie als jüngste englische Übersetzung Harris in Worthington - Cooper - Harris (Austin 2001, 161-203). García Ruiz (Madrid 2000) war mir nicht zugänglich. Forman (Oxford 1897) legte bereits früh einen Index vor, doch als Ersatz für dieses selten in Bibliotheken vorhandene Werk kann für die meisten Leser der Rede *gegen Leokrates* auch durchaus der knappe *Index nominum et rerum memorabilium* in der Ausgabe von Conomis 1970, 121-126 dienen.

Nachdem das spätklassische Athen lange Zeit in der Forschung im Schatten der hochklassischen, 'perikleischen' Periode des 5. Jh. gestanden hatte und oft abwertend als eine Epoche des Niederganges Athens und der gesamten griechischen Poliswelt mißverstanden wurde, hat die sehr intensive philologische, althistorische und archäologische Forschung über Athen in der Ära des Eubulos und Lykurg (ca. 355-322 v. Chr.) in der jüngeren Vergangenheit zu einem differenzierteren, insgesamt positiveren Bild vom damaligen Athen, seiner Kultur und seiner lebendigen Demokratie geführt. Der hier vorgelegte kurze Kommentar zur Rede Lykurgs *gegen Leokrates* wird die Gelegenheit nutzen, insbesondere auf jüngere Studien zu dieser Epoche und neuere Ergebnisse der Forschung zum lykurgischen Athen, der athenischen Verfassungs- und Rechtsordnung und dieser Anklage gegen Leokrates zu verweisen. Wertvolle ältere Beiträge zu diesen Themen werden daran interessierte Leser leicht über die Bibliographien der genannten jüngeren Werke auffinden können.

Die beiden bisher vorgelegten deutschen Übersetzungen der Rede von Bender (Stuttgart 1869, Berlin-Schöneberg 1916[4]) in der Reihe *Langenscheidtsche Bibliothek sämtlicher griechischer und lateinischer Klassiker in neueren deutschen Musterübersetzungen* und Güthling (Leipzig 1882, 1928[2]) in *Reclams Universal-Bibliothek* sind seit langen Jahrzehnten vergriffen. Außerdem legen sie beide noch ältere Ausgaben des griechischen Textes zugrunde, der durch die später erschienenen kritischen Editionen an einigen Stellen verbessert werden konnte. Auch wirkt an manchen Stellen der Sprachstil dieser Übersetzungen für heutige Leser veraltet. Eine moderne deutschsprachige Übersetzung der Rede *gegen Leokrates* auf der Basis der heute führenden kritischen Ausgabe in der *Bibliotheca Teubneriana* von Conomis (Leipzig 1970) ist daher offensichtlich ein Desiderat. Die hier vorgelegte Rede *gegen Leokrates* ist für das Klima des lykurgischen Athen eine zentral wichtige, zeitgenössische Quelle. Es ist zu hoffen, daß diese Rede in Zukunft nicht nur wegen einiger weniger, schon bisher oft zitierter Paragraphen flüchtig eingesehen werden, sondern auch als ganzer Text und als rhetorisches Kunstwerk wieder in der altertumskundlichen Diskussion stärkere Beachtung finden wird. Denn erst die Lektüre der gesamten Rede eröffnet einen vollen und authentischen Zugang zum fanatischen Patriotismus Lykurgs, einer der zentralen Figuren der spätklassischen Periode des demokratischen Athen.

2. Lykurgs Biographie und das lykurgische Programm

Unsere Kenntnisse über die beiden Hauptpersonen des Gerichtsverfahrens, aus dem die Anklagerede *gegen Leokrates* überliefert ist, sind aufgrund der Quellenlage extrem unterschiedlich. Der Angeklagte, ein athenischer Bürger namens Leokrates, zunächst in Athen ein Besitzer von Handwerkssklaven, später als Kaufmann und Händler u.a. mit Getreide in Rhodos, Megara und Athen tätig, ist lediglich aus dieser Rede und einer biographisch wenig ergiebigen weiteren Notiz in einer anderen Gerichtsrede des gleichen Jahres 330 v. Chr. bekannt. Weder die Geburts- und Todesdaten, noch der volle bürgerliche Namen des Leokrates sind zu benennen. Es wird im Kommentar verdeutlicht werden, daß zudem die wenigen biographisch verwertbaren Informationen, die Lykurg in seiner Rede über die Tätigkeiten, Aufenthaltsorte oder Verwandte und Freunde des Leokrates gibt, aus prozeßtaktischen Gründen vom Ankläger ausgewählt worden sind und den Angeklagten in möglichst schlechtem Lichte darstellen sollen.

Wertvolle Informationen sowohl über Leokrates als Person als auch über den Sachverhalt und die Ereignisse nach Chaironeia werden mit Sicherheit in der Verteidigungsrede des Leokrates vorgetragen worden sein. Aber in diesem Falle, wie bei den meisten anderen überlieferten attischen Gerichtsreden des 5. und 4. Jh. v. Chr., ist leider nur das Plädoyer einer Prozeßseite erhalten (hier der Anklage). Diese einseitige Quellenlage setzt jedem Versuch einer präzisen Rekonstruktion der 'tatsächlichen' Ereignisse im Jahre 338 v. Chr., welche Jahre später den Anlaß boten für dieses Gerichtsverfahren gegen Leokrates, enge Grenzen.[4]

Sehr viel günstiger ist dagegen die Quellenlage über den Ankläger. Lykurg, Sohn des Lykophron aus dem Demos Butadai,[5] gilt als der führende athenische Staatsmann in der letzten Periode der spätklassischen athenischen Demokratie von der Niederlage bei Chaironeia gegen Makedonien 338 v. Chr. bis zum Tode Alexanders des Großen 323 und dem Lamischen oder Hellenischen Kriege 323/22 v. Chr. Wegen des maßgeblichen Einflusses, den Lykurg in dieser Endphase der athenischen Demokratie auf die Politik der Polis gewann, spricht man in der heutigen Forschung zu Recht von diesen Jahren als dem 'lykurgischen Athen' und von den Reformprojekten und Maßnahmen, die Lykurg zusammen mit anderen führenden Rhetoren und

---

[4] Berühmte, annähernd zur Rede *gegen Leokrates* zeitgenössische Ausnahmen bieten die glücklicherweise erhaltenen Anklage- und Verteidigungsreden aus dem sogenannten *'Gesandtschafts-'* und dem *'Kranzprozeß'* von 343 bzw. 330 v. Chr. mit Aischines und Demosthenes als Hauptrednern, vgl. Aischin. or. 2 und 3 sowie Demosth. or. 18 und 19. (Namen antiker Autoren in Quellenangaben werden nach der Siglenliste DNP Band 1 XXXIX-XLVII abgekürzt, dort nicht enthaltene Autoren werden ausgeschrieben.)

[5] Siehe zu den Quellen über Lykurg Traill 2002, 199-206 = PAA 611355; Osborne - Byrne, LGPN II 1994, 282 Leokrates (3); Davies 1971 = APF Nr. 9251, S. 348-353, knapp informiert auch Weißenberger 1999.

Strategen dieser Jahre zu verwirklichen suchte, als dem 'lykurgischen Programm' (siehe unten).

Über das Leben und die politische Tätigkeit des Lykurg informieren im Vergleich mit anderen Rhetoren und Strategen des 4. Jh. vergleichsweise viele, aber in ihrer Gattung und ihrem Quellenwert unterschiedlich wertvolle antike Quellen: Wir kennen nur eine einzige vollständig erhaltene Rede Lykurgs, die Anklagerede *gegen Leokrates*, die hier übersetzt und kommentiert wird, als die ausführlichste eigene Äußerung Lykurgs. Hinzu kommen aber viele zeitgenössische Zeugnisse über Lykurg und Bruchstücke vor allem aus weiteren Gerichtsreden und aus einem politischen Tatenbericht. Zudem ist Lykurg in wichtigen Volksbeschlüssen, Ehrendekreten und anderen inschriftlichen Quellenzeugnissen der spätklassischen Ära erwähnt.[6] Besonders bedeutend ist hiervon das ausführliche 'Stratoklesdekret' vom Jahre 307 v. Chr. (IG II^2 457 und IG II^2 513) zur postumen Ehrung Lykurgs, von dem auch eine literarische Fassung im Anschluß an die *Vita Lykurgs* in der Sammlung der *Lebensbeschreibungen der zehn attischen Redner* überliefert ist (Ps.-Plut. Mor. 852a-852e).[7] Wir kennen ein biographisches Enkomion des ungefähren Zeitgenossen Philiskos von Milet auf Lykurg (FGrHist IV A 1 1013 Engels = BNJ 337bis = Olympiodoros Comm. ad Plat. Gorg. 515d), aus dem aber leider nur ein Fragment erhalten ist. Dagegen liegt eine deutlich spätere, knappe Biographie in der Reihe der *Bioi ton deka rhetoron* oder *Lebensbeschreibungen der zehn attischen Redner* noch vor, die im Corpus der Schriften Plutarchs überliefert worden ist (Ps.-Plut. Mor. 841b-844a).[8] Sie ist vermutlich dem augusteischen Stilkritiker Kaikilios von Kale Akte als Verfasser zuzuweisen, der auch über die Stileigenschaften Lykurgs und anderer kanonischer Redner geschrieben hat. Wertvolle, aber wegen ihrer Gattung und der jeweiligen rhetorischen Funktion methodisch stets vorsichtig zu interpretierende Quellen bieten Passagen in zeitgenössischen Reden und Briefen anderer Rhetoren, z.B. des Hypereides als Prozeßgegners Lykurgs in den Reden *für Euxenippos* nach 330 und *für Lykophron* ca. 333 oder der *Verteidigung der Söhne des Lykurg* 324 v. Chr. (Hyp. or. 2 und 3, Fr. 118 Jensen), des Demosthenes (Demosth. Epist. 3,6 und 16f) und vor allem wegen seines wichtigen Hinweises zur Datierung der Leokratesrede des Aischines in der Rede *gegen Ktesiphon* 330 (Aischin. 3,252). Verstreute Notizen finden sich ferner bei zeitgenössischen und späteren Historikern, Atthidographen und

---

[6] Alle für das lykurgische Athen historisch relevanten Inschriften sind bereits gesammelt in Schwenk 1985. Doch siehe auch für den Zeitraum 352/1 - 322/1 und zu allen staatlichen Gesetzen und Beschlüssen Athens in einer Serie von Artikeln in der ZPE Lambert 2004 (Dekrete zu Ehren von Athenern), 2005 (Regelungen über religiöse Angelegenheiten), 2006 (Beschlüsse mit Ehrungen für Fremde: Bürgerrechtsverleihungen, Proxeniedekrete, Euergesie), 2007a (andere Auszeichnungen) und 2007b (Verträge und sonstige Texte).

[7] Siehe zu der inschriftlichen Fassung und der literarischen Version des Stratoklesdekretes ausführlich Prauscello 1999 mit der älteren Literatur.

[8] Diese Vita Lykurgs wird hier zitiert nach der Ausgabe von Cuvigny 1981.

in den Biographien des Demosthenes, Phokion und Alexander aus der Feder des Biographen Plutarch. Meist lediglich von geringem eigenständigen Quellenwert sind die späten byzantinischen biographischen Notizen in der *Bibliothek* und im *Lexikon* des Patriarchen Photios und im Lexikon der *Suda* (Phot. Bibl. cod. 268 Henry und Suda s.v. *Lykurgos* L 825 Adler).

Der vollständige 'offizielle' Name dieses Rhetors Lykurg lautete in der altgriechischen Form mit den drei typischen Bestandteilen (Name, Vatersname und Name des Demos, also des bürgerlichen Wohnbezirkes in Attika, zu dem jeder Bürger nach familiärer Tradition gehörte) '*Lykurgos Lykophronos Butades*'. Der vollständige Name ist auf offiziellen inschriftlichen Dokumenten sicher überliefert und ebenfalls in der literarisch-biographischen Tradition bezeugt. Da die familiäre Tradition das Selbstverständnis Lykurgs als Rhetor, Politiker und Ankläger vor Gericht insgesamt und besonders im Leokratesprozeß stark beeinflußt hat, wie viele Passagen aus der Rede deutlich zeigen, muß hier einleitend hierauf und auf einige Vorfahren Lykurgs näher eingegangen werden.

Der Name des Demos Butadai wird in antiken Quellen auch in leicht abweichender Form geschrieben (*Butadai* in den *Ethnika* des Stephanos von Byzanz B 156 Billerbeck oder *Buteia* bei Harpokration s.v. *Butades* B 21 Keaney). Der Demos gehörte zur Stadttrittys der Phyle Oineis, wie Inschriften und literarische Quellen (mit Ausnahme von Stephanos von Byzanz) zeigen. Nach inschriftlichen Quellen stellte Butadai nur einen einzigen Buleuten für den Rat der 500. Es war also ein kleiner bürgerlicher Wohnbezirk (IG II² 1745,17 und 2438,48).[9] Für eine präzise Lokalisierung der Grenzen des Demengebietes von Butadai fehlen bisher hinreichend eindeutige epigraphische Zeugnisse. Doch legen es Einzelheiten des Mythos um den Namensgeber Butes nahe, den Demos im Gebiet nordwestlich vom Dipylon Athens zu lokalisieren. Vor einigen Jahren wurde eine Grabanlage (*erion*) der Familie des Redners Lykurg in Athen bei der Kreuzung der Basilikou- und Kratylou-Straßen entdeckt. Stelen und eine Lekythos aus dieser Grabanlage tragen Namen verschiedener Mitglieder der Familie, u.a. wohl des Vaters, eines Sohnes und in einigen Buchstabenresten vielleicht auch der Mutter des Redners.[10]

Butes war nach der im 4. Jh. vorherrschenden Version des Mythos ein Sohn des Poseidon (Hes. Fr. 223 Merkelbach / West), während eine alternative Genealogie Butes als Sohn des Pandion und der Zeuxippe, einer Tochter des Flußgottes Eridanos bezeichnete (Apollod. Bibl. 3,14,8, und Stephanos von Byzanz s.v. *Butadai* B 156 Billerbeck). Butes besaß beim Heiligtum des Poseidon Erechtheus auf der Akropolis einen Altar. Die Ehrenstellung des Priesters des Poseidon Erechtheus vererbte sich seit alters unter männlichen Nachkommen des Genos der 'Eteobutaden', der "wahren oder echten"

---

[9] Vgl. zu Butadai Traill 1975, 109 Nr. 27.
[10] Siehe ausführlich Matthaiou 1987, vgl. Ps.-Plut. Mor. 842e.

Nachfahren des Butes.[11] Lykurg selbst dürfte mehrere Jahrzehnte lang bis zu seinem Tode 324 dieses Priesteramt ausgeübt haben. Sein ältester Sohn Habron sollte diese Stellung übernehmen. Doch weil Habron keinen Sohn hatte, trat er dieses Priesteramt an seinen jüngeren Bruder Lykophron ab (Ps.-Plut. Mor. 843f).

Nach einer späteren Erweiterung des Mythos wurde eine zweite Person namens Erechtheus (als Bruder des Butes) in die Legende eingeschoben, welcher als Säugling von der Göttin Athena selbst versorgt worden sei. So erklärte man den Brauch, daß auch das Priesteramt der Athena Polias unter weiblichen Mitgliedern eines Zweiges der Eteobutaden vererbt wurde, das des Poseidon Erechtheus unter männlichen (vgl. Lykurg. or. VI. Fr. 11 Conomis = Drakon FGrHist 344 F 1, Harpokr. s.v. *Butes* B 22 Keaney und s.v. *Eteobutadai* E 148 Keaney, Etym. magnum s.v. *Eteobutadai*, Phot. Lex. s.v. *Eteobutadai* E 2056-2057 Theodoridis und Suda s.v. *Eteobutadai* E 3283 Adler). In jeder Generation versahen also auf der Akropolis, dem sakralen Zentrum der Polis, zwei Personen aus zwei Familienzweigen der Eteobutaden regelmäßig priesterliche Kultaufgaben für Athene und Poseidon als Staatsgottheiten. Bei religiösen Festen und in Prozessionen der Polis spielten diese Priester und Priesterinnen eine hervorragende Rolle in der Öffentlichkeit, besonders bei den Skirophoria und den Arrhephoria. Die Familie Lykurgs gehörte zu den ältesten und vornehmsten athenischen Adelsfamilien, den sogenannten 'Eupatriden'. Alter, Adel und Ansehen, sowie die Priesterämter dieser Familie prägen die religiöse Basis des lykurgischen Programms und seines fanatischen und rigorosen Patriotismus und erklären mehrere für athenische Gerichtsreden der damaligen Zeit auffällige Passagen in der Leokratesrede.

Das älteste für uns noch faßbare Mitglied der Familie ist Lykurgos, Sohn des Aristolaides. Er war vermutlich Anführer der Athener "aus der Ebene" (*Pediakoi*) in den Auseinandersetzungen mit den Anhängern des Peisistratos vor dessen endgültiger Machtergreifung, zwischen 561/60 und 546 v. Chr. Seit der Einbeziehung des Demos Butadai in die kleisthenischen Reformen 508/7 v. Chr. dürfte die Familie der Eteobutaden sicherlich in diesem Bezirk als eine der vornehmsten Familie gegolten haben. Möglicherweise stammte aus dieser Familie auch Lykurgos, der Anführer der athenischen Expedition nach Eion in Thrakien 476/5. Der Urgroßvater Lykomedes und der Großvater Lykurgs - ebenfalls mit Namen Lykurgos - erhielten städtische Ehrengräber auf der Kerameikosnekropole. Wenn Lykurg in der Anklagerede pathetisch ausführt, Leokrates habe die Gräber der Athener im Kerameikos verraten, so spricht er eben auch von den Ehrengräbern für Mitglieder seiner eigenen Familie (Vita Ps.-Plut. Mor. 843e und Stratoklesdekret 852a und IG II² 457; auch Paus. 1,29,15 zu Grabmälern der Familie). Der Großvater Lykurgos, Sohn des Lykomedes, wurde als amtierender Priester von den 'Dreißig' 404/3

---

[11] Vgl. zu den Eteobutaden und den mythischen und historischen Quellen über ihr Genos ausführlich Bourriot 1976, Bd. 2, 1304-1347.

nach einer Anzeige des Aristodemos von Bate hingerichtet (Mor. 841b). Er gehörte daher zu den 'Märtyrern' der restaurierten Demokratie des 4. Jh. Er hatte nach familiärer Tradition sein Leben für die Demokratie und die Polis Athen geopfert, wie es Lykurg in der Anklagerede *gegen Leokrates* als Pflicht jedes athenischen Bürgers einfordert, und erhielt eine Bestattung auf Staatskosten (Mor. 843e und 852a). Dieser Großvater trug (wegen einer Vorliebe für den Isiskult?) bei Komödiendichtern der Zeit den Spitznamen der "Ibis" oder "der Ägypter" (Aristoph. *Wolken*, 1294 und 1296 mit Scholia; Kratinos F 32 PCG IV; Pherekrates F 11 PCG VII). Wenn tatsächlich schon einer der Vorfahren des Lykurg eine Beziehung zum ägyptischen Isiskult gehabt hatte, dann würde dies die Nachricht besser verständlich machen, daß Lykurg selbst in den 330er Jahren beantragte, daß Kaufleute aus Kition das Privileg der Enktesis erhalten sollten, um ein Heiligtum errichten und einen Thiasos zum Isiskult in Athen begründen zu dürfen (IG II^2 337,43f = Schwenk Nr. 27).

Das Geburtsdatum Lykurgs ist nicht eindeutig sicher festzulegen. Die Tatsache, daß in den Viten der zehn Redner die Vita des Lykurg vor derjenigen des Demosthenes steht, beweist wenig. Denn die Reihenfolge der Redner ist nicht streng chronologisch geordnet. Eine Stelle in der *Hypothesis* des Libanios zur Rede 25 des Demosthenes *gegen Aristogeiton* deutet an, daß Lykurg älter als Demosthenes gewesen sei, also vor 384/3 geboren wurde. Denn Lykurg habe in dem Verfahren als der Ältere vor Demosthenes gesprochen. Damit wäre Lykurg wohl ungefähr gleich alt wie Hypereides (geb. 389 v. Chr.). Angesichts der hohen sozialen Stellung der Familie darf man eine überdurchschnittlich gründliche Ausbildung Lykurgs erwarten. Lykurg soll sowohl ein Schüler des Rhetors Isokrates (Ps.-Plut. Mor. 841b) als auch der Akademie Platons gewesen sein (Philiskos von Milet FGrHist IV A 1 1013 F 1, Diog. Laert. 3,46). Beide Informationen können sehr gut zutreffen. Es kann andererseits nicht gänzlich ausgeschlossen werden, daß diese Schülerverhältnisse erst in der biographischen Tradition aus Schriften des Redners Lykurg und seinem politischen Wirken erfunden wurden.[12]

Die Redeweise Lykurgs in der einzigen vollständig überlieferten und daher anders als die meisten knappen Fragmente aus seinen Reden auch für eine stilistische Analyse geeigneten Leokratesrede zeigt, daß Lykurg mit der rhetorischen Technik seiner Zeit wohl vertraut war. Einige rhetorische Phrasen und Stilmittel lassen sich gleichermaßen bei Lykurg und Isokrates nachweisen. Doch die sorgfältige Komposition und die ponderierten Satzkonstruktionen des Isokrates werden bei Lykurg nicht selten durch das penetrante Bemühen um *auxesis* und *deinosis*, also rhetorische Vergrößerung und Übertreibung, drastisches Pathos und schärfste Appelle an die Moral der Bürger und Richter ersetzt. Ähnlich wie Isokrates war Lykurg anscheinend kein Meister der spontanen Improvisation und des Wortgefechtes vor Gericht. Offensichtlich ist jedenfalls die Leokratesrede sorgfältig vorbereitet und

---

[12] Vgl. zu den antiken Nachrichten über die Schüler des Isokrates Engels 2003b.

ausgearbeitet worden. Hypereides oder Demades galten dagegen unter den Zeitgenossen als Meister der spontanen Improvisation und schlagfertiger Repliken. Der Sprachstil der Leokratesrede erweist Lykurg jedenfalls nicht als einen besonders typischen Schüler der isokrateischen Schultradition (vgl. 5. Exkurs zum Stil und zur Sprache Lykurgs, 179-182).

Allerdings teilt Lykurg das Erziehungsziel und das demokratische Bürgerideal des Isokrates nur partiell, wenn man die Leokratesrede von 330 mit annähernd zeitgenössischen Reden des Isokrates, vor allem mit dem zeitlich nächstliegenden *Panathenaikos* von 338 vergleicht. Beide Redner üben Kritik an politisch völlig passiven, sich weitestgehend ins Privatleben zurückziehenden Bürgern oder solchen Athenern, die sich besonders in Krisenzeiten aus ihrer Polis entfernten.[13] Isokrates und Lykurg befürworten zwar auch beide vielfältiges bürgerliches Engagement und eine aktive Partizipation am Leben der Polis, doch Lykurg fordert einen viel aktiveren, fanatischen und vollkommen opferbereiten Bürger.

Ein Schülerverhältnis des Lykurg zu Platon wird bereits von dem Zeitgenossen Philiskos von Milet bezeugt (Philiskos F 1) und ist daher wahrscheinlich. Zudem stand Lykurg auch in persönlicher Bekanntschaft mit dem Akademiker Xenokrates aus Chalkedon, der 339/8-315/4 und damit in der gesamten Zeit des lykurgischen Athen Scholarch der platonischen Akademie war, neben dem Peripatos des Aristoteles damals einem Zentrum der intellektuellen Elite. Eine gedankliche Nähe zwischen Lykurg und Platon bzw. ein direkter Einfluß der Staatsphilosophie der Akademie auf Lykurgs Wertewelt wird in dem philosophischen Rigorismus und den strengen ethischen Forderungen an die erwachsenen männlichen und weiblichen Bürger, vor allem auch an die Jugend Athens deutlich.[14] Es sind aber keine Tendenzen bei Lykurg erkennbar, besonders signifikante Elemente der platonischen politischen Utopien aus der *Politeia* oder den *Nomoi* in die Leokratesrede einzubauen. Auch hat Lykurg keinen Versuch unternommen, sich selbst zu einem Philosophenherrscher zu stilisieren, wie man es bei anderen zeitgenössischen Platonschülern und 'Stadtherrschern' beobachten kann, z.B. im Umkreis des Hermias von Atarneus in Kleinasien oder 317-307 in Athen selbst bei dem Peripatetiker Demetrios von Phaleron. Die mit Blick auf das athenische Publikum provokante offene Bewunderung, welche Lykurg in der Leokratesrede für Sparta und seine Gesetzesordnung ausspricht, sollte nicht als ein Indiz für direkte platonische Einflüsse gewertet werden. Lakonophilie war nämlich unter den Eupatridenfamilien Athens seit dem 5. Jh. eine nicht seltene Einstellung, die sich in der politischen Praxis durchaus mit fester Treue zu Athens demokratischer Verfassung und Interessen verbinden konnte. Sparta wird in der Leokratesrede vor allem als Modell eines durch gute Gesetze geordneten Staates vorgestellt, der eine permanente und

---

[13] Siehe zu den 'quiet Athenians' ausführlich Carter 1986, zu den 'absentee Athenians' Whitehead 2006.

[14] Siehe zu platonischen Einflüsse auf Lykurg Renehan 1970 und Allen 2000a.

völlige Opferbereitschaft seiner Bürger seit Generationen einforderte. In der Frage des politischen Systems dagegen war Lykurg ein loyaler Anhänger der athenischen Demokratie, an deren Stabilisierung und Weiterentwicklung er selbst tatkräftig zwischen 338 und 324 mitwirkte.

Biographisch-anekdotische Notizen von nicht allzu hohem Quellenwert stellen die persönliche Bedürfnislosigkeit in materiellen Dingen sowie den Arbeitseifer Lykurgs heraus. Angeblich trug er sommers wie winters die gleiche einfache Kleidung und lebte auf 'lakonische' Weise. Hierin war er dem athenischen Strategen Phokion ähnlich. Wie diesem ging auch Lykurg der damals unter der athenischen politischen Elite seltene Ruf der Unbestechlichkeit voraus, der ihm ebenfalls den Beinamen "der Gerechte" eintrug (Mor. 841f und 842c). Häufige Kranzehrungen durch die Mitbürger unterstreichen sein Ansehen bei der Mehrheit des Demos, den er zeitweise jedoch in der aristokratischen Tradition eines Kimon oder Perikles auch scharf beschimpfen konnte (siehe Mor. 842d und den Ausspruch Lykurgs über das Lob der *korkyraia mastix,* der Peitsche aus Korkyra, zur Züchtigung des ungezügelten Demos).

Nach unseren Zeugnissen über Lykurgs politisches Wirken begann er seine politische Karriere erst spät 343/42 v. Chr. als athenischer Gesandter auf der Peloponnes[15] und als Helfer beim Aufbau des demosthenischen Hellenenbundes gegen Philipp II. In den außenpolitisch brisanten Jahren 343-338/7 exponierte sich Lykurg aber nicht als eine 'antimakedonische' Führungsfigur wie Demosthenes selbst oder seine wichtigen Helfer Hegesippos und Hypereides. Falls wir hier nicht zum Opfer eines die politische Vita verzerrenden, zufälligen Bildes der Quellenlage werden, dann begann Lykurg seine Tätigkeit in der Elite der Rhetoren und Strategen also erst im fortgeschrittenen Alter. Vielleicht konzentrierte er sich zuvor und nach der Niederlage im Bundesgenossenkrieg in der Hochphase der sogenannten Eubulosära 355-343 auf die Aufgaben seines Priesteramtes.

Nach der biographischen Tradition war angeblich Lykurg nicht unbemittelt (*euporos* Mor. 842c). Er bezahlte z.B. Sophisten für die Ausbildung seiner Söhne (Mor. 842d). Andererseits zählte er wohl nicht zu den Mitgliedern der 6000 reichsten Athener der *Proeisphora*-Zahler. Über seine Ehefrau war Lykurg verwandt mit der vermögenden Familie des Kallias von Bate (APF 7856) und des Pythodoros von Acharnai (APF 12413). Es gibt aus der gesamten Karriere des Lykurg bisher aber keinen Beleg dafür, daß er selbst

---

[15] Demosthenes hebt in der *Dritten Philippika* nach dem Wortlaut der besten Manuskripte namentlich nur Polyeuktos und Hegesippos als Gesandte hervor. Daneben nennt er einige andere Athener (*alloi tines*). Doch andere Manuskripte dieser Rede überliefern an dieser Stelle explizit auch die Namen des Kleitomachos und des Lykurg (vgl. Demosth. 9,72 und dazu Schaefer 1885-1887², Bd. II, 427-428 und Anm. 2; Mosley 1974, 338-339 verwirft diese Quellenstelle jedoch als Zeugnis für eine frühe diplomatische Tätigkeit des Lykurg).

Leiturgien übernommen oder der Polis aus seinem Privatvermögen große Summen gespendet hätte.[16] Dies ist bemerkenswert mit Blick auf die hohen Forderungen nach Einsatz für die Polis, die Lykurg an seine Mitbürger in der Rede *gegen Leokrates* stellt (siehe aber zu Leiturgien unten par. 139-140).

Der Höhepunkt der politischen Karriere des Lykurg liegt zwischen 338 und 324 und nach der Zäsur der Schlacht von Chaironeia. Lykurg stieg damals rasch zu einem der führenden Rhetoren der Polis auf. Er brachte für zahlreiche Volksbeschlüsse und Projekte Jahr für Jahr Mehrheiten der Volksversammlung hinter sich. Zugleich erlangte er auf der Basis eines neuartigen Amtes einen wesentlichen Einfluß auf die Verwaltung der Finanzen der Polis. Lykurg verband also eine informelle Meinungsführerschaft in der Ekklesia als Rhetor mit einem Wahlamt der Polis über mehrere Jahre, das vor allem mit der Verwaltung der Finanzen befaßt war. Hierin zeigt er sich als ein Erbe der Stellung des Eubulos von Probalinthos, des vormaligen Leiters der Verwaltung der athenischen Schaugelderkasse (*Theorikon*-Kasse). Ein struktureller Unterschied zu großen Demagogen Athens im 5. Jh. wie Themistokles und Perikles oder zu Timotheos und Kallistratos im 4. Jh. liegt darin, daß Lykurg niemals das militärische Führungsamt der Strategie übernommen hat. Abgesehen von den Krisenphasen unmittelbar nach Chaironeia 338 und des Lamischen oder Hellenischen Krieges, als die Strategen Phokion bzw. später Leosthenes eine wichtige Rolle spielten, prägen nun zwischen 338 und 322 vor allem 'zivile' Mitglieder der Elite die Politik der Polis.

335 wurde Lykurg von Alexander beschuldigt, mit Thebens antimakedonischem Aufstand sympathisiert und versucht zu haben, Athen darin zu verwickeln. Daher forderte Alexander auch Lykurgs Auslieferung, die aber vom Demos Athens abgelehnt wurde.[17] Für eine Beteiligung Athens am Agisaufstand 331 trat dagegen Lykurg nicht mehr offen ein. Bis zu seinem Todesjahr 324 widmete er sich primär den auf Athen und Attika zielenden Aspekten des lykurgischen Programms. In das knappe Jahrzehnt von 336-326 fällt der größte Einfluß Lykurgs. Damals wurden sozusagen im Schatten des Alexanderzuges und der Herausbildung der neuartigen Universalmonarchie Alexanders die Kernbestandteile des lykurgischen Reformprogramms verwirklicht. Offiziell war Athen seit 338/7 Mitglied in der allgemeinen Friedensordnung (*koine eirene*) des 'Korinthischen Bundes' unter makedonischer Hegemonie in Hellas und nach 334 an Alexanders Seite Alliierter im Perserkrieg. Doch Athen strich in diesem Jahrzehnt von Alexanders Kriegszügen, die von 334-324 die damalige Welt veränderten, eine nicht unerhebliche 'Friedensdividende' infolge des weitgehenden

---

[16] Vgl. Davies 1971, APF Nr. 9251, insb. S. 348.

[17] Siehe zur Forderung Alexanders nach einer Auslieferung Lykurgs Engels 1993, 153-178 und als Hauptquellen Arr. Anab. 1,10,1-3, Plut. Phok. 17,2, Plut. Dem. 23,4, Diod. 17,15 und Suda s.v. *Antipatros* A 2704 Adler; das Stratoklesdekret Mor. 852d und IG II^2 457b,17-19 ist in der Chronologie ungenau.

Friedens in Hellas selbst ein, die eine Finanzierung der umfangreichen Reformprojekte und Baumaßnahmen unter Lykurgs Leitung erleichterte. 326 amtierte Lykurg noch als Hieropoios Athens in Delphi. 325 unterstützte er eine Anklage gegen Aristogeiton. Offenbar lebte Lykurg auch im Jahre 324 noch, da er damals in die Diskussion in Athen über Alexanders Wunsch nach göttlicher Verehrung zu Lebzeiten auch in den griechischen Poleis eingriff. Lykurg lehnte dieses Ansinnen mit scharfer Ironie ab und verteidigte die traditionelle Polisreligion. Er bemerkte spitzzüngig, was Alexander doch für eine seltsame neuartige Gottheit sei, wenn man sich beim Verlassen ihres Tempels zuerst rituell wieder besprengen und reinigen müsse (Mor. 842d). Lykurg verstarb im Laufe des Jahres 324, sicherlich vor der Verhandlung der Anklage gegen Demosthenes im Harpalosskandal 323 v. Chr.

In der Verwaltung der Finanzen der Polis Athen, im Ausbau ihrer Infrastruktur und für die Stärkung ihres Militärpotentials leistete Lykurg Erstaunliches sowohl im Urteil der Zeitgenossen als auch nach der heutigen Forschungsmeinung. Besonders betont wird die finanzielle Blüte der Polis. Durch Vermittlung Lykurgs erhielt die Polis 250 Talente durch Spenden oder Darlehen von Privatpersonen (nach dem Stratoklesdekret sogar 650 Talente, gerechnet zu je ca. 26 kg Silber, ein Talent = 6000 Drachmen). Die jährlichen Einkünfte des athenischen Staates stiegen bis auf erstaunliche 1200 Talente. Die Gesamtsumme der in Lykurgs Amtszeit verwalteten Mittel betrug 14000, nach anderen Quellen sogar 18500 bzw. 18900 Talente (vgl. Mor. 841b und 842f und das Stratoklesdekret Mor. 852b).[18] Auch ohne ein ägäisches Seereich und die hegemoniale Stellung der Polis in einem Seebund, die Athen im 5. Jh. unter Perikles innegehabt hatte, erreichte Athen unter Lykurgs Leitung also eine ähnlich hohe oder sogar wahrscheinlich noch leicht höhere Summe an regulären Einkünften des Staates. Diese addierten sich aus der 'Friedensdividende', einer effizienteren Verwaltung der Einkünfte und Ausgaben, hohen Zolleinnahmen, Pachterträgen aus Bergwerken und anderem Staatsbesitz, Spenden sowie auch Sondererträgen, z.B. aus der Konfiskation des Vermögens von Verurteilten.

In der Forschung ist umstritten, wie das neuartige Amt Lykurgs konzipiert und benannt war. Eine Mehrheit meint, daß es sich um ein vierjähriges Wahlamt gehandelt habe, das Lykurg zweimal selbst bekleidet habe, während in der dritten Periode (wegen eines Iterationsverbotes?) einer seiner Freunde gewählt wurde. Andere Gelehrte vermuten dagegen, daß es sich um ein einjähriges Wahlamt gehandelt habe, wie bisher in der Demokratie bei wichtigen Ämtern fast immer üblich. Jüngst hat z.B. Tully[19] grundsätzlich bezweifelt, daß das Amt Lykurgs für den vollen Zeitraum einer panathenäischen Vierjahresperiode gewählt worden sei. Jedenfalls war Lykurgs Amtsstellung so einflußreich, daß er nach 338 v. Chr. maßgeblichen

---

[18] Vgl. zu der Blüte des Finanzwesens der Polis unter Lykurgs Leitung Engels 1988a und 1992a, Faraguna 1992, Leppin 1995 und Lewis 1997.

[19] Tully 2006.

Einfluß auf die Verwaltung der gesamten Finanzen und auf die ganze Politik der Polis nehmen konnte. Eine andere Gruppe von Gelehrten[20] bezweifelt aber diese Erklärung seiner Machtposition. Vielmehr habe Lykurg ohne die Basis eines solchen neuartigen Wahlamtes, aufgrund seiner rhetorischen Fähigkeiten und seines persönlichen Charismas und durch mehrere unterschiedliche (jährliche) Ämter die Geschicke der Stadt maßgeblich bestimmt. Das wichtigste dieser Ämter sei das des *tamias ton stratiotikon* gewesen, des Verwalters der städtischen Kriegskasse. Diese Vermutung überzeugt aber nicht.

Die Kontroverse um die Beschreibung der Amtsposition Lykurgs resultiert daraus, daß wichtige Quellenstellen in rhetorischen Quellen nur fragmentarisch überliefert sind oder Lykurgs Stellung lediglich mit einem untechnischen Vokabular beschreiben. Eine Stelle aus der Anklagerede des Hypereides gegen Demosthenes im Harpalosprozeß (Hyp. 1, col. XXVIII, Z. 16-22) könnte - sofern man die plausible Ergänzung durch Jensen akzeptiert - einen frühen Beleg für die später in hellenistischer Epoche gut bezeugte Position des Dioiketen bieten (*epi tei dioikesei bzw. tamias epi tei dioikesei*). Diese Stellung hatte bezeichnenderweise eine Generation später in Athen nach der Wiedereinrichtung der Demokratie auch Habron, ein Sohn des Lykurg, 307/6 v. Chr. inne (IG II[2],463, 36).[21] Ein Jahr später, 306/5 v. Chr., wurde Habron auch zum *tamias ton stratiotikon*, also zum Verwalter der städtischen Kriegskasse gewählt (IG II[2] 1492,36). Auch aus der Rede des Hypereides für die Kinder des Lykurg (Hyp. Fr. 118 Jensen) ergibt sich eine umfassende Zuständigkeit Lykurgs für das Finanzwesen der Polis, die nicht alleine auf die Kompetenzen des *tamias ton stratiotikon* und die Kriegskasse beschränkt gewesen sein kann. Eine umfassende Zuständigkeit für die Finanzen der Polis aufgrund eines neuartigen Amtes entspricht auch besser dem Tenor des Stratoklesdekretes zu Ehren Lykurgs von 307 (IG II[2] 457). Der allgemeine Titel *tamias* (Schatzmeister) alleine ist zu ungenau für Lykurgs Amtsbezeichnung, da es damals in Athen ja weiterhin (parallel zueinander amtierend) mehrere *tamiai* verschiedenartiger öffentlicher Kassen und Tempelvermögen gab.[22] Daher sind verschiedene Vorschläge für eine genauere Bezeichnung der Amtsstellung Lykurgs vorgebracht worden, vor allem *tamias epi te dioikesei* (Beloch), *tamias tes dioikeseos* (Busolt-Swoboda), oder *tamias epi ten dioikesin (ton chrematon)* (Colin, Durrbach). Die Bekleidung dieser neuartigen Schlüsselposition eines städtischen 'Dioiketen' (als antikes Äquivalent eines Kämmerers oder Finanzsenators in

---

[20] Stellvertretend sei hier Weißenberger 1999, 581 genannt.

[21] Vgl. mit allen Belegen über Habron Traill PAA 101575; vermutlich ist dieser Habron, Sohn Lykurgs, identisch mit dem gleichnamigen athenischen Epheben Traill PAA 101570. Zur weiteren Entwicklung der *dioikesis tes poleos* im öffentlichen Finanzwesen der hellenistischen Poleis siehe Schuler 2005.

[22] Vgl. zu verschiedenen Kassen der Polis Athen und der Heiligtümer sowie ihren Verwaltern auch bereits Andreades 1931.

neueren Zeiten) ist mit einer gleichzeitigen Übernahme weiterer spezieller Ämter und Funktionen durch Lykurg durchaus zu vereinbaren gewesen.

Die Vita Lykurgs und das Stratoklesdekret stimmen darin überein, daß Lykurg seine Stellung und seinen Einfluß als Schatzmeister Athens über drei Penteterides, also drei mal vier Jahre, behielt (Ps.-Plut. Mor. 841b, Stratoklesdekret Mor. 852b, siehe auch Diod. 16,88). Unter den Kommentatoren, die diese Nachrichten als eine Amtsperiode von dreimal vier Jahren verstehen, ist jedoch wiederum der Beginn der ersten Amtsperiode Lykurgs umstritten. Während die einen Gelehrten die fraglichen zwölf Jahre von 338 bis 326 rechnen, bevorzugen andere einen späteren Ansatz von 336 bis 324 v. Chr. Eine für die Datierungsfrage entscheidend wichtige Quellenstelle in einer Hypereidesrede von 323 (Hyp. 1, col. XXVIII, 16-22) ist nur fragmentarisch erhalten. Sie muß daher vor jeder Interpretation durch Konjekturen ergänzt werden, deren Plausibilität weiterhin diskutiert wird. Abgesehen hiervon weisen Vertreter einer späteren Datierung auf die literarischen Notizen über die Rechenschaftslegung Lykurgs bereits auf dem Krankenbett hin, die besser kurz vor seinem Tode 324 als bereits 326 verständlich wären. Die Anklage des Menesaichmos gegen die Söhne des Lykurg wegen angeblicher Unterschlagungen des Vaters und Vergehen im Amt erklärt sich ebenfalls vielleicht einfacher, wenn dieser 324 noch vor dem Ende seiner letzten Rechenschaftsverfahren (damit formal noch nicht entlastet, *hypeuthynos*) verstarb (vgl. Mor. 842e; Hyp. Fr. 118 Jensen; Phot. Bibl. 497b 25-33; Demosth. ep. 3,6 und 16-17; Deinarch. LXXXVI Conomis).[23]

Nachdem die Polis Athen die turbulenten Jahre der frühen Diadochenära zwischen 323 und 307 überwunden hatte und die Demokratie wieder errichtet worden war, wurden Lykurg postum im Stratoklesdekret als einem Vorkämpfer und leitenden Politiker der Demokratie vor 322 außerordentliche Ehrungen zugesprochen, darunter eine Bronzestatue auf der Agora, eine Ehreninschrift, die Speisung (*sitesis*) im Prytaneion auf Staatskosten für den jeweils ältesten Sohn der Familie, zudem die Aufstellung aller von Lykurg beantragten Dekrete auf der Akropolis. Lykurgs Nachkommen spielten auch in der hellenistischen Epoche noch eine Rolle in Athen. Lykurg selbst war verheiratet mit einer vornehmen Athenerin namens Kallisto, der Tochter des Habron aus dem Demos Bate und Schwester des Kallias. Lykurg hatte mit ihr mindestens drei Söhne, Habron, Lykurgos und Lykophron. Nach seinem Tode wurden diese Söhne in ein Gerichtsverfahren wegen angeblicher Unterschlagungen des Vaters verwickelt. Damals waren sie also bereits volljährig und rechtsfähig als Angeklagte. Aus diesem Faktum hat man vermutet, daß der jüngste Sohn spätestens 342 oder früher geboren sein dürfte. Die Heirat Lykurgs könnte man dann vielleicht um 350 ansetzen. Lykurgos und Lykophron traten im Unterschied zu Habron in der athenischen Politik nicht besonders hervor. Habron ist wahrscheinlich auch als einer der

---

[23] Siehe zu dieser Anklage auch Engels 1993, 323-326.

athenischen Epheben nachgewiesen. Die Bezüge der Leokratesrede auf die Epheben sind also nicht nur wichtig für Lykurgs politisches Programm, sondern auch seine eigenen Söhne waren in dieses Programm der Bürger- und Jugendbildung einbezogen. Habron machte nach 307/6 eine bedeutende Karriere und übernahm in der wiedererrichteten Demokratie wie sein Vater Lykurg das Amt des *ho epi tei dioikesei* und später auch das des *tamias ton stratiotikon*. Habron ließ zu Ehren seines Vaters von den Künstlern Timarchos und Kephisodotos angefertigte *eikones xylinoi*, also Porträtstatuen aus Holz, des Lykurg und seiner drei Söhne in Athen aufstellen (Mor. 843f). Während Habron und Lykurgos kinderlos starben, führte Lykophron die Familie Lykurgs fort (Mor. 842f-843c). Er heiratete Kallistomache, Tochter des Philippos von Aixone, und hatte einen Sohn Kalliston. Über diese Linie spielte die Familie Lykurgs auch später noch eine wichtige Rolle in der Stadt. Mitglieder dieses Familienzweiges bekleideten weiterhin die traditionellen Priesterämter. Später gingen die Eteobutaden zudem eine Heiratsverbindung ein mit einer zweiten vornehmen Eupatridenfamilie Athens, den Eumolpiden.

Diese Monographie widmet sich primär der einzigen vollständig erhaltenen Rede Lykurgs, der Anklagerede *gegen Leokrates* vom Jahr 330. Die *Vita* Lykurgs (Mor. 843c-d) weist ihm 15 authentische Reden zu, davon sind ihr sechs noch mit Titel bekannt. Harpokration gibt 14 Reden mit Titeln an. Dem byzantinischen Patriarchen Photios (9. Jh.) lagen noch 15 Reden vor, die er aber nicht alle selbst gelesen hatte. Die Suda (Suda s.v. *Lykurgos*, 10. Jh.) stützt sich auf ältere biographische Traditionen und spricht von 14 als echt anerkannten Reden plus Briefen und sonstigen Schriften.[24]

Ob Lykurg auch schon vor 338 vor Gericht oder in der Volksversammlung als Redner aufgetreten ist, wissen wir nicht. Es wäre allerdings für einen Mann von seinem Alter, seiner Bildung und dieser familiären Tradition als wahrscheinlich zu erwarten. Alle von antiken Autoren mit einem Titel der Rede bezeugten und ungefähr datierbaren Reden stammen auffälligerweise aber erst aus den Jahren 338-324. Ähnlich wie bei Hypereides beginnt die wichtigste Phase seiner politischen Karriere biographisch offenbar erst spät. Selbst aus dieser Zeit des 'lykurgischen Athen' nach 338 ist zudem keine Rede vor der Volksversammlung überliefert, obwohl Lykurg doch als einer der führenden Politiker der Polis zwischen 338 und 324 sicherlich auch Demegorien gehalten hat. Denn Lykurg beantragte selbst oder formal mit Hilfe seiner Freunde als offiziellen Antragstellern verschiedene Dekrete des Volkes (*psephismata*) und Gesetze (*nomoi*), für die er zuvor in Reden beim Volk geworben haben dürfte. Besonders bedauerlich ist der Verlust von zwei apologetisch-biographischen Reden, *Peri tes dioikeseos* (Über die Verwaltung der Finanzen) und *Apologismos hon pepoliteutai* (Verteidigung der eigenen

---

[24] Conomis 1970, 28-30 sammelte in seiner kritischen Ausgabe alle überlieferten Testimonien und Fragmente zur Zahl der Reden: IV De Lycurgi orationibus testimonia T 1-8; es werden in wenig vertrauenswürdigen Quellen auch noch höhere Redenzahlen genannt, siehe Conomis T 3-4, S. 28.

politischen Aktivitäten). Beide könnten bereits im Rahmen eines Rechenschaftsverfahrens zwischen 338 und 324 oder erst unmittelbar vor seinem Tode 324 gehalten worden sein. Lykurg wird in diesen Reden wahrscheinlich ausführlich seine Amtsführung und Politik verteidigt und die Leitideen des lykurgischen Programms erläutert haben.

Mehrere Redentitel und erhaltene Fragmente betreffen Aspekte der traditionellen Polisreligion und des aus religiösen Überzeugungen und der Verklärung der Vergangenheit der Polis gespeisten Patriotismus Lykurgs. Z.B. hören wir über eine Rede *Peri hiereias* (Über das Priesteramt der Athena Polias), das mit der Familie der Eteobutaden verbunden war, auch von einer *Krokonidon diadikasia pros Koironidas* (Schiedsgerichtsverfahren zwischen Mitglieder der Krokonidoi und der Koironidai), vielleicht eine Intervention in den Streit vornehmer Familien über das Priestertum in Eleusis. *Pros tas manteias* (Über die Orakel) behandelte offenbar Orakelfragen, möglicherweise mit Bezug auf Delphi. Die *Delische Rede (gegen Menesaichmos)* klagte diesen als Sakralgesandten Athens an, sie betraf also Amtsvergehen im kultischen Bereich und den Vorwurf der *asebeia*. Interessanterweise wurde auch hier (wie in der Anklage *gegen Leokrates*) trotz der religiösen Prozeßmaterie von Lykurg die scharfe Anklageform der Eisangelia gewählt (vgl. Mor. 843d und elf Fragmente aus der Rede bei Conomis 1970, 114-118). Der angegriffene Menesaichmos klagte später seinerseits die Söhne des Lykurg nach dessen Tod an (s.o.).

Sieben Reden Lykurgs stammen aus öffentlichen Prozessen auf der Basis schriftlicher Anklagen (*graphai demosiai*). Damit wird angesichts der geringen Gesamtzahl der dem Lykurg als authentisch in der Antike zugeschriebenen Reden die Bedeutung seiner aus freien Stücken übernommenen Rolle als öffentlicher Ankläger klar unterstrichen. In der Leokratesrede wird das Thema des Bürgers als 'Staatsanwalt' ausführlich diskutiert. Es lohnt sich als Hintergrundinformation für das Verständnis der Rede *gegen Leokrates*, gerade die gerichtliche Aktivität als Ankläger näher vorzustellen. Lykurg setzte sich von den Sykophanten, den professionellen Anklägern in der Stadt und selbstverstandenen 'Wachhunden des Volkes', entschieden ab und sah sich in der Rolle des in der athenischen Demokratie nicht vorgesehenen Staatsanwaltes bzw. als 'Wächter und Beschützer' der Polis (*phylake*) mit der Aufgabe, Übeltäter zu ergreifen (*ton kakurgon syllepsis*).

Bei mehreren seiner schweren Anklagen in der Form der *eisangelia* (gegen Lykophron, gegen Leokrates, gegen Euxenippos) fiel schon den Zeitgenossen ein Mißverhältnis zwischen dem angeblichen Vergehen der Angeklagten und der Schwere der Eisangeliaklage auf. Dabei rechnete Lykurg nicht nur offensichtlich überführte Verbrecher unter die Übeltäter (*kakurgoi*), sondern sogar schon Bürger, die lediglich mangelndes bürgerliches Engagement oder moralische Schwächen gezeigt hatten. Das Vergehen des Lykophron bestand laut Anklage in einem Ehebruch, den man üblicherweise mit einer *graphe moicheias* oder *graphe hybreos* hätte verfolgen können und der sich mit einem Erbschaftsstreit verband. Lykurg trat hier als Synegoros auf, unterstützte also den formalen Hauptankläger mit einer weiteren Rede. Die Verteidigung erfolgte u.a. durch Hypereides. Ebenfalls ist Lykurg als Ankläger (bzw. Synegoros der Anklage) in einem Eisangeliaverfahren *gegen Euxenippos* bekannt. Materieller Prozeßgegenstand war hier die Aufteilung des 338/7 im Demadesfrieden hinzugewonnenen Gebietes der Oropeia an der Grenze zu Boiotien hin unter den zehn attischen Phylen. Euxenippos war beteiligt gewesen an einer später umstrittenen Zuweisung von 'heiligem' Land, das der Gottheit Amphiaraos geweiht war. Eine weitere Anklage mit Lykurg als Hauptankläger ist überliefert *gegen Aristogeiton*. Aristogeiton wurde als Sykophant und Staatsschuldner angeklagt, Demosthenes wirkte mit als Nebenkläger. Demosthenes nennt Lykurgs Rede in diesem Falle viel zu ausführlich (*hyperdiateinomenon*). Dieses kompetente Urteil paßt gut auch zu der außerordentlichen Länge und den vielen gedanklichen Wiederholungen in der Leokratesrede. Vielleicht waren lange Anklagereden sogar typisch für Lykurg als Ankläger. Lykurgs *Rede gegen Kephisodotos* wendet sich gegen dessen Anträge auf außergewöhnlich hohe Ehren für den athenischen Rhetor Demades, der sich zuvor seinerseits durch mehrere Anträge auf Ehrendekrete für Makedonen hervorgetan hatte. Hier wird eventuell eine gemäßigt 'antimakedonische' politische Position Lykurgs nach Chaironeia deutlich, vielleicht aber auch lediglich sein Widerwille gegen eine ausufernde, diplomatisch motivierte Häufung von Ehrungen.

Als direkte Vorbilder für die Anklage gegen Leokrates betrachtete Lykurg wohl die Eisangeliaklagen *gegen Lysikles* und *gegen Autolykos* 338/7. Lysikles, einer der Strategen in der Schlacht von Chaironeia 338, wurde als 'Sündenbock' des Volkszorns über die Niederlage gegen Makedonien zum Tode verurteilt. Gegen Autolykos, einen Areopagiten, richtete sich eine Eisangeliaklage, weil er entgegen den Anordnungen im Notstandsdekret des Hypereides nach Chaironeia seine Familie aus Athen weg in Sicherheit gebracht hatte. Lykurg erreichte ein Todesurteil auch gegen Autolykos.

Neben seiner Tätigkeit als Leiter der Verwaltung der Finanzen Athens und seiner für das Verständnis der Leokratesrede besonders wichtigen Rolle vor den Gerichten Athens wirkte Lykurg zwischen 338 und 324 als die zentrale politische Figur und im Impulsgeber bei der Verwirklichung eines ganzen Bündels von finanziellen, militärischen, religiösen, kulturpolitischen und administrativen Reformen sowie in zahlreichen demonstrativ aufwendigen Bauprojekten, welche man in der jüngeren Forschung unter dem Schlagwort des 'lykurgischen Programms' diskutiert. Er wurde bei deren Verwirklichung über Jahre von einem Kreis zuverlässiger Freunde aus der politischen, militärischen und sozial-ökonomischen Elite der Polis unterstützt und fand auch in der Volksversammlung kontinuierlich Mehrheiten. Die einzelnen Bereiche des Programms und Maßnahmen können in dieser Monographie zur Leokratesrede nicht alle detailliert beschrieben und diskutiert werden. Die Forschungsdiskussion über das lykurgische Athen ist jedoch in den letzten

Jahrzehnten intensiv gewesen. Insgesamt hat sie zu einer positiveren Neubewertung der spätklassischen Epoche Athens geführt, welche früher zu stark im Schatten der hochklassischen Phase des 5. Jh. gestanden hatte.[25] Einige Aspekte (z.b. die Ephebiereform, der Stolz auf die Flotte und die Tempel und Heiligtümer der Stadt und Attikas) werden im Laufe der Kommentierung der Leokratesrede noch näher behandelt werden.

Mit Blick auf den religiös fundierten, militanten Patriotismus Lykurgs, der in der Anklagerede *gegen Leokrates* deutlich wird, sind aus dem Maßnahmenpaket die Förderung zahlreicher Kulte und die Bauprojekte an Tempeln in Stadtathen und Attika hervorzuheben (u.a. der Kult der Demokratia, Kult und Tempel des Apollon Patroos, an dem die Eupatridenfamilien besonders interessiert waren, die Mysterien von Eleusis, die Heiligtümer des Amphiaraos in Oropos und der Nemesis in Rhamnus). An mehreren dieser Projekte waren Lykurg oder einer seiner Freunde unmittelbar beteiligt.[26] Bedenkt man, wie auffällig Lykurg in der Leokratesrede Zitate aus berühmten Werken der Dichtkunst einsetzt und wie tief er sich vom pädagogischen Wert der großen Dichter für die Erziehung der Jugend und aller Bürger überzeugt zeigt, so ist auch der systematische kulturpolitische Ausbau des Zentrums Athen zu betonen. Hier ragen als wichtigste Projekte der 'Kulturpolitik' Lykurgs das Dionysostheater, das Panathenäenstadium, das Gymnasion für die Epheben im Lykeion und die Anfertigung von philologisch verläßlichen 'Staatsexemplaren' mit den Werken der großen Tragiker hervor. In der Vielzahl, den Dimensionen und der gemeinsamen Zielrichtung der öffentlichen Bauprojekte Athens läßt sich diese spätklassische Phase durchaus mit der berühmteren hochklassischen der perikleischen Ära vergleichen.[27]

Im politischen Bereich zielte das lykurgische Programm zusammenfassend auf eine Festigung und Weiterentwicklung der demokratischen Verfassung durch Reformen und Steigerung der Effizienz einzelner Organe und Ämter sowie durch Bauprojekte mit direktem Bezug zur Demokratie, vor allem den großzügigen Ausbau des Pnyxgeländes (Pnyx III)[28] als dem Versammlungsort der Volksversammlung, durch den Kult der Demokratia und die Erhöhung des *Ekklesiastikon* (der Diätenzahlungen für die Teilnahme der Bürger an der Volksversammlung). Strategisches und 'realpolitisches' Hauptziel des lykurgischen Athen nach 338/7 war angesichts der makedonischen Hegemonie über Hellas, die Athen nur mehr eine eingeschränkte

---

[25] Zum Gang der Forschung über das lykurgische Athen siehe Mitchel 1973, Will 1983, Humphreys 1985, Engels 1992a, Engels 1993, Faraguna 1992, Hintzen-Bohlen 1997, Wirth 1997 und Wirth 1999 sowie auch knapp zusammenfassend Engels 2006, 70-82.

[26] Siehe ausführlich mit allen Quellenbelegen Mikalson 1998, 11-45.

[27] Siehe zusammenfassend Hintzen-Bohlen 1997 und Knell 2000.

[28] Siehe zu dieser repräsentativen Anlage und ihrer Geschichte Romano 1996 und andere Beiträge in Forsén - Stanton 1996 mit der älteren Literatur, ferner erneut Hintzen-Bohlen 1997 und Knell 2000.

außenpolitische Handlungsfreiheit beließ, die Bewahrung des Status quo, der vertraglich der Stadt im Demadesfrieden und in den Statuten des Korinthischen Bundes garantiert worden war. Darüber hinaus arbeitete Lykurg aber kontinuierlich an der substantiellen und nachhaltigen Stärkung der finanziellen und militärischen Ressourcen der Polis. Genannt seien die Schaffung einer hohen und frei verfügbaren finanziellen Reserve, der Ausbau der Kriegsflotte auf über 400 Schiffseinheiten, den höchsten Stand der maritimen Geschichte Athens,[29] die Reform der Ephebie, die Verbesserung der Infrastruktur und der Ausbau der Verteidigungsanlagen in Athen-Piräus und an mehreren Orten Attikas. Ob dieses erhebliche militärische Potential nach dem Kalkül Lykurgs und anderer Mitglieder der politisch-militärischen Elite Athens auch einmal in Zukunft bei einer günstigen Gelegenheit für eine notfalls gewaltsame Revision des Status quo von 338/7 und die Abschüttelung der makedonischen Hegemonie eingesetzt werden sollte oder ob sich die Athener schon unmittelbar nach Chaironeia 338 (oder erst später, nach der Zerstörung Thebens 335 oder nach den Siegen Alexanders über das Achaimenidenreich von 333 bis 331) mit dem Faktum der makedonischen Hegemonie auf unabsehbare Zukunft abgefunden hatten und nun unter Leitung Lykurgs lediglich noch nach Formen einer Kooperation und einer angemessenen neuen Rolle Athens im Weltreich Alexanders suchten, wird in der Forschung weiterhin rege diskutiert.

---

[29] Siehe zur Aufrüstung der Flotte und ihrer Finanzierung im spätklassischen Athen aus jüngerer Zeit Gabrielsen 1994 und Clark 1997.

3. Text und Übersetzung der Rede Lykurgs *gegen Leokrates*

Der griechische Text folgt (mit wenigen Abweichungen) der kritischen Ausgabe von N.C. Conomis, Lycurgi oratio in Leocratem cum ceterarum Lycurgi orationum fragmentis, Bibliotheca Scriptorum Graecorum et Romanorum Teubneriana, Leipzig 1970. In dieser Ausgabe findet der Leser auch den ausführlichsten textkritischen Apparat. Auf einen solchen Apparat wurde für diese Ausgabe der Rede dem Charakter dieser Reihe entsprechend verzichtet. Zum Vergleich mit dieser Referenzausgabe von Conomis sind die in der Einleitung (10-11) benannten weiteren Ausgaben herangezogen worden.

ΚΑΤΑ ΛΕΩΚΡΑΤΟΥΣ

῾Υπόθησις

(1) Μετὰ τὰ ἐν Χαιρωνείᾳ δεινὰ ψήφισμα ποιεῖ ὁ τῶν ᾿Αθηναίων δῆμος, ὥστε μήτε τινὰ ἔξω γενέσθαι τῆς πόλεως, μήτε μὴν ἐκθέσθαι παῖδας καὶ γυναῖκας. Λεωκράτης οὖν τις ἐξελθὼν τῆς πόλεως, καὶ ἀφικόμενος ἐν ῾Ρόδῳ καὶ πάλιν ἐν Μεγάροις, ἦλθεν ἐν ᾿Αθήναις· καὶ παρρησιαζομένου αὐτοῦ κατηγορίαν ποιεῖται ὁ Λυκοῦργος αὐτοῦ ὡς προδότου. **(2)** ἡ δὲ στάσις ὅρος ἀντονομάζων· ὁμολογεῖ γὰρ καὶ ὁ Λεωκράτης ἀπολιπεῖν τὴν πόλιν, οὐ μέντοι προδιδόναι. ἄλλοι στοχασμὸν ἀπὸ γνώμης, ὡς τοῦ μὲν ἐξελθεῖν ὁμολογουμένου, ἀμφιβαλλομένης δὲ τῆς προαιρέσεως, ποίᾳ γνώμῃ ἐξῆλθεν, εἴτ᾿ ἐπὶ προδοσίᾳ εἴτ᾿ ἐπὶ ἐμπορίᾳ. ἄλλοι δὲ ἀντίστασιν· λέγει γὰρ οὐκ ἐπὶ προδοσίᾳ τῆς πόλεως ἐξελθεῖν, ἀλλ᾿ ἐπὶ ἐμπορίᾳ. ἔοικε δὲ ἡ τοῦ λόγου ὑπόθεσις τῇ τοῦ κατὰ Αὐτολύκου.

Gegen Leokrates

Hypothesis

(1) Nach der schlimmen Niederlage bei Chaironeia erläßt das athenische Volk einen Volksbeschluß mit dem Inhalt, daß niemand die Polis Athen verlassen noch auch seine Frau und Kinder aus der Stadt evakuieren dürfe. Ein Mann namens Leokrates verließ die Stadt nun aber, gelangte zunächst nach Rhodos, danach nach Megara und kehrte schließlich wieder nach Athen zurück. Als er dort nun offen das Wort führte, klagte ihn Lykurg als einen Verräter an. (2) Nach der Stasislehre gehört die Rede zu den Fällen der widersprüchlichen Definition von Begriffen (*horos antonomazon*), Leokrates gibt nämlich selbst zu, die Stadt verlassen zu haben, streitet aber ab, daß er sie verraten habe. Andere rechnen die Rede als einen Fall der unklaren Absicht (*stochasmos apo gnomes*), weil nämlich zugegeben wird, daß er die Stadt verlassen habe, aber die Absicht, mit welcher er die Stadt verließ, umstritten ist, ob nämlich Leokrates mit der Absicht des Verrates Athen verließ oder nur zum Zweck Handel zu treiben. Andere wiederum halten die Rede für ein Beispiel von juristischer Gegenrede (*antistasis*); denn er sagt, daß er die Stadt nicht mit verräterischer Absicht verlassen habe, sondern zu Handelszwecken. Der Gegenstand der Rede hat Ähnlichkeit mit der Rede (*scil.* des Lykurg) *gegen Autolykos*.

ΚΑΤΑ ΛΕΩΚΡΑΤΟΥΣ

(1) Δικαίαν, ὦ Ἀθηναῖοι, καὶ εὐσεβῆ καὶ ὑπὲρ ὑμῶν καὶ ὑπὲρ τῶν θεῶν τὴν ἀρχὴν τῆς κατηγορίας Λεωκράτους τοῦ κρινομένου ποιήσομαι. εὔχομαι γὰρ τῇ Ἀθηνᾷ καὶ τοῖς ἄλλοις θεοῖς καὶ τοῖς ἥρωσι τοῖς κατὰ τὴν πόλιν καὶ τὴν χώραν ἱδρυμένοις, εἰ μὲν εἰσήγγελκα Λεωκράτη δικαίως καὶ κρίνω τὸν προδόντ' αὐτῶν καὶ τοὺς νεὼς καὶ τὰ ἕδη καὶ τὰ τεμένη καὶ τὰς ἐν τοῖς νόμοις τιμὰς καὶ θυσίας τὰς ὑπὸ τῶν ὑμετέρων προγόνων παραδεδομένας, **(2)** ἐμὲ μὲν ἄξιον ἐν τῇ τήμερον ἡμέρᾳ τῶν Λεωκράτους ἀδικημάτων κατήγορον ποιῆσαι, ὃ καὶ τῷ δήμῳ καὶ τῇ πόλει συμφέρει, ὑμᾶς δ' ὡς ὑπὲρ πατέρων καὶ παίδων καὶ γυναικῶν καὶ πατρίδος καὶ ἱερῶν βουλευομένους, καὶ ἔχοντας ὑπὸ τῇ ψήφῳ τὸν προδότην ἁπάντων τούτων, ἀπαραιτήτους δικαστὰς καὶ νῦν καὶ εἰς τὸν λοιπὸν χρόνον γενέσθαι τοῖς τὰ τοιαῦτα καὶ τηλικαῦτα παρανομοῦσιν· εἰ δὲ μήτε τὸν προδόντα τὴν πατρίδα μήτε τὸν ἐγκαταλιπόντα τὴν πόλιν καὶ τὰ ἱερὰ εἰς τουτονὶ τὸν ἀγῶνα καθίστημι, σωθῆναι αὐτὸν ἐκ τοῦ κινδύνου καὶ ὑπὸ τῶν θεῶν καὶ ὑφ' ὑμῶν τῶν δικαστῶν.

(3) Ἐβουλόμην δ' ἄν, ὦ ἄνδρες, ὥσπερ ὠφέλιμόν ἐστι τῇ πόλει εἶναι τοὺς κρίνοντας ἐνταῦθα τοὺς παρανομοῦντας, οὕτω καὶ φιλάνθρωπον αὐτὸ παρὰ τοῖς πολλοῖς ὑπειλῆφθαι· νῦν δὲ περιέστηκεν εἰς τοῦτο, ὥστε τὸν ἰδίᾳ κινδυνεύοντα καὶ ὑπὲρ τῶν κοινῶν ἀπεχθανόμενον οὐ φιλόπολιν, ἀλλὰ φιλοπράγμονα δοκεῖν εἶναι, οὐ δικαίως οὐδὲ συμφερόντως τῇ πόλει. **(4)** τρία γάρ ἐστι τὰ μέγιστα, ἃ διαφυλάττει καὶ διασώζει τὴν δημοκρατίαν καὶ τὴν τῆς πόλεως εὐδαιμονίαν, πρῶτον μὲν ἡ τῶν νόμων τάξις, δεύτερον δ' ἡ τῶν δικαστῶν ψῆφος, τρίτον δ' ἡ τούτοις τἀδικήματα παραδιδοῦσα κρίσις. ὁ μὲν γὰρ νόμος πέφυκε προλέγειν ἃ μὴ δεῖ πράττειν, ὁ δὲ κατήγορος μηνύειν τοὺς ἐνόχους τοῖς ἐκ τῶν νόμων ἐπιτιμίοις καθεστῶτας, ὁ δὲ δικαστὴς κολάζειν τοὺς ὑπ' ἀμφοτέρων τούτων ἀποδειχθέντας αὐτῷ, ὥστ' οὔθ' ὁ νόμος οὔθ' ἡ τῶν δικαστῶν ψῆφος ἄνευ τοῦ παραδώσοντος αὐτοῖς τοὺς ἀδικοῦντας ἰσχύει.

Anklagerede gegen Leokrates

(1) Gerecht und fromm will ich meine Anklagerede gegen den Angeklagten Leokrates beginnen, sowohl in eurem Interesse als auch in dem der Götter. Ich will nämlich mein Gebet richten an Athena und an die anderen Gottheiten und Heroen, deren Statuen hier in unserer Polis und im attischen Umland aufgestellt sind. Wenn ich den Leokrates mit dieser Anzeige zu Recht angeklagt habe und ihn nun vor Gericht bringe als einen Verräter an diesen Göttern, ihren Tempeln, Schreinen und heiligen Bezirken, als einen Verräter an den Ehren, die ihnen durch Brauch und Sitte zustehen, und an den Opferriten, die euch von euren Vorfahren überliefert wurden, (2) dann mögen sie mich an diesem heutigen Tage zu einem würdigen Ankläger der Vergehen des Leokrates machen. Dies wird nützlich sein sowohl für die Bürgerschaft als auch die Polis. Zugleich aber will ich darum beten, daß ihr, die ihr euch im Interesse eurer Väter, Kinder und Frauen, des Vaterlandes und seiner Heiligtümer beratet, und die ihr mit eurem Stimmstein denjenigen in eurer Hand habt, der dies alles verraten hat, unerbittliche Richter sein möget, sowohl jetzt in diesem Fall als auch in Zukunft und für alle, die ähnliche und so große Verbrechen begehen. Wenn ich aber jemanden als Angeklagten vor dieses Gericht gebracht habe, der weder sein Vaterland verraten hat, noch seine Polis und ihre Heiligtümer im Stich gelassen hat, dann bete ich darum, daß er aus dieser gefährlichen Situation durch die Götter und durch euch Richter gerettet werden möge.

(3) Offenkundig ist es nun für das Staatswesen nützlich, ihr Männer, daß es in der Polis jemanden gibt, der die Gesetzesbrecher vor Gericht anklagt. Daher würde ich es mir auch gerne wünschen, bei der Masse meiner Mitbürger eine freundliche Wertschätzung zu erfahren. Nun aber stehen die Dinge so, daß jemand, der als einfacher Bürger (in der Rolle des Anklägers) ein Risiko eingeht und sich im Interesse des Allgemeinwohls Feindschaften zuzieht, nicht etwa ein Freund der Polis zu sein scheint als vielmehr einer, der anderen lediglich gerne Scherereien macht. Das aber ist weder gerecht noch für den Staat nützlich. (4) Drei Dinge nämlich sind es, die die Demokratie und das Wohlergehen der Polis am meisten beschützen und bewahren: Erstens die Gesetzesordnung, zweitens der Stimmstein der Richter, drittens aber das Gerichtsverfahren, das diesen Richtern die Gesetzesverstöße (zur Aburteilung) übergibt. Das Gesetz ist dazu da vorzuschreiben, was nicht getan werden darf, der Ankläger hat die Funktion, diejenigen anzuzeigen, die sich schuldig gemacht und daher die gesetzlichen Strafen verdient haben, der Richter jedoch hat die Aufgabe, diejenigen zu bestrafen, die ihm von jenen beiden (den Gesetzen und dem Ankläger) angezeigt worden sind. Daher sind sowohl das Gesetz als auch der Stimmstein der Richter machtlos ohne jemanden, der ihnen die Übeltäter übergibt.

(5) Ἐγὼ δ᾽, ὦ Ἀθηναῖοι, εἰδὼς Λεωκράτην φυγόντα μὲν τοὺς ὑπὲρ τῆς πατρίδος κινδύνους, ἐγκαταλιπόντα δὲ τοὺς αὑτοῦ πολίτας, προδεδωκότα δὲ πᾶσαν τὴν ὑμετέραν δύναμιν, ἅπασι δὲ τοῖς γεγραμμένοις ἔνοχον ὄντα, ταύτην τὴν εἰσαγγελίαν ἐποιησάμην, οὔτε δι᾽ ἔχθραν οὐδεμίαν οὔτε διὰ φιλονικίαν οὐδ᾽ ἡντινοῦν τοῦτον τὸν ἀγῶνα προελόμενος, ἀλλ᾽ αἰσχρὸν εἶναι νομίσας τοῦτον περιορᾶν εἰς τὴν ἀγορὰν ἐμβάλλοντα καὶ τῶν κοινῶν ἱερῶν μετέχοντα, τῆς τε πατρίδος ὄνειδος καὶ πάντων ὑμῶν γεγενημένον. **(6)** πολίτου γάρ ἐστι δικαίου, μὴ διὰ τὰς ἰδίας ἔχθρας εἰς τὰς κοινὰς κρίσεις καθιστάναι τοὺς τὴν πόλιν μηδὲν ἀδικοῦντας, ἀλλὰ τοὺς εἰς τὴν πατρίδα τι παρανομοῦντας ἰδίους ἐχθροὺς εἶναι νομίζειν, καὶ τὰ κοινὰ τῶν ἀδικημάτων κοινὰς καὶ τὰς προφάσεις ἔχειν τῆς πρὸς αὐτοὺς διαφορᾶς.

(7) Ἅπαντας μὲν οὖν χρὴ νομίζειν μεγάλους εἶναι τοὺς δημοσίους ἀγῶνας, μάλιστα δὲ τοῦτον ὑπὲρ οὗ νῦν μέλλετε τὴν ψῆφον φέρειν. ὅταν μὲν γὰρ τὰς τῶν παρανόμων γραφὰς δικάζητε, τοῦτο μόνον ἐπανορθοῦτε καὶ ταύτην τὴν πρᾶξιν κωλύετε, καθ᾽ ὅσον ἂν τὸ ψήφισμα μέλλῃ βλάπτειν τὴν πόλιν· ὁ δὲ νῦν ἐνεστηκὼς ἀγὼν οὐ μικρόν τι μέρος συνέχει τῶν τῆς πόλεως οὐδ᾽ ἐπ᾽ ὀλίγον χρόνον, ἀλλ᾽ ὑπὲρ ὅλης τῆς πατρίδος καὶ κατὰ παντὸς τοῦ αἰῶνος ἀείμνηστον καταλείψει τοῖς ἐπιγιγνομένοις τὴν κρίσιν. **(8)** οὕτω γάρ ἐστι δεινὸν τὸ γεγενημένον ἀδίκημα καὶ τηλικοῦτον ἔχει τὸ μέγεθος, ὥστε μήτε κατηγορίαν ἐνδέχεσθαι εὑρεῖν ἀξίαν μήτ᾽ ἐν τοῖς νόμοις ὡρίσθαι τιμωρίαν [ἀξίαν] τῶν ἁμαρτημάτων. τί γὰρ χρὴ παθεῖν τὸν ἐκλιπόντα μὲν τὴν πατρίδα, μὴ βοηθήσαντα δὲ τοῖς πατρῴοις ἱεροῖς, ἐγκαταλιπόντα δὲ τὰς τῶν προγόνων θήκας, ἅπασαν δὲ τὴν χώραν ὑποχείριον τοῖς πολεμίοις παραδόντα; τὸ μὲν γὰρ μέγιστον καὶ ἔσχατον τῶν τιμημάτων, θάνατος, ἀναγκαῖον μὲν ἐκ τῶν νόμων ἐπιτίμιον, ἔλαττον δὲ τῶν Λεωκράτους ἀδικημάτων καθέστηκε.

(5) Weil ich jedoch wußte, ihr Athener, daß Leokrates vor den Gefahren geflohen ist, die dem Vaterland drohten, daß er seine Mitbürger im Stich gelassen hat, daß er eure gesamte Macht verraten hat und daß er daher schuldig ist im Sinne aller Punkte der Anklageschrift, deswegen habe ich diese Anklage eingereicht. Ich habe diesen Gerichtsstreit weder wegen einer persönlichen Feindschaft noch aus irgendeiner Neigung zur Streitsucht unternommen, sondern weil ich glaubte, daß es eine Schande sei, darüber hinwegzusehen, daß dieser Mensch da seinen Fuß auf die Agora setzt und Anteil nimmt an den gemeinsamen Opfern, nachdem er für das Vaterland und für euch alle ein Schandfleck geworden ist. (6) Es zeichnet einen gerechten Bürger nämlich aus, nicht wegen privater Feindschaften irgendwelche Leute öffentlich anzuklagen, die der Polis kein Unrecht getan haben, sondern vielmehr diejenigen, die gegen die Gesetze des Vaterlandes verstoßen haben, auch für seine persönlichen Feinde zu halten. Ihre Vergehen gegen die Allgemeinheit nimmt ein gerechter Bürger als öffentlichen Anlaß für seine Auseinandersetzung mit diesen Leuten.

(7) Alle öffentlichen Prozesse muß man für bedeutende Verfahren halten, besonders aber diesen Gerichtsstreit, in dem ihr jetzt in Kürze eure Stimme abgeben werdet. Wenn ihr nämlich in einem Verfahren wegen eines gesetzwidrigen Antrages urteilt, dann berichtigt ihr mit eurem Urteilsspruch lediglich einen einzelnen Irrtum. Ihr verhindert die Ausführung eines Beschlusses von nur einer solchen Tragweite, wie der jeweilige Volksbeschluß der Polis Schaden zugefügt hätte. Dieser jetzt zu verhandelnde Gerichtsstreit betrifft jedoch nicht etwa nur irgendein Detail der öffentlichen Angelegenheiten, noch eine einzelne Maßnahme mit Auswirkungen auf nur eine kurze Zeit, sondern es geht um die gesamte Existenz des Staatswesens, und dieses Gerichtsverfahren wird unseren Nachkommen ein Urteil hinterlassen, an das sie sich für alle Zeit erinnern werden. (8) So ungeheuerlich ist nämlich das Verbrechen, das begangen worden ist, und es hat eine solche Dimension, daß es für einen Ankläger nicht möglich ist, eine formal angemessene Anklage dafür zu finden, noch auch in den Gesetzen eine angemessene Strafe für diese Vergehen festgesetzt worden ist. Was sollte denn auch die angemessene Strafe sein für einen Mann, der sein Vaterland im Stich gelassen hat, der den Heiligtümern seiner Väter seine Hilfe verweigerte, die Gräber seiner Vorfahren zurückließ und das gesamte Land in die Hand der Feinde geraten lassen wollte? Die äußerste und strengste aller Strafen, die Todesstrafe, welche die nach den Gesetzen obligatorisch vorgeschriebene Strafe ist; jedoch ist sie noch zu gering für die Verbrechen des Leokrates.

(9) Παρεῖσθαι δὲ τὴν ὑπὲρ τῶν τοιούτων τιμωρίαν συμβέβηκεν, ὦ ἄνδρες, οὐ διὰ ῥᾳθυμίαν τῶν τότε νομοθετούντων, ἀλλὰ διὰ τὸ μήτ' ἐν τοῖς πρότερον χρόνοις γεγενῆσθαι τοιοῦτον μηδὲν μήτ' ἐν τοῖς μέλλουσιν ἐπίδοξον εἶναι γενήσεσθαι. διὸ καὶ μάλιστ', ὦ ἄνδρες, δεῖ ὑμᾶς γενέσθαι μὴ μόνον τοῦ νῦν ἀδικήματος δικαστάς, ἀλλὰ καὶ νομοθέτας. ὅσα μὲν γὰρ τῶν ἀδικημάτων νόμος τις διώρικε, ῥᾴδιον τούτῳ κανόνι χρωμένους κολάζειν τοὺς παρανομοῦντας· ὅσα δὲ μὴ σφόδρα περιείληφεν, ἑνὶ ὀνόματι προσαγορεύσας, μείζω δὲ τούτων τις ἠδίκηκεν, ἅπασι δ' ὁμοίως ἔνοχός ἐστιν, ἀναγκαῖον τὴν ὑμετέραν κρίσιν καταλείπεσθαι παράδειγμα τοῖς ἐπιγιγνομένοις. **(10)** εὖ δ' ἴστε, ὦ ἄνδρες, ὅτι οὐ μόνον τοῦτον νῦν κολάσετε κατεψηφισμένοι, ἀλλὰ καὶ τοὺς νεωτέρους ἅπαντας ἐπ' ἀρετὴν προτρέψετε. δύο γάρ ἐστι τὰ παιδεύοντα τοὺς νέους, ἥ τε τῶν ἀδικούντων τιμωρία, καὶ ἡ τοῖς ἀνδράσι τοῖς ἀγαθοῖς διδομένη δωρεά· πρὸς ἑκάτερον δὲ τούτων ἀποβλέποντες τὴν μὲν διὰ τὸν φόβον φεύγουσι, τῆς δὲ διὰ τὴν δόξαν ἐπιθυμοῦσι. διὸ δεῖ, ὦ ἄνδρες, προσέχειν τούτῳ τῷ ἀγῶνι καὶ μηδὲν περὶ πλείονος ποιήσασθαι τοῦ δικαίου.

(11) Ποιήσομαι δὲ κἀγὼ τὴν κατηγορίαν δικαίαν, οὔτε ψευδόμενος οὐδέν, οὔτ' ἔξω τοῦ πράγματος λέγων. οἱ μὲν γὰρ πλεῖστοι τῶν εἰς ὑμᾶς εἰσιόντων πάντων ἀτοπώτατον ποιοῦσιν· ἢ γὰρ συμβουλεύουσιν ἐνταῦθα περὶ τῶν κοινῶν πραγμάτων ἢ κατηγοροῦσι καὶ διαβάλλουσι πάντα μᾶλλον ἢ περὶ οὗ μέλλετε τὴν ψῆφον φέρειν. ἔστι δ' οὐδέτερον τούτων χαλεπόν, οὔθ' ὑπὲρ ὧν μὴ βουλεύεσθε γνώμην ἀποφήνασθαι, οὔθ' ὑπὲρ ὧν μηδεὶς ἀπολογήσεται κατηγορίαν εὑρεῖν. **(12)** ἀλλ' οὐ δίκαιον ὑμᾶς μὲν ἀξιοῦν δικαίαν τὴν ψῆφον φέρειν, αὐτοὺς δὲ μὴ δικαίαν τὴν κατηγορίαν ποιεῖσθαι. τούτων δ' αἴτιοι ὑμεῖς ἐστε, ὦ ἄνδρες· τὴν γὰρ ἐξουσίαν ταύτην δεδώκατε τοῖς ἐνθάδ' εἰσιοῦσι, καὶ ταῦτα κάλλιστον ἔχοντες τῶν Ἑλλήνων παράδειγμα τὸ ἐν Ἀρείῳ πάγῳ συνέδριον, ὃ τοσοῦτον διαφέρει τῶν ἄλλων δικαστηρίων, ὥστε καὶ παρ' αὐτοῖς ὁμολογεῖσθαι τοῖς ἁλισκομένοις δικαίαν ποιεῖσθαι τὴν κρίσιν.

(9) Ihr Männer, eine Strafe für Verbrechen von einer solchen Dimension ist in unseren Gesetzen nicht etwa aus leichtfertiger Nachlässigkeit der früheren Gesetzgeber nicht vorgesehen worden, sondern weil ein solches Verbrechen weder in früheren Zeiten jemals vorgekommen ist, noch auch irgendjemand erwartete, daß es in Zukunft einmal verübt werden könnte. Deshalb, ihr Männer, müßt ihr nun allerdings nicht nur in diesem Fall als Richter urteilen, sondern auch als Gesetzgeber tätig werden. Wenn ein Verbrechen bereits durch ein bestimmtes Gesetz definiert ist, dann ist es leicht, die Gesetzesbrecher zu bestrafen, indem man dieses Gesetz als Richtschnur nimmt. Über Vergehen aber, die das Gesetz nicht präzise erfaßt, sondern sie mit einem Sammelbegriff bezeichnet, und wenn jemand ein Verbrechen begangen hat, das größer ist als dies alles und er aller Verbrechen in gleicher Weise schuldig ist, in solchen Fällen muß euer Urteil als ein Vorbild für künftige Generationen dienen. (10) Seid euch also genau dessen bewußt, ihr Männer, daß ihr mit eurer Stimme nicht nur diesen Mann hier verurteilen, sondern auch die gesamte jüngere Generation zu einem Leben in bürgerlicher Tüchtigkeit ermuntern werdet. Es gibt nämlich zwei wirksame Faktoren in der Erziehung der jungen Männer, die Bestrafung der Übeltäter und die Belohnungen, die guten Männern zuteil werden. Indem sie auf jede dieser beiden Optionen blicken, vermeiden sie jene aus Furcht, streben diese jedoch wegen des Ruhmes an. Daher also, ihr Männer, sollt ihr euch auf dieses Verfahren konzentrieren und nichts höher schätzen als die Gerechtigkeit.

(11) Ich werde meine Anklage auf eine gerechte Weise führen und in keinem Punkt die Unwahrheit sagen, noch etwas vortragen, was nicht zur Sache gehört. Die meisten nämlich, die vor euch als Richtern auftreten, benehmen sich auf eine äußerst seltsame Weise: entweder sie halten hier eine Beratungsrede über öffentliche Angelegenheiten, oder sie erheben Anklagen und sprechen Verleumdungen aus mehr über alles Mögliche als über die Sache selbst, über die ihr euer Urteil fällen sollt. Keine von diesen rhetorischen Strategien ist schwierig, weder seine Meinung vorzutragen über Dinge, über welche ihr gar nicht als Richter beratet, noch eine Anklage zu finden in Angelegenheiten, wegen derer sich niemand vor Gericht verteidigen wird. (12) Aber Ankläger haben nicht das Recht, von euch zu verlangen, daß ihr ein gerechtes Urteil fällt, wenn sie selbst ungerechte Anklagen vortragen. Für diese Verhältnisse aber, ihr Männer, seid ihr selbst verantwortlich. Ihr habt nämlich denjenigen, die vor Gericht treten, die Möglichkeit zu solchen rhetorischen Tricks eingeräumt, obwohl ihr doch das glänzendste Beispiel eines Gerichtshofes vor Augen habt, den Rat vom Areopag. Dieser Gerichtshof zeichnet sich vor anderen Gerichtshöfen so sehr aus, daß selbst bei den vor dem Areopag Verurteilten die einhellige Meinung herrscht, daß das Urteil gerecht gesprochen wurde.

(13) Πρὸς ὃ δεῖ καὶ ὑμᾶς ἀποβλέποντας μὴ ἐπιτρέπειν τοῖς ἔξω τοῦ πράγματος λέγουσιν· οὕτω γὰρ ἔσται τοῖς τε κρινομένοις ἄνευ διαβολῆς ὁ ἀγών, καὶ τοῖς διώκουσιν ἥκιστα συκοφαντεῖν, καὶ ὑμῖν εὐορκοτάτην <τὴν> ψῆφον ἐνεγκεῖν. ἀδύνατον γάρ ἐστι μὴ δικαίως δεδιδαγμένους δικαίαν θέσθαι τὴν ψῆφον.

(14) Δεῖ δ᾽, ὦ ἄνδρες, μηδὲ ταῦτα λαθεῖν ὑμᾶς, ὅτι οὐχ ὅμοιός ἐστιν ὁ ἀγὼν περὶ τούτου καὶ τῶν ἄλλων ἰδιωτῶν. περὶ μὲν γὰρ ἀγνῶτος ἀνθρώπου τοῖς Ἕλλησιν ἐν ὑμῖν αὐτοῖς ἐδοκεῖτ᾽ ἂν ἢ καλῶς ἢ καὶ φαύλως ἐψηφίσθαι· περὶ δὲ τούτου ὅ τι ἂν βουλεύσησθε, παρὰ πᾶσι τοῖς Ἕλλησιν ἔσται λόγος, οἳ ἴσασιν τὰ τῶν προγόνων τῶν ὑμετέρων ἔργα ἐναντιώτατα τοῖς τούτῳ διαπεπραγμένοις ὄντα. ἐπιφανὴς γάρ ἐστι διὰ τὸν ἔκπλουν τὸν εἰς Ῥόδον καὶ τὴν ἀπαγγελίαν ἣν ἐποιήσατο καθ᾽ ὑμῶν πρός τε τὴν πόλιν τὴν τῶν Ῥοδίων, καὶ τῶν ἐμπόρων τοῖς ἐπιδημοῦσιν ἐκεῖ, (15) οἳ πᾶσαν τὴν οἰκουμένην περιπλέοντες δι᾽ ἐργασίαν ἀπήγγελλον ἅμα περὶ τῆς πόλεως ἃ Λεωκράτους ἠκηκόεσαν. ὥστε περὶ πολλοῦ ποιητέον ἐστὶν ὀρθῶς βουλεύσασθαι περὶ αὐτοῦ. εὖ γὰρ ἴστε, ὦ Ἀθηναῖοι, ὅτι ᾧ πλεῖστον διαφέρετε τῶν ἄλλων ἀνθρώπων, τῷ πρός τε τοὺς θεοὺς εὐσεβῶς καὶ πρὸς τοὺς γονέας ὁσίως καὶ πρὸς τὴν πατρίδα φιλοτίμως ἔχειν, τούτου πλεῖστον ἀμελεῖν δόξαιτ᾽ ἂν εἰ τὴν παρ᾽ ὑμῶν οὗτος διαφύγοι τιμωρίαν.

(16) Δέομαι δ᾽ ὑμῶν, ὦ Ἀθηναῖοι, ἀκοῦσαί μου τῆς κατηγορίας διὰ τέλους καὶ μὴ ἄχθεσθαι ἐὰν ἄρξωμαι ἀπὸ τῶν τῇ πόλει τότε συμβάντων, ἀλλὰ τοῖς αἰτίοις ὀργίζεσθαι δι᾽ οὓς ἀναγκάζομαι νῦν μεμνῆσθαι περὶ αὐτῶν. γεγενημένης γὰρ τῆς ἐν Χαιρωνείᾳ μάχης, καὶ συνδραμόντων ἁπάντων ὑμῶν εἰς τὴν ἐκκλησίαν, ἐψηφίσατο ὁ δῆμος παῖδας μὲν καὶ γυναῖκας ἐκ τῶν ἀγρῶν εἰς τὰ τείχη κατακομίζειν, τοὺς δὲ στρατηγοὺς τάττειν εἰς τὰς φυλακὰς τῶν Ἀθηναίων καὶ τῶν ἄλλων τῶν οἰκούντων Ἀθήνησι, καθ᾽ ὅ τι ἂν αὐτοῖς δοκῇ.

(13) Auf das Beispiel dieses Areopages sollt ihr blicken und es den Rednern nicht durchgehen lassen, wenn sie etwas vortragen, was für den Fall nicht relevant ist. Auf diese Weise nämlich wird der Gerichtsstreit für die Angeklagten ohne Verleumdung verlaufen, die Ankläger werden am wenigsten Gelegenheit haben, falsche Anschuldigungen vorbringen zu können, und ihr könnt euer Urteil im gutem Einklang mit eurem Richtereid fällen. Denn es ist unmöglich, daß diejenigen, die über einen Fall nicht gerecht unterrichtet worden sind, als Richter dann ein gerechtes Urteil fällen können.

(14) Auch dies, ihr Männer, darf eurer Aufmerksamkeit nicht entgehen, daß nämlich dieses Gerichtsverfahren gegen diesen Mann nicht von der gleichen Art ist wie Verfahren gegen andere einfache Privatleute. Wenn ihr nämlich über einen Mann verhandeln würdet, der in Griechenland unbekannt wäre, dann würde euer Urteil, sei es gut oder schlecht, nur euch selbst betreffen. Was immer das Ergebnis eurer Beratungen über diesen Mann sein wird, das wird jedoch bei allen Griechen beredet werden, weil sie ja wissen, daß die Taten eurer Vorfahren das genaue Gegenteil dessen darstellen, was von diesem hier verbrochen worden ist. Er ist zu trauriger Berühmtheit gelangt durch seine Fahrt nach Rhodos und die schlechten Nachrichten, die er dem Volk von Rhodos und den Kaufleuten, die sich regelmäßig dort aufhalten, über euch erzählt hat. **(15)** Diese Kaufleute, die in ihren Geschäften in der gesamten zivilisierten Welt herumsegeln, gaben zugleich die schlechten Nachrichten über diese Polis weiter, welche sie von Leokrates gehört hatten. Und daher muß man es für besonders wichtig halten, daß ihr ein richtiges Urteil über ihn fällt. Denn ihr wißt ja sehr gut, Athener, daß ihr euch darin am meisten vor den anderen Menschen auszeichnet, daß ihr Frömmigkeit gegenüber den Göttern, Ehrfurcht gegenüber euren Eltern und eifrigen Patriotismus gegenüber eurer Heimat zeigt. Eben diese guten Eigenschaften aber würdet ihr ganz besonders zu vernachlässigen scheinen, wenn dieser hier seiner gerechten Strafe von eurer Hand entfliehen sollte.

(16) Ich bitte euch darum, Athener, meiner Anklage bis zum Ende zuzuhören und nicht verstimmt darüber zu sein, wenn ich mit den schlimmen Dingen beginnen werde, die damals der Stadt zugestoßen sind. Zürnt vielmehr lieber den Leuten, die daran schuld sind, und wegen derer ich jetzt gezwungen bin, euch an diese Dinge zu erinnern. Nach der Schlacht von Chaironeia, als ihr alle zur Volksversammlung zusammengelaufen seid, hat das Volk ein Dekret verabschiedet, daß Kinder und Frauen aus dem Umland (Attikas) hinter die Festungsmauern in Sicherheit gebracht werden sollten und daß die Strategen jeden Athener und alle anderen, die in Athen wohnten, zu Wach- und Verteidigungsdiensten einteilen sollten, in welcher Weise es ihnen auch immer gut dünkte.

(17) Λεωκράτης δὲ τούτων οὐδενὸς φροντίσας, συσκευασάμενος ἃ εἶχε χρήματα, μετὰ τῶν οἰκετῶν ἐπὶ τὸν λέμβον κατεκόμισε, τῆς νεὼς ἤδη περὶ τὴν ἀκτὴν ἐξορμούσης, καὶ περὶ δείλην ὀψίαν αὐτὸς μετὰ τῆς ἑταίρας Εἰρηνίδος κατὰ μέσην τὴν ἀκτὴν διὰ τῆς πυλίδος ἐξελθὼν πρὸς τὴν ναῦν προσέπλευσε καὶ ᾤχετο φεύγων, οὔτε τοὺς λιμένας τῆς πόλεως ἐλεῶν ἐξ ὧν ἀνήγετο, οὔτε τὰ τείχη τῆς πατρίδος αἰσχυνόμενος ὧν τὴν φυλακὴν ἔρημον τὸ καθ' αὑτὸν μέρος κατέλιπεν· οὐδὲ τὴν ἀκρόπολιν καὶ τὸ ἱερὸν τοῦ Διὸς τοῦ Σωτῆρος καὶ τῆς Ἀθηνᾶς τῆς Σωτείρας ἀφορῶν καὶ προδιδοὺς ἐφοβήθη, οὓς αὐτίκα σώσοντας ἑαυτὸν ἐκ τῶν κινδύνων ἐπικαλέσεται. (18) καταχθεὶς δὲ καὶ ἀφικόμενος εἰς Ῥόδον, ὥσπερ τῇ πατρίδι μεγάλας εὐτυχίας εὐαγγελιζόμενος, ἀπήγγειλεν ὡς τὸ μὲν ἄστυ τῆς πόλεως ἑαλωκὸς καταλίποι, τὸν δὲ Πειραιέα πολιορκούμενον, αὐτὸς δὲ μόλις διασωθεὶς ἥκοι· καὶ οὐκ ᾐσχύνθη τὴν τῆς πατρίδος ἀτυχίαν αὐτοῦ σωτηρίαν προσαγορεύσας. οὕτω δὲ σφόδρα ταῦτ' ἐπίστευσαν οἱ Ῥόδιοι, ὥστε τριήρεις πληρώσαντες τὰ πλοῖα κατῆγον, καὶ τῶν ἐμπόρων καὶ τῶν ναυκλήρων οἱ παρεσκευασμένοι δεῦρο πλεῖν αὐτοῦ τὸν σῖτον ἐξείλοντο καὶ τἆλλα χρήματα διὰ τοῦτον. (19) καὶ ὅτι ταῦτ' ἀληθῆ λέγω, ἀναγνώσεται ὑμῖν τὰς μαρτυρίας ἁπάντων, πρῶτον μὲν τὰς τῶν γειτόνων καὶ τῶν ἐν τῷ τόπῳ τούτῳ κατοικούντων, οἳ τοῦτον ἴσασιν ἐν τῷ πολέμῳ φυγόντα καὶ ἐκπλεύσαντα Ἀθήνηθεν, ἔπειτα τῶν παραγενομένων εἰς Ῥόδον, ὅτε Λεωκράτης ταῦτ' ἀπήγγελλε, μετὰ δὲ ταῦτα τὴν Φυρκίνου μαρτυρίαν, ὃν καὶ ὑμῶν <ἴσασιν> οἱ πολλοὶ κατηγοροῦντα ἐν τῷ δήμῳ τούτου, ὡς καὶ μεγάλα καταβεβλαφὼς εἴη τὴν πεντηκοστήν, μετέχων αὐτῆς.

(20) Πρὸ δὲ τοῦ ἀναβαίνειν τοὺς μάρτυρας βραχέα βούλομαι διαλεχθῆναι ὑμῖν. οὐ γὰρ ἀγνοεῖτε, ὦ ἄνδρες, οὔτε τὰς παρασκευὰς τῶν κρινομένων οὔτε τὰς δεήσεις τῶν ἐξαιτουμένων, ἀλλ' ἀκριβῶς ἐπίστασθε, ὅτι χρημάτων ἕνεκα καὶ χάριτος πολλοὶ ἐπείσθησαν τῶν μαρτύρων ἢ ἀμνημονεῖν ἢ μὴ ἐλθεῖν ἢ ἑτέραν πρόφασιν εὑρεῖν.

(17) Leokrates nun kümmerte sich um diese Anordnungen überhaupt nicht, raffte schnell sein vorhandenes Geld zusammen und schaffte es mit Hilfe seiner Sklaven auf einen Fischerkahn, während ein Schiff bereits vor der Küste vor Anker bereit lag. Spät am Abend verließ er dann mit seiner Hetäre Eirenis die Stadt durch das Stadttor, das in der Mitte der Akte liegt, segelte zu seinem Schiff und floh in aller Eile. Dabei hatte er weder Mitgefühl mit den Häfen der Polis, von denen aus er floh, noch schämte er sich vor den Stadtmauern seines Vaterlandes, die er völlig ohne Verteidigung zurückließ, soweit es jedenfalls auf ihn ankam. Er geriet auch nicht in Furcht, als er bei seiner Abreise von ferne die Akropolis als ein Verräter erblickte und den Tempel des Zeus "des Retters" und den der Athena "der Retterin", die er jetzt sehr bald flehentlich anrufen wird, daß sie ihn aus den Gefahren erretten mögen. (18) Nachdem er nun in Rhodos gelandet und angekommen war, da berichtete er - so als ob er gute Nachrichten über einen großartigen Erfolg für sein Vaterland verkünden würde -, daß das Stadtzentrum eingenommen gewesen sei, als er Athen verlassen habe, der Piräus belagert werde und er selbst sich nur mit Mühe habe retten können und hierher (nach Rhodos) gelangt sei. Er schämte sich nicht einmal, das Unglück seiner Heimat seine eigene Rettung zu nennen. Die Rhodier vertrauten seinen Berichten so sehr, daß sie ihre Trieren bemannten und die Lastschiffe in den Hafen einholten. Diejenigen von den Kaufleuten und Kapitänen, die schon ihre Vorbereitungen getroffen hatten, aus Rhodos hierher (nach Athen) zu segeln, luden ihr Getreide und die übrigen Waren nur wegen dieses Mannes wieder aus. (19) Zum Zeugnis dafür, daß ich hierüber die Wahrheit spreche, wird euch der Gerichtsdiener die Zeugenaussagen von allen Leuten vorlesen, zuerst seiner Nachbarn und derjenigen, die in dieser Wohngegend leben, die alle wissen, daß er im Krieg geflohen und aus Athen weggesegelt ist, dann die Zeugnisse der Leute, die in Rhodos zugegen waren, als Leokrates diese Nachrichten dort verkündete, danach die Aussage des Phyrkinos, der, wie viele von euch wissen werden, den Leokrates vor der Volksversammlung angeklagt hat, weil er der Pentekoste schweren Schaden zugefügt habe, als er daran einen Anteil hielt.

(20) Aber bevor die Zeugen auftreten werden, möchte ich euch noch einige kurze Worte sagen. Ihr kennt, Männer, die vorbereiteten Tricks der Angeklagten und die üblichen Bitten derjenigen sehr gut, die um einen Freispruch bitten. Ihr wißt ebenfalls genau, daß bereits viele Zeugen, sei es durch Geldzahlungen bewogen oder als eine persönliche Gefälligkeit, entweder sich vor Gericht an nichts mehr erinnern konnten oder gar nicht erschienen sind oder irgendeinen anderen Vorwand gefunden haben (um nicht als Zeugen aufzutreten).

ἀξιοῦτε οὖν τοὺς μάρτυρας ἀναβαίνειν καὶ μὴ ὀκνεῖν, μηδὲ περὶ πλείονος ποιεῖσθαι τὰς χάριτας ὑμῶν καὶ τῆς πόλεως, ἀλλ' ἀποδιδόναι τῇ πατρίδι τἀληθῆ καὶ τὰ δίκαια, καὶ μὴ λείπειν τὴν τάξιν ταύτην, μηδὲ μιμεῖσθαι Λεωκράτην, ἢ λαβόντας τὰ ἱερὰ κατὰ τὸν νόμον ἐξομόσασθαι. ἐὰν δὲ μηδέτερον τούτων ποιῶσιν, ὑπὲρ ὑμῶν καὶ τῶν νόμων καὶ τῆς δημοκρατίας κλητεύσομεν αὐτούς. λέγε τὰς μαρτυρίας.

ΜΑΡΤΥΡΙΑΙ

(21) Μετὰ ταῦτα τοίνυν, ὦ ἄνδρες, ἐπειδὴ χρόνος ἐγένετο, καὶ ἀφικνεῖτο ᾿Αθήνηθεν πλοῖα εἰς τὴν ῾Ρόδον, καὶ φανερὸν ἦν ὅτι οὐδὲν δεινὸν ἐγεγόνει περὶ τὴν πόλιν, φοβηθεὶς ἐκπλεῖ πάλιν ἐκ τῆς ῾Ρόδου καὶ ἀφικνεῖται εἰς Μέγαρα· καὶ ᾤκει ἐν Μεγάροις πλείω ἢ πέντε ἔτη προστάτην ἔχων Μεγαρέα, οὐδὲ τὰ ὅρια τῆς χώρας αἰσχυνόμενος, ἀλλ' ἐν γειτόνων τῆς ἐκθρεψάσης αὐτὸν πατρίδος μετοικῶν. **(22)** καὶ οὕτως αὐτοῦ κατεγνώκει ἀίδιον φυγὴν ὥστε μεταπεμψάμενος ἐντεῦθεν ᾿Αμύνταν τὸν τὴν ἀδελφὴν ἔχοντα αὐτοῦ τὴν πρεσβυτέραν καὶ τῶν φίλων ᾿Αντιγένην Ξυπεταιόνα, καὶ δεηθεὶς τοῦ κηδεστοῦ πρίασθαι παρ' αὐτοῦ τἀνδράποδα καὶ τὴν οἰκίαν, ἀποδόσθαι ταλάντου, κἀπὸ τούτου προσέταξε τοῖς τε χρήσταις ἀποδοῦναι τὰ ὀφειλόμενα καὶ τοὺς ἐράνους διενεγκεῖν, τὸ δὲ λοιπὸν αὑτῷ ἀποδοῦναι. **(23)** διοικήσας δὲ ταῦτα πάντα ὁ ᾿Αμύντας, αὐτὸς πάλιν ἀποδίδοται τἀνδράποδα πέντε καὶ τριάκοντα μνῶν Τιμοχάρει ᾿Αχαρνεῖ τῷ τὴν νεωτέραν ἔχοντι τούτου ἀδελφήν· ἀργύριον δὲ οὐκ ἔχων δοῦναι ὁ Τιμοχάρης, συνθήκας ποιησάμενος καὶ θέμενος παρὰ Λυσικλεῖ μίαν μνᾶν τόκον ἔφερεν τῷ ᾿Αμύντα. ἵνα δὲ μὴ λόγον οἴησθε εἶναι, ἀλλ' εἰδῆτε τὴν ἀλήθειαν, ἀναγνώσεται καὶ τούτων ὑμῖν τὰς μαρτυρίας. εἰ μὲν οὖν ζῶν ἐτύγχανεν ὁ ᾿Αμύντας, ἐκεῖνον αὐτὸν παρειχόμην· νυνὶ δ' ὑμῖν καλῶ τοὺς συνειδότας. καί μοι λέγε ταύτην τὴν μαρτυρίαν, ὡς ἐπρίατο παρὰ Λεωκράτους ἐν Μεγάροις τὰ ἀνδράποδα ᾿Αμύντας καὶ τὴν οἰκίαν.

ΜΑΡΤΥΡΙΑ

Fordert daher die Zeugen dazu auf, vorzutreten und nicht zögerlich zu sein und nicht eine persönliche Gefälligkeit höher zu schätzen als den Respekt vor euch und vor der Polis. Vielmehr sollen die Zeugen dem Vaterland Wahrheit und Gerechtigkeit als ihren Dank abstatten und diesen ihren Posten (als Zeugen) nicht verlassen noch das schlechte Beispiel des Leokrates nachahmen, oder aber sie sollen mit ihren Händen am Altar und die heiligen Gegenstände umfassend gemäß dem Gesetz den Entlastungseid schwören. Wenn sie aber keines von Beidem tun, dann werden wir ihnen eine formale Aufforderung zum Erscheinen vor Gericht zukommen lassen in eurem Interesse, zum Schutz der Gesetze und der Demokratie. Lies nun die Zeugenaussagen vor.

Zeugenaussagen

(21) Danach, ihr Männer, nachdem einige Zeit vorbeigegangen war, liefen wieder Schiffe aus Athen in Rhodos ein, und es lag klar zu Tage, daß kein schlimmes Unglück die Stadt getroffen hatte. Daraufhin geriet Leokrates in Furcht, segelte wieder aus Rhodos ab und gelangte nach Megara. Er lebte dann in Megara über fünf Jahre lang, wobei er einen Bürger aus Megara als seinen gesetzmäßigen Schutzpatron hatte. Dabei schämte er sich nicht vor den Landesgrenzen Attikas, sondern lebte als ein Metoike im Nachbarland seines Heimatlandes, das ihn großgezogen hatte. (22) Er verurteilte sich selbst in einer solchen Weise zu einem andauernden Exil, daß er Amyntas, den Mann seiner älteren Schwester, und einen seiner Freunde, Antigenes aus Xypete, von hierher aus Athen herbeiholen ließ. Er bat seinen Schwager darum, von ihm seine Sklaven und sein Haus zu erwerben und ihm dafür ein Talent zu zahlen und gab Anweisungen, daß dieser die Summe verwenden solle, um seine Schulden und die zinslosen Kredite unter Freunden zu begleichen und ihm den Rest der Summe auszuzahlen. (23) Amyntas erledigte alle diese geschäftlichen Aufträge und verkaufte die Sklaven für 35 Minen (= 3500 Drachmen) an Timochares aus Acharnai, der mit der jüngeren Schwester des Leokrates verheiratet war. Weil Timochares aber gerade kein Geld flüssig hatte, um es ihm zu geben, ließ er einen Vertrag aufsetzen, deponierte ihn bei Lysikles und zahlte dem Amyntas eine Mine Zinsen. Damit ihr nun nicht denkt, daß dies einfach eine erfundene Geschichte ist, sondern ihr die Wahrheit wißt, soll euch der Gerichtsdiener auch die Zeugnisse dieser beiden Männer vorlesen. Falls nun Amyntas noch am Leben wäre, dann würde ich ihn als Zeugen aufbieten. Jetzt aber rufe ich euch Leute auf, die über diese Vorgänge Bescheid wissen. Lies also die Aussage vor, daß Amyntas die Sklaven und das Haus von Leokrates in Megara käuflich erworben hat.

Zeugenaussage

(24) Ἀκούσατε δὲ καὶ ὡς ἀπέλαβε τετταράκοντα μνᾶς παρ' Ἀμύντου Φιλόμηλος Χολαργεὺς καὶ Μενέλαος ὁ πρεσβεύσας ὡς βασιλέα.

ΜΑΡΤΥΡΙΑ

Λαβὲ δέ μοι καὶ τὴν Τιμοχάρους τοῦ πριαμένου τἀνδράποδα παρ' Ἀμύντου πέντε καὶ τριάκοντα μνῶν, καὶ τὰς συνθήκας.

ΜΑΡΤΥΡΙΑ. ΣΥΝΘΗΚΑΙ

(25) Τῶν μὲν μαρτύρων ἀκηκόατε, ὦ ἄνδρες· ἄξιον δ' ἐστὶν ἐφ' οἷς μέλλω λέγειν ἀγανακτῆσαι καὶ μισῆσαι τουτονὶ Λεωκράτην. οὐ γὰρ ἐξήρκεσε τὸ σῶμα τὸ ἑαυτοῦ καὶ τὰ χρήματα μόνον ὑπεκθέσθαι, ἀλλὰ καὶ τὰ ἱερὰ τὰ πατρῷα, ἃ τοῖς ὑμετέροις νομίμοις καὶ πατρίοις ἔθεσιν οἱ πρόγονοι παρέδοσαν αὐτῷ ἱδρυσάμενοι, ταῦτα μετεπέμψατο εἰς Μέγαρα καὶ ἐξήγαγεν ἐκ τῆς χώρας, οὐδὲ τὴν ἐπωνυμίαν τῶν πατρῴων ἱερῶν φοβηθείς, ὅτι ἐκ τῆς πατρίδος αὐτὰ κινήσας συμφεύγειν αὐτῷ ἐκλιπόντα τοὺς νεὼς καὶ τὴν χώραν ἣν κατεῖχεν, ἠξίωσε, καὶ ἱδρῦσθαι ἐπὶ ξένης καὶ ἀλλοτρίας, καὶ εἶναι ὀθνεῖα τῇ χώρᾳ καὶ τοῖς νομίμοις τοῖς κατὰ τὴν Μεγαρέων πόλιν εἰθισμένοις. **(26)** καὶ οἱ μὲν πατέρες ὑμῶν τῇ Ἀθηνᾷ ὡς τὴν χώραν εἰληχυίᾳ [ὁμώνυμον αὐτῇ] τὴν πατρίδα προσηγόρευον Ἀθήνας, ἵν' οἱ τιμῶντες τὴν θεὸν τὴν ὁμώνυμον αὐτῇ πόλιν μὴ ἐγκαταλίπωσι· Λεωκράτης δ' οὔτε νομίμων οὔτε πατρίδος οὔθ' ἱερῶν φροντίσας τὸ καθ' ἑαυτὸν ἐξαγώγιμον ὑμῖν καὶ τὴν παρὰ τῶν θεῶν βοήθειαν ἐποίησε. καὶ οὐκ ἐξήρκεσεν αὐτῷ τοσαῦτα καὶ τηλικαῦτα τὴν πόλιν ἀδικῆσαι, ἀλλ' οἰκῶν ἐν Μεγάροις, οἷς παρ' ὑμῶν ἐξεκομίσατο χρήμασιν ἀφορμῇ χρώμενος, ἐκ τῆς Ἠπείρου παρὰ Κλεοπάτρας εἰς Λευκάδα ἐσιτήγει καὶ ἐκεῖθεν εἰς Κόρινθον. **(27)** καίτοι, ὦ ἄνδρες, καὶ περὶ τούτων οἱ ὑμέτεροι νόμοι τὰς ἐσχάτας τιμωρίας ὁρίζουσιν, ἐάν τις Ἀθηναίων ἄλλοσέ ποι σιτηγήσῃ ἢ ὡς ὑμᾶς. ἔπειτα τὸν προδόντα μὲν ἐν τῷ πολέμῳ, σιτηγήσαντα δὲ παρὰ τοὺς νόμους, μὴ φροντίσαντα δὲ μήτε ἱερῶν μήτε πατρίδος μήτε νόμων, τοῦτον ἔχοντες ὑπὸ τῇ ὑμετέρᾳ ψήφῳ οὐκ ἀποκτενεῖτε καὶ παράδειγμα τοῖς ἄλλοις ποιήσετε;

(24) Hört auch nun, daß Philomelos aus Cholargos und Menelaos, der früher einmal Mitglied einer Gesandtschaft zum (Perser-) König war, von Amyntas 40 Minen erhielten.

Zeugenaussage

Nimm (und verlies für mich) auch die Aussage des Timochares, der von Amyntas die Sklaven für 35 Minen kaufte, sowie den Vertrag.

Zeugenaussage - Verträge

(25) Männer, ihr habt die Zeugen gehört. Was ich euch aber nun sagen werde, gibt berechtigten Anlaß dazu, daß ihr deswegen diesem Leokrates hier zürnt und ihn haßt. Es genügte ihm nämlich nicht, lediglich seine Person selbst und sein Vermögen außer Landes zu schaffen, sondern er ließ auch noch die Familienheiligtümer nach Megara holen, welche die Vorfahren einst aufgestellt und ihm gemäß euren Gebräuchen und väterlichen Sitten übergeben hatten. Er entführte sie aus ihrem eigenen Land, und dabei fürchtete er sich nicht vor ihrem Namen als den "väterlichen Heiligtümern". Er hielt es für recht, sie einfach aus ihrem Vaterland hinwegzuschaffen als gezwungene Begleiter seiner Flucht, während sie die Tempel und das Land verlassen mußten, das sie bewohnt hatten, und sie dann in einem fremden und ausländischen Land wieder aufzustellen, wo sie dem Land und den religiösen Bräuchen der Polis der Megarer fremd waren. (26) Eure Vorfahren nannten ihr Land Athen nach der Göttin, die dieses Land als ihr Teil erhalten hatte, damit diejenigen, die diese Göttin verehren, diese Stadt, die nach ihr benannt ist, nicht im Stich lassen sollten. Leokrates aber scherte sich weder um eure Bräuche und Gesetze, noch um das Vaterland, noch um unsere Heiligtümer. Soweit es an ihm lag, machte er sogar die Hilfe, die euch von Seiten der Götter zukommt, zu einer Ausfuhrware. Es reichte ihm indessen noch nicht, solche und so große Verbrechen an der Polis verübt zu haben. Als er in Megara wohnte, da verwendete er die Geldmittel, die er aus eurem Land weggeschafft hatte, als Startkapital für den Handel mit Getreide, das er in Epeiros von Kleopatra gekauft hatte und dann nach Leukas und von dort nach Korinth verschiffte. (27) Dabei setzen doch auch für diese Verbrechen eure Gesetze die schärfsten Strafen fest, ihr Männer, wenn nämlich ein Athener Getreide zu einem anderen Ort als zu euch hin transportiert. Nachdem ihr nun diesen Mann, der sein Vaterland in Kriegszeiten verraten hat, der gegen die Gesetze mit Getreide gehandelt hat, der sich weder um die Religionsgebräuche noch sein Vaterland noch dessen Gesetze etwas schert, durch eure Richterstimme in der Hand habt, werdet ihr ihn etwa nicht hinrichten lassen und damit ein abschreckendes Beispiel für andere aufstellen?

πάντων ἄρ' ἀνθρώπων ῥᾳθυμότατοι ἔσεσθε, καὶ ἥκιστα ἐπὶ τοῖς δεινοῖς ὀργιζόμενοι.

(28) Καὶ ταῦτα δ', ὦ ἄνδρες, ἐμοῦ θεωρήσατε ὡς δικαίαν τὴν ἐξέτασιν ποιουμένου περὶ τούτων. οὐ γὰρ οἶμαι δεῖν ὑμᾶς ὑπὲρ τηλικούτων ἀδικημάτων εἰκάζοντας, ἀλλὰ τὴν ἀλήθειαν εἰδότας ψηφίζεσθαι, καὶ τοὺς μάρτυρας μὴ δώσοντας ἔλεγχον μαρτυρεῖν, ἀλλὰ δεδωκότας. προὐκαλεσάμην γὰρ αὐτοὺς πρόκλησιν ὑπὲρ τούτων ἁπάντων γράψας καὶ ἀξιῶν βασανίζειν τοὺς τούτου οἰκέτας, ἧς ἀκοῦσαι ἄξιόν ἐστιν. καὶ μοι λέγε ταύτην.

ΠΡΟΚΛΗΣΙΣ

(29) Ἀκούετε, ὦ ἄνδρες, τῆς προκλήσεως. ἅμα τοίνυν ταύτην Λεωκράτης οὐκ ἐδέχετο, καὶ κατεμαρτύρει αὐτοῦ, ὅτι προδότης τῆς πατρίδος ἐστίν· ὁ γὰρ τὸν παρὰ τῶν συνειδότων ἔλεγχον φυγὼν ὡμολόγηκεν ἀληθῆ εἶναι τὰ εἰσηγγελμένα. τίς γὰρ ὑμῶν οὐκ οἶδεν, ὅτι περὶ τῶν ἀμφισβητουμένων πολὺ δοκεῖ δικαιότατον καὶ δημοτικὸν εἶναι, ὅταν οἰκέται ἢ θεράπαιναι συνειδῶσιν ἃ δεῖ, τούτους ἐλέγχειν καὶ βασανίζειν, καὶ τοῖς ἔργοις μᾶλλον ἢ τοῖς λόγοις πιστεύειν, ἄλλως τε καὶ περὶ πραγμάτων κοινῶν καὶ μεγάλων καὶ συμφερόντων τῇ πόλει; **(30)** ἐγὼ τοίνυν τοσοῦτον ἀφέστηκα τοῦ ἀδίκως τὴν εἰσαγγελίαν κατὰ Λεωκράτους ποιήσασθαι, ὅσον ἐγὼ μὲν ἐβουλόμην τοῖς ἰδίοις κινδύνοις ἐν τοῖς Λεωκράτους οἰκέταις καὶ θεραπαίναις βασανισθεῖσι τὸν ἔλεγχον γενέσθαι, οὑτοσὶ δὲ διὰ τὸ συνειδέναι ἑαυτῷ οὐχ ὑπέμεινεν ἀλλ' ἔφυγε. καίτοι, ὦ ἄνδρες, πολὺ θᾶττον οἱ Λεωκράτους οἰκέται καὶ θεράπαιναι τῶν γενομένων ἄν τι ἠρνήθησαν ἢ τὰ μὴ ὄντα τοῦ αὐτῶν δεσπότου κατεψεύσαντο. **(31)** χωρὶς τοίνυν τούτων Λεωκράτης ἀναβοήσεται αὐτίκα ὡς ἰδιώτης ὤν, καὶ ὑπὸ τῆς τοῦ ῥήτορος καὶ συκοφάντου δεινότητος ἀναρπαζόμενος· ἐγὼ δ' ἡγοῦμαι πάντας ὑμᾶς εἰδέναι ὅτι τῶν μὲν δεινῶν καὶ συκοφαντεῖν ἐπιχειρούντων ἔργον ἐστὶν ἅμα τοῦτο προαιρεῖσθαι καὶ ζητεῖν τὰ χωρία ταῦτα, ἐν οἷς τοὺς παραλογισμοὺς κατὰ τῶν ἀγωνιζομένων ποιήσονται,

Falls nicht, dann werdet ihr die leichtfertigsten Menschen in der Welt sein, wenn ihr über diese ungeheuerlichen Verbrechen am wenigsten in Zorn geratet.

(28) Betrachtet auch das Folgende, ihr Männer, wie gerecht ich meine Untersuchung dieser Dinge betreibe. Ihr solltet nämlich, wie ich meine, euer Urteil über so große Verbrechen nicht auf der Grundlage von bloßen Vermutungen fällen, sondern aus dem Wissen um die Wahrheit. Und ich meine ferner, daß Zeugen ihr Zeugnis ablegen sollten, nachdem sie bereits den Beweis für ihre Glaubwürdigkeit erbracht haben und nicht schon zuvor. Ich habe der Gegenpartei eine Proklesis über alle diese Anklagepunkte zustellen lassen und darin verlangt, daß seine Sklaven auf der Folter befragt werden sollten. Lies nun die Proklesis vor!

Proklesis

(29) Ihr hört diese förmliche Vorladung, Männer. Leokrates nun hat diese Aufforderung abgelehnt und damit zugleich gegen sich selbst eindeutig Zeugnis abgelegt, daß er ein Verräter seines Vaterlandes ist. Denn wer der Beweisführung durch Befragung der Mitwisser ausweicht, der gibt damit offen zu, daß die Anklagepunkte der Anzeige wahr sind. Wer unter euch weiß denn nicht, daß es in Streitsachen offenbar eine besonders gerechte und demokratische Verfahrensweise ist, wenn Sklaven oder Sklavinnen Mitwisser derjenigen Sachverhalte sind, die das Gericht wissen muß, diese dann auf der Folter zu verhören und so mehr den Tatsachen als bloßen Worten zu vertrauen, besonders aber wenn es um öffentliche, bedeutende und im Staatsinteresse liegende Angelegenheiten geht? (30) So weit habe ich nun davon Abstand genommen, die Anklage gegen Leokrates etwa auf eine ungerechte Weise zu führen, daß ich sogar auf mein eigenes Risiko wünschte, daß die Untersuchung und Beweisführung abhänge von dem Verhör seiner männlichen und weiblichen Sklaven. Dieser Mann aber hat dies nicht zugelassen und ist dieser Beweisführung ausgewichen, weil er nämlich ein schlechtes Gewissen hat. Dabei hätten doch, ihr Männer, die Sklaven und Sklavinnen des Leokrates viel schneller einige der tatsächlichen Tatbestände abgestritten als Dinge frei als Lügen erfunden, welche ihrem Herren schaden könnten. (31) Von diesen Dingen jedoch abgesehen wird Leokrates sicher sofort laut ausrufen, daß er doch nur ein einfacher Bürger sei und zur leichten Beute werden solle für die gefährlichen Techniken eines Redners und Sykophanten. Alle unter euch wissen aber nun doch, wie ich meine, daß es das typische Verhalten solcher gefährlicher Redner und der Sykophanten ist, sobald sie diesen Vorsatz fassen, sich zugleich auch schon geeignete Stellen auszusuchen, wo sie Trugschlüsse gegen die Gegenpartei vorbringen können.

τῶν δὲ δικαίως τὰς κρίσεις ἐνισταμένων καὶ τοὺς ἐνόχους ταῖς ἀραῖς ἀκριβῶς ἀποδεικνύντων τἀναντία φαίνεσθαι τούτοις ποιοῦντας, ὥσπερ ἡμεῖς. **(32)** οὑτωσὶ δὲ διαλογίζεσθε περὶ τούτων παρ' ὑμῖν αὐτοῖς. τίνας ἀδύνατον ἦν τῇ δεινότητι καὶ ταῖς παρασκευαῖς ταῖς τοῦ λόγου παραγαγεῖν; κατὰ φύσιν τοίνυν βασανιζόμενοι πᾶσαν τὴν ἀλήθειαν περὶ πάντων τῶν ἀδικημάτων ἔμελλον φράσειν οἱ οἰκέται καὶ αἱ θεράπαιναι. ἀλλὰ τούτους Λεωκράτης παραδοῦναι ἔφυγε, καὶ ταῦτα οὐκ ἀλλοτρίους ἀλλ' αὑτοῦ ὄντας. **(33)** τίνας δὲ δυνατὸν εἶναι δοκεῖ τοῖς λόγοις ψυχαγωγῆσαι, καὶ τὴν ὑγρότητα αὐτῶν τοῦ ἤθους τοῖς δακρύοις εἰς ἔλεον προαγαγέσθαι; τοὺς δικαστάς. ἐνταῦθα Λεωκράτης ὁ προδότης τῆς πατρίδος ἐλήλυθεν, οὐδὲν ἕτερον ἢ φοβούμενος μὴ ἐκ τῆς αὐτῆς οἰκίας οἵ τ' ἐξελέγχοντες τῷ ἔργῳ καὶ ὁ ἐξελεγχόμενος γένηται. τί γὰρ ἔδει προφάσεων ἢ λόγων ἢ σκήψεως; **(34)** ἁπλοῦν τὸ δίκαιον, ῥάδιον τὸ ἀληθές, βραχὺς ὁ ἔλεγχος. εἰ μὲν ὁμολογεῖ τὰ ἐν τῇ εἰσαγγελίᾳ ἀληθῆ καὶ ὅσια εἶναι, τί οὐ τῆς ἐκ τῶν νόμων τιμωρίας τυγχάνει; εἰ δὲ μή φησι ταῦτα ἀληθῆ εἶναι, τί οὐ παραδέδωκε τοὺς οἰκέτας καὶ τὰς θεραπαίνας; προσήκει γὰρ τὸν ὑπὲρ προδοσίας κινδυνεύοντα καὶ παραδιδόναι βασανίζειν καὶ μηδένα τῶν ἀκριβεστάτων ἐλέγχων φεύγειν. **(35)** ἀλλ' οὐδὲν τούτων ἔπραξεν. ἀλλὰ καταμεμαρτυρηκὼς ἑαυτοῦ, ὅτι προδότης ἐστὶ τῆς πατρίδος καὶ τῶν ἱερῶν καὶ τῶν νόμων, ἀξιώσει ὑμᾶς ἐναντία ταῖς αὑτοῦ ὁμολογίαις καὶ μαρτυρίαις ψηφίσασθαι. καὶ πῶς δίκαιόν ἐστι τὸν τὴν ἐξουσίαν τῆς ἀπολογίας αὑτοῦ ἐξ ἄλλων τε πολλῶν καὶ ἐκ τοῦ μὴ δέξασθαι τὰ δίκαια περιῃρημένον, τοῦτον ἐᾶσαι ὑμᾶς αὐτοὺς ὑπὲρ τῶν ὁμολογουμένων ἀδικημάτων ἐξαπατῆσαι;

(36) Περὶ μὲν οὖν τῆς προκλήσεως καὶ τοῦ ἀδικήματος, ὅτι ὁμολογούμενόν ἐστιν, ἱκανῶς ὑμᾶς ἡγοῦμαι, ὦ ἄνδρες, μεμαθηκέναι· ἐν οἷς δὲ καιροῖς καὶ ἡλίκοις κινδύνοις τὴν πόλιν οὖσαν Λεωκράτης προδέδωκεν ἀναμνῆσαι ὑμᾶς βούλομαι. καί μοι λαβὲ τὸ ψήφισμα, γραμματεῦ, τὸ Ὑπερείδου καὶ ἀναγίγνωσκε.

Leute dagegen, die mit gerechten Absichten einen Prozeß beginnen - so wie wir -, tun das Gegenteil davon, indem sie genau aufzeigen, inwiefern die Angeklagten schuldig sind gemäß der Verwünschung (des Gerichtsheroldes). (**32**) Überlegt bei euch selbst diese Angelegenheit einmal so: Bei welchen Personen wäre es unmöglich, daß sie durch die gefährliche Macht ihrer Redekunst und trickreiche Vorbereitungen ihrer Rede jemanden verführen könnten? Die Sklaven und Sklavinnen hätten natürlich die ganze Wahrheit über alle seine Verbrechen ausgesagt, wenn man sie auf der Folter verhört hätte. Aber Leokrates weigerte sich ja, sie für eine solche Befragung zu übergeben, und das auch noch, obwohl sie doch keinem anderem als nur ihm selbst gehörten. (**33**) Andererseits, wen glaubt ihr wohl kann man durch schöne Worte verleiten und wessen weiches Herz mit dem Einsatz von Tränen zum Mitleid veranlassen? Die Richter. Leokrates, der Verräter an seiner Vaterstadt, kam hierher und fürchtete nichts anderes mehr, als daß derjenige, der seiner Verbrechen überführt wird, und diejenigen, die ihn aufgrund von Tatsachen überführen, aus dem gleichen Haus stammten. Was für eine Notwendigkeit gab es denn für Vorwände, lange Reden und eine gründliche Untersuchung? (**34**) Die Gerechtigkeit ist eine einfache Angelegenheit, die Wahrheit leicht zu finden und kurz die Beweisführung. Wenn er eingesteht, daß die Vorwürfe in der Klage zutreffend und gerechtfertigt sind, warum trifft ihn dann nicht die vom Gesetz vorgesehene Strafe dafür? Wenn er behaupt, daß die Vorwürfe unwahr sind, warum hat er dann nicht seine Sklaven und Sklavinnen zum Verhör übergeben? Wenn jemand unter der Anklage des Verrates vor Gericht steht, dann sollte er nämlich seine Sklaven zum Verhör unter der Folter ausliefern und keinem der besonders genauen Beweisverfahren aus dem Wege gehen. (**35**) Er aber hat nichts davon getan. Obwohl er doch damit gegen sich selbst Zeugnis darüber abgelegt hat, daß er ein Verräter ist an seinem Vaterland, seinen Heiligtümern und Gesetzen, wird er doch von euch verlangen, daß ihr ein Urteil fällt, welches im Gegensatz steht zu dem, was er selbst zugegeben und worüber er Zeugnis abgelegt hat. Wie könnte es denn gerecht sein, daß ihr zulaßt, daß dieser Mann, der sich selbst die Chance zu seiner Verteidigung auf vielen anderen Wegen und vor allem auch deshalb genommen hat, weil er meine gerechten Verfahrensvorschläge nicht angenommen hat, euch täuscht über die Verbrechen, die er doch selbst eingestanden hat?

(**36**) Ich glaube, Männer, daß ihr nun genügend gelernt habt über die förmliche Aufforderung und das Verbrechen, daß es nämlich bereits zugegeben ist. Ich will euch aber noch daran erinnern, in welcher schlimmen Lage und in wie großen Gefahren sich die Polis befand, als Leokrates sie verraten hat. Gerichtsdiener, nimm den Volksbeschluß auf Antrag des Hypereides und lies ihn vor!

ΨΗΦΙΣΜΑ

(37) Ἀκούετε τοῦ ψηφίσματος, ὦ ἄνδρες, ὅτι τὴν βουλὴν τοὺς πεντακοσίους καταβαίνειν εἰς Πειραιᾶ χρηματιοῦσαν περὶ φυλακῆς τοῦ Πειραιέως ἐν τοῖς ὅπλοις ἔδοξε, καὶ πράττειν διεσκευασμένην ὅ τι ἂν δοκῇ τῷ δήμῳ συμφέρον εἶναι. καίτοι, ὦ ἄνδρες, εἰ οἱ ἀφειμένοι τοῦ στρατεύεσθαι ἕνεκα τοῦ βουλεύεσθαι ὑπὲρ τῆς πόλεως ἐν τῇ τῶν στρατιωτῶν τάξει διέτριβον, ἆρ' ὑμῖν δοκοῦσι μικροὶ καὶ οἱ τυχόντες φόβοι τότε τὴν πόλιν κατασχεῖν; **(38)** ἐν οἷς Λεωκράτης οὑτοσὶ καὶ αὐτὸς ἐκ τῆς πόλεως ἀποδρὰς ᾤχετο, καὶ τὰ χρήματα τὰ ὑπάρχοντα ἐξεκόμισε, καὶ <τὰ> ἱερὰ τὰ πατρῷα μετεπέμψατο, καὶ εἰς τοσοῦτον προδοσίας ἦλθεν, ὥστε κατὰ τὴν τούτου προαίρεσιν ἔρημοι μὲν ἦσαν οἱ νεῴ, ἔρημοι δ' αἱ φυλακαὶ τῶν τειχῶν, ἐξελέλειπτο δ' ἡ πόλις καὶ ἡ χώρα. **(39)** καίτοι κατ' ἐκείνους τοὺς χρόνους, ὦ ἄνδρες, τίς οὐκ ἂν τὴν πόλιν ἠλέησεν, οὐ μόνον πολίτης, ἀλλὰ καὶ ξένος ἐν τοῖς ἔμπροσθεν χρόνοις ἐπιδεδημηκώς; τίς δ' ἦν οὕτως ἢ μισόδημος τότ' ἢ μισαθήναιος, ὅστις ἐδυνήθη ἂν ἄτακτον αὐτὸν ὑπομεῖναι ἰδεῖν; ἡνίκα ἡ μὲν ἧττα καὶ τὸ γεγονὸς πάθος τῷ <δήμῳ> προσήγγελτο, ὀρθὴ δ' ἦν ἡ πόλις ἐπὶ τοῖς συμβεβηκόσιν, αἱ δ' ἐλπίδες τῆς σωτηρίας τῷ δήμῳ ἐν τοῖς ὑπὲρ πεντήκοντ' ἔτη γεγονόσι καθειστήκεσαν, **(40)** ὁρᾶν δ' ἦν ἐπὶ μὲν τῶν θυρῶν γυναῖκας ἐλευθέρας, περιφόβους κατεπτηχυίας καὶ πυνθανομένας, εἰ ζῶσι, τὰς μὲν ὑπὲρ ἀνδρός, τὰς δ' ὑπὲρ πατρός, τὰς δ' ὑπὲρ ἀδελφῶν, ἀναξίως αὐτῶν καὶ τῆς πόλεως ὁρωμένας, τῶν δ' ἀνδρῶν τοὺς τοῖς σώμασιν ἀπειρηκότας καὶ ταῖς ἡλικίαις πρεσβυτέρους καὶ ὑπὸ τῶν νόμων τοῦ στρατεύεσθαι ἀφειμένους ἰδεῖν ἦν καθ' ὅλην τὴν πόλιν τότ' ἐπὶ γήρως ὁδῷ περιφθειρομένους, διπλᾶ τὰ ἱμάτια ἐμπεπορπημένους. **(41)** πολλῶν δὲ καὶ δεινῶν κατὰ τὴν πόλιν γιγνομένων, καὶ πάντων τῶν πολιτῶν τὰ μέγιστα ἠτυχηκότων, μάλιστ' ἄν τις ἤλγησε καὶ ἐδάκρυσεν ἐπὶ ταῖς τῆς πόλεως συμφοραῖς, ἡνίχ' ὁρᾶν ἦν τὸν δῆμον ψηφισάμενον τοὺς μὲν δούλους ἐλευθέρους, τοὺς δὲ ξένους Ἀθηναίους, τοὺς δ' ἀτίμους ἐπιτίμους· ὃς πρότερον ἐπὶ τῷ αὐτόχθων εἶναι καὶ ἐλεύθερος ἐσεμνύνετο. **(42)** τοσαύτη δ' ἡ πόλις ἐκέχρητο μεταβολῇ ὥστε πρότερον μὲν ὑπὲρ τῆς τῶν ἄλλων Ἑλλήνων ἐλευθερίας ἀγωνίζεσθαι, ἐν δὲ τοῖς τότε χρόνοις ἀγαπᾶν, ἐὰν ὑπὲρ τῆς αὐτῶν σωτηρίας ἀσφαλῶς δύνηται διακινδυνεῦσαι,

Volksbeschluß

(37) Ihr hört den Volksbeschluß, Männer, daß nämlich beschlossen wurde:
"Der Rat der 500 soll in den Piräus hinuntergehen und unter Waffen über die
Verteidigung des Piräus beraten, und er soll in Bereitschaft sein alles zu tun,
was ihm im Interesse des Volkes nützlich zu sein scheint." Und in der Tat, ihr
Männer, wenn diejenigen Männer, die wegen ihrer Tätigkeit als Ratsherren für
die Polis von ihren militärischen Bürgerpflichten freigestellt waren, sich nun
(im Piräus) in militärischer Ordnung aufhielten, scheinen euch da etwa nur
kleine und gewöhnliche Befürchtungen die Stadt damals fest in ihrem Griff
gehabt zu haben? (38) Das war vielmehr die schlimme Lage, als dieser
Leokrates hier in aller Eile selbst aus der Stadt weglief, sein Vermögen außer
Landes schaffte und auch die väterlichen Kultbilder holen ließ. In seinem
Verrat ging er soweit, daß jedenfalls nach seiner Entscheidung die Tempel
verlassen waren, die Wachposten der Mauern nicht besetzt, die Polis und ihr
Umland aufgegeben. (39) Und doch, ihr Männer, wer hätte damals kein
Mitleid mit dieser Stadt gehabt, nicht etwa nur als ein Bürger, sondern sogar
als ein Fremder, wenn er die Stadt einmal in früheren Zeiten besucht hatte?
Wer wäre ein solcher Feind des Volkes und solcher Hasser Athens gewesen,
daß er es ertragen hätte, sich selbst ohne einen militärischen Posten zu sehen?
Als die Nachricht über die Niederlage und die Katastrophe, die sich ereignet
hatte, dem Volk verkündet wurde, war die Stadt in voller Aufregung über das,
was sich ereignet hatte, und die Hoffnungen auf Rettung für das Volk ruhten
auf den über Fünfzigjährigen. (40) Freie bürgerliche Frauen konnte man
damals an den Türen ihrer Häuser sehen, wie sie sich voller Furcht
niederduckten und zu erfahren versuchten, ob ihr Mann oder ihr Vater oder
ihre Brüder noch am Leben seien, ein Anblick, der ihrer selbst und der Stadt
unwürdig war. Damals konnte man auch bereits körperlich schwache Männer
in einem weit vorgerücktem Alter, die deswegen von ihrer Militärdienstpflicht
gesetzlich bereits befreit waren, in der ganzen Stadt herumgehen sehen, im
Elend umherziehend auf dem Weg ihres Alters, ihre Himatia doppelt
umgeschlagen. (41) Während jedoch viele und schreckliche Dinge der Stadt
geschahen und alle Bürger die größten Unglücksfälle erlitten, da würde wohl
jemand erst den heftigsten Schmerz empfunden haben und am meisten über
die Mißgeschicke der Stadt geweint haben, als man sehen konnte, wie das
Volk einen Beschluß faßte, daß die Sklaven freie Männer, die Fremden
Athener werden und diejenigen, die ihre vollen Bürgerrechte verloren hatten,
wieder ihre Rechte erlangen sollten. Eben dieses Volk faßte diesen Beschluß,
das sich üblicherweise früher damit brüstete, autochthon und frei zu sein. (42)
Die Stadt erlebte eine so große Veränderung ihrer Lage, daß sie, während sie
früher für die Freiheit der anderen Hellenen Kämpfe auf sich nahm, damals
damit zufrieden sein mußte, wenn sie unter großen Gefahren die eigene
Rettung sicher bewahren konnte.

καὶ πρότερον μὲν πολλῆς χώρας τῶν βαρβάρων ἐπάρχειν, τότε δὲ
πρὸς Μακεδόνας ὑπὲρ τῆς ἰδίας κινδυνεύειν· καὶ τὸν δῆμον ὃν
πρότερον Λακεδαιμόνιοι καὶ Πελοποννήσιοι καὶ οἱ τὴν Ἀσίαν
κατοικοῦντες Ἕλληνες βοηθὸν ἐπεκαλοῦντο, τοῦτον ἔδει τοτ' ἐξ
Ἄνδρου καὶ Κέω καὶ Τροζῆνος καὶ Ἐπιδαύρου ἐπικουρίαν αὐτῷ
μεταπέμψασθαι. (43) ὥστε, ὦ ἄνδρες, τὸν ἐν τοῖς τοιούτοις φόβοις
καὶ τηλικούτοις κινδύνοις καὶ τοσαύτῃ αἰσχύνῃ ἐγκαταλιπόντα τὴν
πόλιν, καὶ μήτε <τὰ> ὅπλα θέμενον ὑπὲρ τῆς πατρίδος μήτε τὸ
σῶμα παρασχόντα τάξαι τοῖς στρατηγοῖς, ἀλλὰ φυγόντα καὶ
προδόντα τὴν τοῦ δήμου σωτηρίαν, τίς ἂν ἢ δικαστὴς φιλόπολις καὶ
εὐσεβεῖν βουλόμενος ψήφῳ ἀπολύσειεν, ἢ ῥήτωρ κληθεὶς τῷ προδότῃ
τῆς πόλεως βοηθήσειε; τὸν οὐδὲ συμπενθῆσαι τὰς τῆς πατρίδος
συμφορὰς τολμήσαντα, οὐδὲ συμβεβλημένον οὐδὲν εἰς τὴν τῆς
πόλεως καὶ τοῦ δήμου σωτηρίαν, ὅθ' ἡ μὲν χώρα τὰ δένδρα
συνεβάλλετο, οἱ δὲ τετελευτηκότες τὰς θήκας, οἱ δὲ νεῷ τὰ ὅπλα.
(44) καίτοι κατ' ἐκείνους τοὺς χρόνους οὐκ ἔστιν ἥτις ἡλικία οὐ
παρέσχεν ἑαυτὴν εἰς τὴν τῆς πόλεως σωτηρίαν· ἐπεμελοῦντο γὰρ οἱ
μὲν τῆς τῶν τειχῶν κατασκευῆς, οἱ δὲ τῆς τῶν τάφρων, οἱ δὲ τῆς
χαρακώσεως· οὐδεὶς δ' ἦν ἀργὸς τῶν ἐν τῇ πόλει. ἐφ' ὧν οὐδενὸς τὸ
σῶμα τὸ ἑαυτοῦ παρέσχε τάξαι Λεωκράτης. (45) ὧν εἰκὸς ὑμᾶς
ἀναμνησθέντας τὸν μηδὲ συνεξενεγκεῖν μηδ' ἐπ' ἐκφορὰν ἐλθεῖν
ἀξιώσαντα τῶν ὑπὲρ τῆς ἐλευθερίας καὶ τοῦ δήμου σωτηρίας ἐν
Χαιρωνείᾳ τελευτησάντων θανάτῳ ζημιῶσαι ὡς τὸ ἐπὶ τούτῳ μέρος
ἀτάφων ἐκείνων τῶν ἀνδρῶν γεγενημένων· ὧν οὗτος οὐδὲ τὰς θήκας
παριὼν ᾐσχύνθη, ὀγδόῳ ἔτει τὴν πατρίδα αὐτῶν προσαγορεύων.

(46) Περὶ ὧν, ὦ ἄνδρες, μικρῷ πλείω βούλομαι διελθεῖν, καὶ ὑμῶν
ἀκοῦσαι δέομαι καὶ μὴ νομίζειν ἀλλοτρίους εἶναι τοὺς τοιούτους
<λόγους> τῶν δημοσίων ἀγώνων· αἱ γὰρ τῶν ἀγαθῶν ἀνδρῶν
εὐλογίαι τὸν ἔλεγχον σαφῆ κατὰ τῶν τἀναντία ἐπιτηδευόντων
ποιοῦσιν. ἔτι δὲ καὶ δίκαιον τὸν ἔπαινον, ὃς μόνος ἆθλον τῶν
κινδύνων τοῖς ἀγαθοῖς ἀνδράσιν ἐστί, τοῦτον, ἐπειδὴ καὶ ἐκεῖνοι εἰς
τὴν κοινὴν σωτηρίαν τῆς πόλεως τὰς ψυχὰς αὐτῶν ἀνήλωσαν, ἐν
τοῖς δημοσίοις καὶ κοινοῖς ἀγῶσι τῆς πόλεως μὴ παραλείπειν.

Während sie früher Herrin über weite Barbarengebiete war, mußte sie damals unter hohem Risiko mit den Makedonen um ihr eigenes Land kämpfen. Das Volk, das früher die Spartaner, die Peloponnesier und die Griechen, welche Kleinasien bewohnen, zur Hilfe zu rufen pflegten, dieses Volk mußte nun selbst darum bitten, daß ihm Hilfe aus Andros, Keos, Troizen und Epidauros geschickt werde. **(43)** Wenn daher, ihr Männer, jemand in einer so furchteinflößenden Situation, in einer solchen Gefahrenlage und angesichts einer so großen öffentlichen Demütigung die Stadt im Stich gelassen hat, wenn jemand nicht seine Waffen ergriffen hat zur Verteidigung des Vaterlandes noch auch Leib und Leben den Strategen zur Verfügung gestellt hat, damit diese ihm einen Posten anweisen könnten, sondern einfach geflohen ist und die Rettung des Volkes verraten hat, welcher vaterlandsliebende Richter, der den Willen hat, mit seinem Urteil fromm seine Pflicht zu erfüllen, könnte denn einen solchen Mann freisprechen, oder welcher Rhetor, der um seine Hilfe angerufen würde, könnte denn einem solchen Verräter der Polis vor Gericht Beistand leisten, der die Unverschämtheit besessen hat, nicht einmal mitzutrauern über die Unglücksfälle, welche die Stadt betroffen hatten, und rein gar nichts beigetragen hat zur Rettung der Stadt und des Volkes? Dabei stellten damals doch das attische Land seine Bäume, die Toten sogar ihre Gräber und die Tempel ihre Waffen bereit. **(44)** Es war eine Zeit, als Männer jeglichen Alters sich für die Rettung der Polis zur Verfügung stellten. Einige Männer kümmerten sich um die Instandsetzung der Verteidigungsmauern, andere hoben Gräben aus, wieder andere errichteten Palisaden. Niemand unter den Einwohnern der Stadt war untätig. Leokrates dagegen stellte seine Person zur Einteilung für keine dieser Arbeiten zur Verfügung. **(45)** Daran solltet ihr euch erinnern und den Mann, der damals nichts beigetragen und es noch nicht einmal für nötig gehalten hat, an der staatlichen Begräbnisprozession derjenigen teilzunehmen, welche für die Freiheit und die Rettung des Demos bei Chaironeia ihr Leben gelassen haben, mit dem Tode bestrafen, weil diese Männer nämlich, wenn es an Leokrates gelegen hätte, unbeerdigt geblieben wären. Dieser Mann hat sich nicht einmal beim Vorbeigehen an ihren Gräbern geschämt, als er im achten Jahre ihr Vaterland wieder begrüßte.

(46) Über diese Mitbürger möchte ich noch etwas ausführlicher sprechen, ihr Männer, und ich möchte, daß ihr mir zuhört und nicht meint, daß solche Ausführungen in öffentlichen Gerichtsverfahren nicht am Platze seien. Indem man nämlich gute Männer lobt, führt man einen klaren Beweisgang gegen diejenigen, die das Gegenteil von diesen tun. Und zudem ist es gerecht, wenn dieses Lob, weil es die einzige Belohnung für gute Männer als Entschädigung für die Gefahren ist, nachdem jene für die gemeinsame Rettung der Stadt ihr Leben eingesetzt haben, auch in den öffentlichen Verfahren der Stadt nicht übergangen wird.

(47) ἐκεῖνοι γὰρ τοῖς πολεμίοις ἀπήντησαν ἐπὶ τοῖς ὁρίοις τῆς Βοιωτίας ὑπὲρ τῆς τῶν Ἑλλήνων ἐλευθερίας μαχούμενοι, οὐκ ἐν τοῖς τείχεσι τὰς ἐλπίδας τῆς σωτηρίας ἔχοντες, οὐδὲ τὴν χώραν κακῶς ποιεῖν προέμενοι τοῖς ἐχθροῖς, ἀλλὰ τὴν μὲν αὑτῶν ἀνδρείαν ἀσφαλεστέραν φυλακὴν εἶναι νομίζοντες τῶν λιθίνων περιβόλων, τὴν δὲ θρέψασαν αὐτοὺς αἰσχυνόμενοι περιορᾶν πορθουμένην, εἰκότως· **(48)** ὥσπερ γὰρ πρὸς τοὺς φύσει γεννήσαντας καὶ τοὺς ποιητοὺς τῶν πατέρων οὐχ ὁμοίως ἔχουσιν ἅπαντες ταῖς εὐνοίαις, οὕτω καὶ πρὸς τὰς χώρας τὰς μὴ φύσει προσηκούσας, ἀλλ' ὕστερον ἐπικτήτους γενομένας καταδεέστερον διάκεινται. τοιαύταις δὲ γνώμαις χρησάμενοι καὶ τοῖς ἀρίστοις ἀνδράσιν ἐξ ἴσου τῶν κινδύνων μετασχόντες, οὐχ ὁμοίως τῆς τύχης ἐκοινώνησαν· τῆς γὰρ ἀρετῆς οὐ ζῶντες ἀπολαύουσιν, ἀλλὰ τελευτήσαντες τὴν δόξαν καταλελοίπασιν, οὐχ ἡττηθέντες, ἀλλ' ἀποθανόντες ἔνθαπερ ἐτάχθησαν ὑπὲρ τῆς ἐλευθερίας ἀμύνοντες. **(49)** εἰ δὲ δεῖ καὶ παραδοξότατον μὲν εἰπεῖν, ἀληθὲς δέ, ἐκεῖνοι νικῶντες ἀπέθανον. ἃ γὰρ ἆθλα τοῦ πολέμου τοῖς ἀγαθοῖς ἀνδράσιν ἐστίν, ἐλευθερία καὶ ἀρετή, ταῦτ' ἀμφότερα τοῖς τελευτήσασιν ὑπάρχει. ἔπειτα δ' οὐδ' οἷόν τ' ἐστὶν εἰπεῖν ἡττῆσθαι τοὺς ταῖς διανοίαις μὴ πτήξαντας τὸν τῶν ἐπιόντων φόβον. μόνους γὰρ τοὺς ἐν τοῖς πολέμοις καλῶς ἀποθνήσκοντας οὐδ' ἂν εἷς ἡττῆσθαι δικαίως φήσειε· τὴν γὰρ δουλείαν φεύγοντες εὐκλεᾶ θάνατον αἱροῦνται. **(50)** ἐδήλωσε δ' ἡ τούτων τῶν ἀνδρῶν ἀρετή· μόνοι γὰρ τῶν ἁπάντων τὴν τῆς Ἑλλάδος ἐλευθερίαν ἐν τοῖς ἑαυτῶν σώμασιν εἶχον. ἅμα γὰρ οὗτοί τε τὸν βίον μετήλλαξαν, καὶ τὰ τῆς Ἑλλάδος εἰς δουλείαν μετέπεσεν· συνετάφη γὰρ τοῖς τούτων σώμασιν ἡ τῶν ἄλλων Ἑλλήνων ἐλευθερία. ὅθεν καὶ φανερὸν πᾶσιν ἐποίησαν οὐκ ἰδίᾳ πολεμοῦντες ἀλλ' ὑπὲρ <τῆς> κοινῆς ἐλευθερίας προκινδυνεύοντες. ὥστε, ὦ ἄνδρες, οὐκ <ἄν> αἰσχυνθείην εἰπὼν στέφανον τῆς πατρίδος εἶναι τὰς ἐκείνων ψυχάς.

(51) καὶ δι' ἃ οὐκ ἀλόγως <ἀνδρείαν> ἐπετήδευον, ἐπίστασθε, ὦ Ἀθηναῖοι, μόνοι τῶν Ἑλλήνων τοὺς ἀγαθοὺς ἄνδρας τιμᾶν· εὑρήσετε δὲ παρὰ μὲν τοῖς ἄλλοις ἐν ταῖς ἀγοραῖς ἀθλητὰς ἀνακειμένους, παρ' ὑμῖν δὲ στρατηγοὺς ἀγαθοὺς καὶ τοὺς τὸν τύραννον ἀποκτείναντας. καὶ τοιούτους μὲν ἄνδρας οὐδ' ἐξ ἁπάσης τῆς Ἑλλάδος ὀλίγους εὑρεῖν ῥάδιον,

(47) Jene Männer nämlich traten dem Feind an den Grenzen nach Boiotien entgegen und kämpften dort für die Freiheit der Hellenen. Sie setzten ihre Hoffnungen auf Rettung und Sicherheit nicht auf Festungsmauern und gaben das Land nicht dem Zugriff der Feinde zur Verwüstung preis. Vielmehr waren sie der Auffassung, daß ihre Tapferkeit ein verläßlicherer Schutzwall sei als steinerne Ringmauern, und sie schämten sich dabei zuzusehen, wie ihr Vaterland, das sie aufgezogen hatte, verwüstet würde. Und Recht hatten sie damit! (48) Denn so wie nicht alle Väter das gleiche Wohlwollen empfinden gegenüber denen, die sie auf natürliche Weise als Kinder gezeugt haben, und gegenüber den adoptierten Kindern, ebenso empfindet man eine weniger enge Bindung zu den Ländern, die nicht bereits von Natur aus (als Vaterland) zu einem gehören, sondern erst später hinzugewonnen wurden. Solche Auffassungen hatten sie und haben an den Gefahren den gleichen Anteil genommmen wie die besten Männer, aber sie haben kein gleich glückliches Schicksal gehabt. Im Leben haben sie keinen Vorteil mehr von ihrer Tapferkeit gehabt, aber nach ihrem Tode haben sie ihren Ruhm als Erbe hinterlassen. Sie wurden nicht besiegt, sondern sie starben genau auf dem Posten, den man ihnen zugewiesen hatte, indem sie die Freiheit verteidigten. (49) Wenn man es mit einem sehr scharfen Paradox ausdrücken darf - aber es ist die Wahrheit -, so sind sie als Sieger gestorben. Denn diejenigen Siegespreise, die es für gute Männer im Krieg zu gewinnen gibt, Freiheit und Bürgertugend, besitzen die Gefallenen nun beide. Und dann kann man eigentlich auch nicht behaupten, daß Männer besiegt worden seien, die sich nicht aus Furcht vor den angreifenden Feinden ängstlich niederduckten. Denn nur von denen, die im Krieg einen schönen Heldentod sterben, könnte wohl niemand zu Recht sagen, daß sie besiegt worden seien. Denn sie haben die Knechtschaft vermieden und an ihrer Stelle einen ruhmvollen Tod gewählt. (50) Die Tapferkeit dieser Männer hat dies klar gezeigt. Von ihrem Leib und Leben alleine hing die Freiheit Griechenlands ab. Denn als sie ihr Leben ließen, fiel damit zugleich Hellas in die Knechtschaft. Und zusammmen mit ihren Leibern wurde die Freiheit der übrigen Hellenen zu Grabe getragen. Daher haben sie auch allen deutlich gezeigt, daß sie den Krieg nicht nur für ihre eigenen Interessen führten, sondern als Vorkämpfer für die gemeinsame Freiheit die Gefahr auf sich genommen haben. Daher, ihr Männer, würde ich mich nicht schämen geradeheraus auszusprechen, daß das Leben jener Männer ein Ehrenkranz des Vaterlandes ist.

(51) Es war nicht unvernünftig, wie sie sich tapfer verhalten haben, weil ihr allein unter den Hellenen, Athener, gute Männer recht zu ehren versteht. In anderen Poleis nämlich werdet ihr auf der Agora Standbilder von Athleten aufgestellt finden, bei euch aber solche von guten Strategen und von Tyrannentötern. Es ist nicht leicht, selbst aus ganz Griechenland auch nur wenige Männer von solcher Art zu finden.

τοὺς δὲ τοὺς στεφανίτας ἀγῶνας νενικηκότας εὐπετῶς πολλαχόθεν ἔστι γεγονότας ἰδεῖν. ὥσπερ τοίνυν τοῖς εὐεργέταις μεγίστας τιμὰς ἀπονέμετε, οὕτω δίκαιον καὶ τοὺς τὴν πατρίδα καταισχύνοντας καὶ προδιδόντας ταῖς ἐσχάταις τιμωρίαις κολάζειν.

(52) Σκέψασθε δ᾽, ὦ ἄνδρες, ὅτι οὐδ᾽ ἐν ὑμῖν ἐστιν ἀποψηφίσασθαι Λεωκράτους τουτουί, τὰ δίκαια ποιοῦσι. τὸ γὰρ ἀδίκημα τοῦτο κεκριμένον ἐστὶ καὶ κατεγνωσμένον. ἡ μὲν γὰρ ἐν ᾿Αρείῳ πάγῳ βουλή (καὶ μηδείς μοι θορυβήσῃ· ταύτην γὰρ ὑπολαμβάνω μεγίστην τότε γενέσθαι τῇ πόλει σωτηρίαν) τοὺς φυγόντας τὴν πατρίδα καὶ ἐγκαταλιπόντας τότε τοῖς πολεμίοις <συλ>λαβοῦσα ἀπέκτεινε. καίτοι, ὦ ἄνδρες, μὴ νομίζετε τοὺς τὰ τῶν ἄλλων φονικὰ ἀδικήματα ὁσιώτατα δικάζοντας αὐτοὺς ἂν εἴς τινα τῶν πολιτῶν τοιοῦτόν τι παρανομῆσαι. **(53)** ἀλλὰ μὴν Αὐτολύκου μὲν ὑμεῖς κατεψηφίσασθε, μείναντος μὲν αὐτοῦ ἐν τοῖς κινδύνοις, ἔχοντος δ᾽ αἰτίαν τοὺς υἱεῖς καὶ τὴν γυναῖκα ὑπεκθέσθαι, καὶ ἐτιμωρήσασθε. καίτοι εἰ τὸν τοὺς ἀχρήστους εἰς τὸν πόλεμον ὑπεκθέσθαι αἰτίαν ἔχοντα ἐτιμωρήσασθε, τί δεῖ πάσχειν ὅστις ἀνὴρ ὢν οὐκ ἀπέδωκε τὰ τροφεῖα τῇ πατρίδι; ἔτι δὲ ὁ δῆμος δεινὸν ἡγησάμενος εἶναι τὸ γιγνόμενον ἐψηφίσατο ἐνόχους εἶναι τῇ προδοσίᾳ τοὺς φεύγοντας τὸν ὑπὲρ τῆς πατρίδος κίνδυνον, ἀξίους εἶναι νομίζων τῆς ἐσχάτης τιμωρίας. **(54)** ἃ δὴ κατέγνωσται μὲν παρὰ τῷ δικαιοτάτῳ συνεδρίῳ, κατεψήφισται δ᾽ ὑφ᾽ ὑμῶν τῶν δικάζειν λαχόντων, ὁμολογεῖται δὲ παρὰ τῷ δήμῳ τῆς μεγίστης ἄξια εἶναι τιμωρίας, τούτοις ὑμεῖς ἐναντία ψηφιεῖσθε; πάντων ἄρ᾽ ἀνθρώπων ἔσεσθε ἀγνωμονέστατοι καὶ ἐλαχίστους ἕξετε τοὺς ὑπὲρ ὑμῶν αὐτῶν κινδυνεύοντας.

(55) ῾Ως μὲν οὖν ἔνοχός ἐστι τοῖς εἰσηγγελμένοις ἅπασιν, ὦ ἄνδρες, Λεωκράτης φανερόν ἐστι· πυνθάνομαι δ᾽ αὐτὸν ἐπιχειρήσειν ὑμᾶς ἐξαπατᾶν λέγοντα, ὡς ἔμπορος ἐξέπλευσε καὶ κατὰ ταύτην τὴν ἐργασίαν ἀπεδήμησεν εἰς ῾Ρόδον. ἐὰν οὖν ταῦτα λέγῃ, ἐνθυμεῖσθ᾽ ᾧ ῥαδίως λήψεσθ᾽ αὐτὸν ψευδόμενον. πρῶτον μὲν γὰρ οὐκ ἐκ τῆς ἀκτῆς κατὰ τὴν πυλίδα ἐμβαίνουσιν οἱ κατ᾽ ἐμπορίαν πλέοντες ἀλλ᾽ εἴσω τοῦ λιμένος, ὑπὸ πάντων τῶν φίλων ὁρώμενοι καὶ ἀποστελλόμενοι·

Athleten aber, welche die Kranzagone gewonnen haben, kann man leicht an vielen Orten sehen. Wie ihr nun euren Wohltätern die größten Ehren erweist, so ist es nur gerecht, daß ihr auch mit der äußersten Härte alle bestrafen solltet, die Schande über das Vaterland gebracht und es verraten haben.

(52) Bedenkt aber auch, ihr Männer, daß es euch gar nicht möglich ist, diesen Leokrates hier freizusprechen, wenn ihr das Gerechte tun wollt. Sein Verbrechen ist nämlich bereits gerichtet und verurteilt worden. Denn der Areopagrat - und niemand soll jetzt hier Lärm machen, denn ich glaube, daß der Areopagrat damals für die Polis die größte Rettung war - hat alle verhaften und hinrichten lassen, die zu jener Zeit aus dem Vaterland flohen und es den Feinden überließen. Ihr glaubt doch nicht, Männer, daß die Richter (vom Areopagrat), die sonstige Tötungsdelikte auf die frömmste Weise aburteilen, gegen einen Bürger irgendetwas Ungesetzliches veranlassen würden. (53) Ihr selbst habt doch den Autolykos unter der Anklage verurteilt, seine Söhne und seine Frau außer Landes geschafft zu haben, und bestraft, obwohl er selbst in den damaligen Gefahren (in der Stadt) geblieben ist. Wenn ihr aber nun schon jemanden bestraft habt, der angeklagt war, Personen außer Landes geschafft zu haben, welche für die Kriegführung unbrauchbar waren, was sollte dann derjenige als Strafe erleiden, der, obwohl er ein erwachsener Mann war, dem Vaterland nicht den schuldigen Dank dafür abstatten wollte, daß es ihn aufgezogen hat? Ferner hat das Volk von Athen damals die Lage als äußerst gefährlich eingeschätzt und deshalb beschlossen, daß alle, die aus der Gefahrensituation des Vaterlandes flohen, sich damit des Verrates schuldig machten, und das Volk war der Auffassung, daß diese Leute die härteste Strafe verdienten. (54) Werdet ihr etwa über das Verbrechen, welches bereits von dem gerechtesten Ratsgremium verurteilt wurde, das ebenfalls von euch als erlosten Richtern schon verurteilt wurde, und das auch nach der übereinstimmenden Auffassung des Volkes die größte Strafe verdient, nun etwa ein entgegengesetztes Urteil fällen? Dann werdet ihr die größten Dummköpfe unter allen Menschen sein, und ihr werdet wohl nur noch herzlich wenige Bürger finden, die bereit sind, für euch ihr Leben zu riskieren.

(55) Es ist völlig offensichtlich, daß Leokrates aller derjenigen Verbrechen schuldig ist, wegen derer er aufgrund meiner Anzeige angeklagt wurde. Ich erfahre nun aber, daß er versuchen wird, euch zu täuschen, indem er behauptet, er sei lediglich ein Kaufmann und deswegen aus beruflichen Gründen nach Rhodos gefahren. Wenn er das sagen sollte, dann bedenkt, wie leicht ihr ihn als einen Lügner ertappen werdet. Zu Ersten nämlich gehen diejenigen, die als Kaufleute aus Geschäftsgründen abfahren, nicht durch ein kleines Stadttor hinaus und legen nicht von der Akte aus ab, sondern innen im Hafen selbst, während alle ihre Freunde sie dabei beobachten und sie auf die Reise schicken.

ἔπειτα οὐ μετὰ τῆς ἑταίρας καὶ τῶν θεραπαινῶν ἀλλὰ μόνοι μετὰ παιδὸς τοῦ διακονοῦντος. **(56)** πρὸς δὲ τούτοις τί προσῆκεν ἐν Μεγάροις τὸν Ἀθηναῖον ὡς ἔμπορον πέντε ἔτη κατοικεῖν καὶ τὰ ἱερὰ τὰ πατρῷα μετακομίζεσθαι καὶ τὴν οἰκίαν τὴν ἐνθάδε πωλεῖν, εἰ μὴ κατεγνώκει τε αὑτοῦ προδεδωκέναι τὴν πατρίδα καὶ μεγάλα πάντας ἠδικηκέναι; ὃ καὶ πάντων γένοιτ' ἂν ἀτοπώτατον, εἰ περὶ ὧν αὐτὸς προσεδόκα τεύξεσθαι τιμωρίας, ταῦθ' ὑμεῖς ἀπολύσαιτε κύριοι γενόμενοι τῆς ψήφου. χωρὶς δὲ τούτων οὐχ ἡγοῦμαι δεῖν ἀποδέχεσθαι ταύτην τὴν ἀπολογίαν. **(57)** πῶς γὰρ οὐ δεινὸν τοὺς μὲν ἐπ' ἐμπορίαν ἀποδημοῦντας σπεύδειν ἐπὶ τὴν τῆς πόλεως βοήθειαν, τοῦτον δὲ μόνον ἐν τοῖς τότε καιροῖς καὶ κατ' ἐργασίαν ἐκπλεῖν, ἡνίκα οὐδ' ἂν εἷς προσκτήσασθαι οὐδὲν ἂν ἐζήτησεν, ἀλλὰ τὰ ὑπάρχοντα μόνον διαφυλάξαι; ἡδέως δ' ἂν αὐτοῦ πυθοίμην τίν' ἐμπορίαν εἰσάγων χρησιμώτερος ἐγένετο ἂν τῇ πόλει τοῦ παρασχεῖν τὸ σῶμα τάξαι τοῖς στρατηγοῖς καὶ τοὺς ἐπιόντας ἀμύνασθαι μεθ' ὑμῶν μαχόμενος. ἐγὼ μὲν οὐδεμίαν ὁρῶ τηλικαύτην οὖσαν βοήθειαν. **(58)** ἄξιον δ' ἐστὶν οὐ μόνον αὐτῷ διὰ τὴν πρᾶξιν ὀργίζεσθαι ταύτην, ἀλλὰ καὶ διὰ τὸν λόγον τοῦτον· φανερῶς γὰρ ψεύδεσθαι τετόλμηκεν. οὔτε γὰρ πρότερον οὐδὲ πώποτε ἐγένετο ἐπὶ ταύτης τῆς ἐργασίας, ἀλλ' ἐκέκτητο χαλκοτύπους, οὔτε τότ' ἐκπλεύσας οὐδὲν εἰσήγαγεν ἐκ Μεγάρων, ἓξ ἔτη συνεχῶς ἀποδημήσας. ἔτι δὲ καὶ πεντηκοστῆς μετέχων ἐτύγχανεν, ἣν οὐκ ἂν καταλιπὼν κατ' ἐμπορίαν ἀπεδήμει. ὥστ' ἂν μέν τι περὶ τούτων λέγῃ, οὐδ' ὑμᾶς ἐπιτρέψειν αὐτῷ νομίζω.

(59) "Ηξει δ' ἴσως ἐπ' ἐκεῖνον τὸν λόγον φερόμενος, ὃν αὐτῷ συμβεβουλεύκασί τινες τῶν συνηγόρων, ὡς οὐκ ἔνοχός ἐστι τῇ προδοσίᾳ· οὔτε γὰρ νεωρίων κύριος οὔτε πυλῶν οὔτε στρατοπέδων οὔθ' ὅλως τῶν τῆς πόλεως οὐδενός. ἐγὼ δ' ἡγοῦμαι τοὺς μὲν τούτων κυρίους μέρος ἄν τι προδοῦναι τῆς ὑμετέρας δυνάμεως, τουτονὶ δ' ὅλην ἔκδοτον ποιῆσαι τὴν πόλιν. ἔτι δ' οἱ μὲν τοὺς ζῶντας μόνον ἀδικοῦσι προδιδόντες, οὗτος δὲ καὶ τοὺς τετελευτηκότας [καὶ τὰ ἐν τῇ χώρᾳ ἱερά,] τῶν πατρῴων νομίμων ἀποστερῶν.

Ferner reisen Kaufleute üblicherweise nicht in Begleitung ihrer Mätresse und ihrer Sklavinnen, sondern alleine und nur in Begleitung eines Sklaven als Dieners. (56) Darüber hinaus, warum sollte denn dieser Athener fünf Jahre lang als ein Kaufmann in Megara seinen Wohnsitz nehmen, seine väterlichen Kultbilder dorthin holen lassen und sein Haus hier in Athen verkaufen, wenn er nicht bereits über sich das Urteil gesprochen hatte, daß er sein Vaterland verraten und seinen Mitbürgern großes Unrecht angetan hatte? Das wäre ja wohl die seltsamste Sache von allen, wenn ihr, die ihr jetzt mit euren Richterstimmen Herren über ihn seid, ihn von der gerechten Strafe freisprechen solltet, die er selbst zu finden erwartete. Abgesehen davon sollte man, wie ich glaube, diese Verteidigung überhaupt nicht akzeptieren. (57) Denn wie wäre es denn nicht ungeheuerlich, wenn andere Kaufleute, die aus geschäftlichen Gründen im Ausland waren, der Polis zur Hilfe eilten, aber einzig und alleine dieser Mann damals aus geschäftlichen Gründen aus ihr absegelte, als wohl überhaupt niemand bestrebt war, sein Vermögen zu vergrößern, sondern lediglich den vorhandenen Besitz zu bewahren. Ich würde doch auch gerne einmal von ihm erfahren, welches Handelsgeschäft er denn hätte abschließen können und damit dann für die Polis ein nützlicherer Bürger geworden wäre, als wenn er seine Person den Feldherren auf einem Posten zur Verfügung gestellt und die Angreifer mit euch zusammen kämpfend abgewehrt hätte. Ich sehe überhaupt gar keine andere Hilfeleistung, die so groß wäre wie diese. (58) Er verdient euren Zorn nicht nur wegen seiner Handlungsweise, sondern auch wegen dieser Aussage. Denn er hat sich unterstanden, offensichtlich zu lügen. Zuvor war er nämlich niemals in dieser Geschäftsbranche tätig, sondern er besaß (als Sklaven) Kupferschmiede. Er hat auch, nachdem er damals abgereist war, an Waren aus Megara nach Athen niemals etwas eingeführt, obwohl er doch sechs Jahre am Stück außer Landes lebte. Zudem besaß er ja auch noch einen Anteil an den Pachterträgen der Pentekoste, den er nicht zurückgelassen hätte, um dann im Ausland Handelsgeschäfte zu betreiben. Wenn er daher auch nur ein Wort über diese Dinge sagen sollte, glaube ich, daß ihr ihm das nicht erlauben werdet.

(59) Vielleicht wird er hier auch vortreten und sich auf jenes Argument stützen, das ihm einige seiner juristisch geschulten Fürsprecher geraten haben, daß er nämlich gar nicht des Verrates schuldig sei. Denn er habe weder die amtliche Aufsicht über die Schiffshäuser, noch über die Stadttore, noch die Feldlager der Truppen, noch überhaupt über irgendetwas von Bedeutung gehabt, was die Polis betrifft. Meiner Meinung nach könnten nun Männer, die solche Positionen innehaben, vielleicht einen Teil eurer Macht verraten, doch dieser Mann hier hat eure gesamte Stadt ausgeliefert. Jene Funktionsträger nämlich begehen ein Verbrechen, indem sie nur die Lebenden verraten, dieser aber hat auch die bereits Verstorbenen (und die Heiligtümer im attischen Land) ihrer von den Vätern überkommenen Riten und Gebräuche beraubt.

(60) καὶ ὑπὸ μὲν ἐκείνων προδοθεῖσαν οἰκεῖσθαι ἂν συνέβαινε δούλην οὖσαν τὴν πόλιν, ὃν δὲ τρόπον οὗτος ἐξέλιπεν, ἀοίκητον ἂν γενέσθαι. ἔτι δ' ἐκ μὲν τοῦ κακῶς πράττειν τὰς πόλεις μεταβολῆς τυχεῖν ἐπὶ τὸ βέλτιον εἰκός ἐστιν, ἐκ δὲ τοῦ παντάπασι γενέσθαι ἀναστάτους καὶ τῶν κοινῶν ἐλπίδων στερηθῆναι. ὥσπερ γὰρ ἀνθρώπῳ ζῶντι μὲν ἐλπὶς ἐκ τοῦ κακῶς πρᾶξαι μεταπεσεῖν, τελευτήσαντι δὲ συναναιρεῖται πάντα δι' ὧν ἄν τις εὐδαιμονήσειεν, οὕτω καὶ περὶ τὰς πόλεις συμβαίνει πέρας ἔχειν τὴν ἀτυχίαν, ὅταν ἀνάστατοι γένωνται. **(61)** εἰ γὰρ δεῖ τὴν ἀλήθειαν εἰπεῖν, πόλεώς ἐστι θάνατος ἀνάστατον γενέσθαι. τεκμήριον δὲ μέγιστον· ἡμῶν γὰρ ἡ πόλις τὸ μὲν παλαιὸν ὑπὸ τῶν τυράννων κατεδουλώθη, τὸ δ' ὕστερον ὑπὸ τῶν τριάκοντα, καὶ ὑπὸ Λακεδαιμονίων τὰ τείχη καθῃρέθη· καὶ ἐκ τούτων ὅμως ἀμφοτέρων ἠλευθερώθημεν καὶ τῆς τῶν Ἑλλήνων εὐδαιμονίας ἠξιώθημεν προστάται γενέσθαι. **(62)** ἀλλ' οὐχ ὅσαι πώποτ' ἀνάστατοι γεγόνασι. τοῦτο μὲν γάρ, εἰ καὶ παλαιότερον εἰπεῖν ἐστι, τὴν Τροίαν τίς οὐκ ἀκήκοεν ὅτι μεγίστη γεγενημένη τῶν τότε πόλεων καὶ πάσης ἐπάρξασα τῆς Ἀσίας, ὡς ἅπαξ ὑπὸ τῶν Ἑλλήνων κατεσκάφη, τὸν αἰῶνα ἀοίκητός ἐστι; τοῦτο δὲ Μεσσήνην πεντακοσίοις ἔτεσιν ὕστερον ἐκ τῶν τυχόντων ἀνθρώπων συνοικισθεῖσαν.

(63) Ἴσως οὖν τῶν συνηγόρων αὐτῷ τολμήσει τις εἰπεῖν, μικρὸν τὸ πρᾶγμα ποιῶν, ὡς οὐδὲν ἂν παρ' ἕνα ἄνθρωπον ἐγένετο τούτων· καὶ οὐκ αἰσχύνονται τοιαύτην ἀπολογίαν ποιούμενοι πρὸς ὑμᾶς, ἐφ' ᾗ δικαίως ἂν ἀποθάνοιεν. εἰ μὲν γὰρ ὁμολογοῦσι τὴν πατρίδα αὐτὸν ἐκλιπεῖν, τοῦτο συγχωρήσαντες ὑμᾶς ἐῶντων διαγνῶναι περὶ τοῦ μεγέθους· εἰ δ' ὅλως μηδὲν τούτων πεποίηκεν, οὐ μανία δή που τοῦτο λέγειν, ὡς οὐδὲν ἂν γένοιτο παρὰ τοῦτον; **(64)** ἡγοῦμαι δ' ἔγωγε, ὦ ἄνδρες, τοὐναντίον τούτοις, παρὰ τοῦτον εἶναι τῇ πόλει τὴν σωτηρίαν. ἡ γὰρ πόλις οἰκεῖται κατὰ τὴν ἰδίαν ἑκάστου μοῖραν φυλαττομένη· ὅταν οὖν ταύτην ἐφ' ἑνός τις παρίδῃ, λέληθεν ἑαυτὸν ἐφ' ἁπάντων τοῦτο πεποιηκώς.

(**60**) Wenn die Polis von jenen verraten worden wäre, so wäre sie wenigstens noch bewohnt geblieben, wenn auch als eine versklavte Stadt. Wenn jedermann aber so wie Leokrates die Stadt verlassen hätte, dann wäre sie unbewohnt. In einer Situation, in der es einer Polis schlecht geht, gibt es doch immerhin die gute Chance darauf, wieder einen Wandel der Verhältnisse zum Besseren hin zu erleben. Wenn eine Polis aber erst einmal völlig zerstört worden ist, dann ist sie auch der allgemeinen Hoffnungen beraubt. Wie es für einen Menschen, solange er nur am Leben ist, auch noch Hoffnung gibt, daß sich die Verhältnisse aus einer schlechten Lage wieder zum Besseren wenden, wenn er aber einmal gestorben ist, zugleich alles das vernichtet wird, wodurch wohl jemand wieder zu Glück und Wohlstand gelangen könnte, genau so steht es auch mit Städten. Ihr Unglück hat den höchsten Grad erreicht, wenn sie zerstört worden sind. (**61**) In Wahrheit gesagt, ist nämlich die Zerstörung einer Stadt gleichbedeutend mit ihrem Tod. Das ist hierfür der größte Beweis: In alten Zeiten stand unsere Stadt einmal unter der Knechtschaft von Tyrannen, später dann unter den 'Dreißig' Männern, und auf Befehl der Lakedaimonier wurden die Festungsmauern niedergerissen. Und dennoch, nach diesen beiden schlimmen Situationen haben wir unsere Freiheit wieder erlangt, und wir wurden für würdig gehalten, Schutzmacht des Wohlergehens der Hellenen zu werden. (**62**) So geht es aber nicht mit Poleis, wenn sie erst einmal zerstört worden sind. Wenn ich ein Beispiel aus älterer Zeit erwähnen darf, wer hätte nicht von Troja gehört, daß es nämlich die größte der damaligen Städte war und über ganz Asien herrschte, nachdem es aber einmal von den Griechen zerstört worden war, seit Menschengedenken ein unbewohnter Ort geblieben ist? Und dann gibt es auch Messene, das erst fünfhundert Jahre später wieder als eine Polis von irgendwelchen hergelaufenen Menschen begründet wurde.

(**63**) Vielleicht wird es einer seiner Fürsprecher auch in seinen Ausführungen wagen, die Angelegenheit zu einer Kleinigkeit zu machen, und behaupten, daß keine solche Katastrophe von einem einzigen Mann verursacht worden sein könne. Sie schämen sich nicht, vor euch eine solche Verteidigung vorzutragen, für die sie es verdient hätten, mit dem Tode bestraft zu werden. Denn wenn sie zugestehen, daß er sein Vaterland verlassen hat, dann sollen sie es doch nach diesem Eingeständnis euch überlassen, zu einer Einschätzung über die Schwere des Verbrechens zu gelangen. Selbst wenn er aber gar keines dieser Verbrechen begangen haben sollte, ist es denn auch dann nicht Wahnsinn zu behaupten, daß kein Schaden von diesem einen Mann verursacht worden sein könne? (**64**) Ich dagegen bin genau der gegenteiligen Meinung wie diese, ihr Männer, daß nämlich die Rettung der Stadt durchaus von diesem Mann abhing. Eine Polis kann nur existieren, wenn sie beschützt wird, indem jeder Einzelne für seinen Teil seine Pflicht tut. Und wenn jemand seine Pflicht auch nur in einer Hinsicht vernachlässigt, dann hat er sie damit gänzlich vernachlässigt, selbst wenn ihm das nicht bewußt geworden ist.

καίτοι ῥάδιόν ἐστιν, ὦ ἄνδρες, πρὸς τὰς τῶν ἀρχαίων νομοθετῶν διανοίας ἀποβλέψαντας τὴν ἀλήθειαν εὑρεῖν. **(65)** ἐκεῖνοι γὰρ οὐ τῷ μὲν ἑκατὸν τάλαντα κλέψαντι θάνατον ἔταξαν, τῷ δὲ δέκα δραχμὰς ἔλαττον ἐπιτίμιον· οὐδὲ τὸν μὲν μεγάλα ἱεροσυλήσαντα ἀπέκτεινον, τὸν δὲ μικρὰ ἐλάττονι τιμωρίᾳ ἐκόλαζον· οὐδὲ τὸν μὲν οἰκέτην ἀποκτείναντα ἀργυρίῳ ἐζημίουν, τὸν δὲ ἐλεύθερον εἶργον τῶν νομίμων, ἀλλ᾽ ὁμοίως ἐπὶ πᾶσι καὶ τοῖς ἐλαχίστοις παρανομήμασι θάνατον ὥρισαν εἶναι τὴν ζημίαν. **(66)** οὐ γὰρ πρὸς τὸ ἴδιον ἕκαστος αὐτῶν ἀπέβλεπε τοῦ γεγενημένου πράγματος, οὐδ᾽ ἐντεῦθεν τὸ μέγεθος τῶν ἁμαρτημάτων ἐλάμβανον, ἀλλ᾽ αὐτὸ ἐσκόπουν τοῦτο, εἰ πέφυκε τὸ ἀδίκημα τοῦτο ἐπὶ πλεῖον ἐλθὸν μέγα βλάπτειν τοὺς ἀνθρώπους. καὶ γὰρ ἄτοπον ἄλλως πως περὶ τούτου ἐξετάζειν. φέρε γάρ, ὦ ἄνδρες, εἴ τις ἕνα νόμον εἰς τὸ Μητρῷον ἐλθὼν ἐξαλείψειεν, εἶτ᾽ ἀπολογοῖτο ὡς οὐδὲν παρὰ τοῦτον τῇ πόλει ἐστίν, ἆρ᾽ οὐκ ἂν ἀπεκτείνατ᾽ αὐτόν; ἐγὼ μὲν οἶμαι δικαίως, εἴπερ ἐμέλλετε καὶ τοὺς ἄλλους σῴζειν. **(67)** τὸν αὐτὸν τοίνυν τρόπον κολαστέον ἐστὶ τοῦτον, εἰ μέλλετε τοὺς ἄλλους πολίτας βελτίους ποιήσειν· καὶ οὐ τοῦτο λογιεῖσθε, εἰ εἷς ἐστι μόνος ἄνθρωπος, ἀλλ᾽ εἰς τὸ πρᾶγμα <ἀποβλέψετε>. ἐγὼ μὲν γὰρ ἡγοῦμαι τὸ μὴ πολλοὺς τοιούτους γενέσθαι ἡμέτερον εὐτύχημα εἶναι, τοῦτον μέντοι διὰ τοῦτο μείζονος τιμωρίας ἄξιον εἶναι τυχεῖν, ὅτι μόνος τῶν ἄλλων πολιτῶν οὐ κοινήν, ἀλλ᾽ ἰδίαν τὴν σωτηρίαν ἐζήτησεν.

(68) Ἀγανακτῶ δὲ μάλιστα, ὦ ἄνδρες, ἐπειδὰν ἀκούσω τῶν μετὰ τούτου τινὸς λέγοντος ὡς οὐκ ἔστι τοῦτο προδιδόναι, εἴ τις ᾤχετο ἐκ τῆς πόλεως· καὶ γὰρ οἱ πρόγονοί ποθ᾽ ὑμῶν τὴν πόλιν καταλιπόντες, ὅτε πρὸς Ξέρξην ἐπολέμουν, εἰς Σαλαμῖνα διέβησαν. καὶ οὕτως ἐστὶν ἀνόητος καὶ παντάπασιν ὑμῶν καταπεφρονηκώς, ὥστε τὸ κάλλιστον τῶν ἔργων πρὸς τὸ αἴσχιστον συμβαλεῖν ἠξίωσε. **(69)** ποῦ γὰρ οὐ περιβόητος ἐκείνων τῶν ἀνδρῶν ἡ ἀρετὴ γέγονε; τίς δ᾽ οὕτως ἢ φθονερός ἐστιν ἢ παντάπασιν ἀφιλότιμος, ὃς οὐκ ἂν εὔξαιτο τῶν ἐκείνοις πεπραγμένων μετασχεῖν;

Wenn ihr auf die Auffassungen der alten Gesetzgeber blickt, ihr Männer, dann ist es ganz leicht, die Wahrheit zu finden. (**65**) Denn jene Gesetzgeber bestimmten nicht den Tod als Strafe für jemanden, der 100 Talente gestohlen hatte, dagegen eine geringere Strafe für jemanden, der nur zehn Drachmen entwendet hatte. Sie legten auch nicht nur dann die Todesstrafe fest, wenn jemand in großem Stil Tempelraub begangen hatte, dagegen eine geringere Strafe gegen einen, der geringere Summen gestohlen hatte. Noch bestraften sie jemanden, der einen Sklaven getötet hatte, nur mit einer Geldbuße, während sie denjenigen aus der Gesetzesordnung ausschlossen, der einen freien Mann getötet hatte. Vielmehr setzten sie für alle Verbrechen und sogar für die geringsten Vergehen in gleicher Weise die Todesstrafe fest. (**66**) Jeder von ihnen richtete sein Augenmerk nämlich nicht auf die individuelle Eigentümlichkeit des jeweiligen Vergehens, und sie nahmen auch nicht von daher den Maßstab für die Größe des Verbrechens, sondern diesen einen Punkt hatten sie im Auge, ob dieses Vergehen so beschaffen sei, daß es den Menschen schweren Schaden zufügen würde, sollte es sich ausweiten. Denn es ist unsinnig, diese Angelegenheit auf eine andere Weise zu untersuchen. Stellt euch zum Beispiel doch nur einmal vor, ihr Männer, jemand wäre in das Metroon hineingegangen und hätte ein einziges Gesetz ausgelöscht. Danach würde er sich damit verteidigen wollen, daß bei einem einzigen Gesetz doch der Polis kein Schaden entstanden sei; würdet ihr diesen Mann denn nicht mit dem Tode bestrafen? Und das meiner Meinung nach ganz zu Recht, wenn ihr die anderen Gesetze bewahren wolltet. (**67**) Auf die gleiche Weise müßt ihr auch diesen Mann hier bestrafen, wenn ihr die übrigen Männer zu besseren Bürgern machen wollt. Und dabei sollt ihr nicht die Überlegung anstellen, daß es sich nur um eine einzelne Person handelt, sondern ihr müßt den Blick auf die Sache richten. Ich meine, wir haben es unserem guten Glück zu verdanken, daß es hier nicht viele Menschen von der Art des Leokrates gibt. Deswegen hat dieser freilich eine noch härtere Strafe verdient, weil er alleine von allen übrigen Bürgern nicht nach der allgemeinen, sondern nur nach seiner persönlichen Sicherheit strebte.

(**68**) Ich werde besonders ärgerlich, ihr Männer, wenn ich jemanden von seinen Unterstützern und Freunden sagen hören werde, daß es doch noch gar keinen Fall von Verrat darstelle, wenn jemand einfach nur die Stadt verlasse. Unsere Vorfahren hätten nämlich auch damals einmal ihre Stadt verlassen, als sie gegen Xerxes Krieg führten, und nach Salamis übergesetzt. Dieser Mann ist so dumm und verachtet euch dazu auch noch so vollständig, daß er es für richtig hält, die schönste der Heldentaten mit der schändlichsten Untat zu vergleichen. (**69**) Wo ist nämlich nicht die vorbildliche Tüchtigkeit jener Männer in aller Munde? Wer wäre so neidisch oder so völlig ohne jeden Ehrgeiz, daß er nicht darum beten würde, an den von jenen vollbrachten Heldentaten Anteil gehabt zu haben?

οὐ γὰρ τὴν πόλιν ἐξέλιπον, ἀλλὰ τὸν τόπον μετήλλαξαν, πρὸς τὸν ἐπιόντα κίνδυνον καλῶς βουλευσάμενοι. **(70)** Ἐτεόνικος μὲν γὰρ ὁ Λακεδαιμόνιος καὶ Ἀδείμαντος ὁ Κορίνθιος καὶ τὸ Αἰγινητῶν ναυτικὸν ὑπὸ νύκτα τὴν σωτηρίαν αὑτοῖς ἔμελλον πορίζεσθαι· ἐγκαταλειπόμενοι δ᾿ οἱ πρόγονοι ὑπὸ πάντων τῶν Ἑλλήνων, βίᾳ καὶ τοὺς ἄλλους ἠλευθέρωσαν, ἀναγκάσαντες ἐν Σαλαμῖνι μεθ᾿ αὑτῶν πρὸς τοὺς βαρβάρους ναυμαχεῖν. μόνοι δ᾿ ἀμφοτέρων περιγεγόνασι, καὶ τῶν πολεμίων καὶ τῶν συμμάχων, ὡς ἑκατέρων προσῆκε, τοὺς μὲν εὐεργετοῦντες, τοὺς δὲ μαχόμενοι νικῶντες. ἆρά γ᾿ ὅμοιοι τῷ φεύγοντι τὴν πατρίδα τεττάρων ἡμερῶν πλοῦν εἰς Ῥόδον; **(71)** ἢ που ταχέως ἂν ἠνέσχετό τις ἐκείνων τῶν ἀνδρῶν τοιοῦτον ἔργον, ἀλλ᾿ οὐκ ἂν κατέλευσαν τὸν καταισχύνοντα τὴν αὑτῶν ἀριστείαν. οὕτω γοῦν ἐφίλουν τὴν πατρίδα πάντες, ὥστε τὸν παρὰ Ξέρξου πρεσβευτὴν Ἀλέξανδρον, φίλον ὄντα αὐτοῖς πρότερον, ὅτι γῆν καὶ ὕδωρ ᾔτησε, μικροῦ δεῖν κατέλευσαν. ὅπου δὲ καὶ τοῦ λόγου τιμωρίαν ἠξίουν λαμβάνειν, ἦ που τὸν ἔργῳ παραδόντα τὴν πόλιν ὑποχείριον τοῖς πολεμίοις οὐ μεγάλαις ἂν ζημίαις ἐκόλασαν. **(72)** τοιγαροῦν τοιαύταις χρώμενοι γνώμαις, ἐνενήκοντα μὲν ἔτη τῶν Ἑλλήνων ἡγεμόνες κατέστησαν, Φοινίκην δὲ καὶ Κιλικίαν ἐπόρθησαν, ἐπ᾿ Εὐρυμέδοντι δὲ καὶ πεζομαχοῦντες καὶ ναυμαχοῦντες ἐνίκησαν, ἑκατὸν δὲ τριήρεις τῶν βαρβάρων αἰχμαλώτους ἔλαβον, ἅπασαν δὲ τὴν Ἀσίαν κακῶς ποιοῦντες περιέπλευσαν. **(73)** καὶ τὸ κεφάλαιον τῆς νίκης, οὐ τὸ ἐν Σαλαμῖνι τρόπαιον ἀγαπήσαντες ἔστησαν, ἀλλ᾿ ὅρους τοῖς βαρβάροις πήξαντες τοὺς εἰς τὴν ἐλευθερίαν τῆς Ἑλλάδος, καὶ τούτους κωλύσαντες ὑπερβαίνειν, συνθήκας ἐποιήσαντο, μακρῷ μὲν πλοίῳ μὴ πλεῖν ἐντὸς Κυανέων καὶ Φασήλιδος, τοὺς δ᾿ Ἕλληνας αὐτονόμους εἶναι, μὴ μόνον τοὺς τὴν Εὐρώπην, ἀλλὰ καὶ τοὺς τὴν Ἀσίαν κατοικοῦντας. **(74)** καίτοι οἴεσθ᾿ ἄν, εἰ τῇ Λεωκράτους διανοίᾳ χρησάμενοι πάντες ἔφυγον, τούτων ἄν τι γενέσθαι τῶν καλῶν ἔργων, ἢ ταύτην ἂν ἔτι τὴν χώραν κατοικεῖν ὑμᾶς; χρὴ τοίνυν, ὦ ἄνδρες, ὥσπερ τοὺς ἀγαθοὺς ἐπαινεῖτε καὶ τιμᾶτε, οὕτω καὶ τοὺς κακοὺς μισεῖν τε καὶ κολάζειν, ἄλλως τε καὶ Λεωκράτην, ὃς οὔτε ἔδεισεν οὔτε ᾐσχύνθη ὑμᾶς.

Sie haben nämlich ihre Stadt nicht im Stich gelassen, sondern nur den Ort gewechselt, weil sie einen guten Plan zur Abwehr der heranziehenden Gefahr gefaßt hatten. (70) Eteonikos der Spartaner, Adeimantos der Korinther und die aiginetische Flotte hatten schon die Absicht, sich während der Nacht um ihre eigene Sicherheit zu kümmern. Obwohl unsere Vorfahren von allen Hellenen allein gelassen worden waren, befreiten sie mit Einsatz von Gewalt auch die anderen Griechen, indem sie diese zwangen, bei Salamis mit ihnen gegen die Barbaren eine Seeschlacht zu liefern. Auf sich alleine gestellt triumphierten sie über beide, sowohl über die Feinde als auch die Verbündeten, auf eine Weise, wie es sich jeweils für beide gehörte, indem sie nämlich den Verbündeten eine Wohltat erwiesen und die Barbaren in der Schlacht besiegten. Kann man sie etwa vergleichen mit einem Mann, der aus seiner Vaterstadt floh und eine viertägige Seereise nach Rhodos machte? (71) Oder hätte vielleicht einer dieser Helden eine solche Tat einfach geduldet und nicht vielmehr denjenigen, der über ihre eigene Tapferkeit Schande brachte, gesteinigt? So sehr liebten damals alle ihr Vaterland, daß sie den Gesandten des Xerxes Alexandros, obwohl dieser zuvor ihr Freund gewesen war, um ein Haar gesteinigt hätten, weil er Erde und Wasser forderte (*scil.* als Zeichen der Unterwerfung). Wenn sie es damals schon für richtig hielten, nur für eine Rede ihre Vergeltung zu nehmen, hätten sie nicht gewiß jemanden auf das härteste bestraft, der durch seine Tat das Vaterland verraten und in die Hand der Feinde ausgeliefert hat? (72) Auf der Basis solcher Überzeugungen bewahrten sie neunzig Jahre lang die Stellung als Hegemon über die Hellenen. Sie verwüsteten Phönikien und Kilikien, errangen in der Doppelschlacht am Eurymedon zu Land und zur See den Sieg, erbeuteten hundert Trieren der Barbaren und segelten um ganz Kleinasien herum, wobei sie den Barbaren Schaden zufügten. (73) Sie waren nicht damit zufrieden, in Salamis ein Siegeszeichen aufzustellen, sondern als Krönung ihres Sieges setzten sie für die Barbaren Grenzen fest, die sich auf die Freiheit Griechenlands bezogen, und hinderten die Barbaren daran, diese Grenzen zu überschreiten. Sie schlossen einen Vertrag, daß die Barbaren nicht jenseits von Kyaneai und Phaselis mit einem Kriegsschiff zur See fahren durften und daß die Griechen autonom sein sollten, und zwar nicht nur diejenigen, die in Europa wohnten, sondern auch diejenigen in Asien. (74) Glaubt ihr etwa, daß irgendeine dieser herrlichen Leistungen erreicht worden wäre oder auch daß ihr noch in diesem Land leben würdet, wenn damals alle die gleiche Einstellung gehabt hätten wie Leokrates und geflohen wären? Wie ihr nun gute Männer lobt und ehrt, so müßt ihr auch die Schlechten hassen und bestrafen, besonders aber den Leokrates, der weder Furcht noch den nötigen Respekt vor euch hatte.

(75) Καίτοι ὑμεῖς τίνα τρόπον νενομίκατε περὶ τούτων καὶ πῶς ἔχετε ταῖς διανοίαις, θεωρήσατε. ἄξιον γὰρ ὅμως καίπερ πρὸς εἰδότας διελθεῖν· ἐγκώμιον γὰρ νὴ τὴν ᾽Αθηνᾶν εἰσι τῆς πόλεως οἱ παλαιοὶ νόμοι καὶ τὰ ἔθη τῶν ἐξ ἀρχῆς ταῦτα κατασκευασάντων, οἷς ἂν προσέχητε, τὰ δίκαια ποιήσετε καὶ πᾶσιν ἀνθρώποις σεμνοὶ καὶ ἄξιοι τῆς πόλεως δόξετ᾽ εἶναι.

(76) ὑμῖν γὰρ ἔστιν ὅρκος, ὃν ὀμνύουσι πάντες οἱ πολῖται, ἐπειδὰν εἰς τὸ ληξιαρχικὸν γραμματεῖον ἐγγραφῶσι καὶ ἔφηβοι γένωνται, μήτε τὰ ἱερὰ ὅπλα καταισχυνεῖν μήτε τὴν τάξιν λείψειν, ἀμυνεῖν δὲ τῇ πατρίδι καὶ ἀμείνω παραδώσειν. ὃν εἰ μὲν ὀμώμοκε Λεωκράτης, φανερῶς ἐπιώρκηκε, καὶ οὐ μόνον ὑμᾶς ἠδίκηκεν, ἀλλὰ καὶ εἰς τὸ θεῖον ἠσέβηκεν. εἰ δὲ μὴ ὀμώμοκεν, εὐθὺς δῆλός ἐστι παρασκευασάμενος οὐδὲν ποιήσων τῶν δεόντων, ἀνθ᾽ ὧν δικαίως ἂν αὐτὸν καὶ ὑπὲρ ὑμῶν καὶ ὑπὲρ τῶν θεῶν τιμωρήσαισθε. **(77)** βούλομαι δ᾽ ὑμᾶς ἀκοῦσαι τοῦ ὅρκου. λέγε, γραμματεῦ.

ΟΡΚΟΣ

(Οὐκ αἰσχυνῶ τὰ ἱερὰ ὅπλα, οὐδὲ λείψω τὸν παραστάτην ὅπου ἂν στ<ο>ιχήσω· ἀμυνῶ δὲ καὶ ὑπὲρ ἱερῶν καὶ ὁσίων καὶ ο<ὐ>κ ἐλάττω παραδώσω τὴν πατρίδα, πλείω δὲ καὶ ἀρείω κατά τε ἐμαυτὸν καὶ μετὰ ἁπάντων· καὶ εὐηκόησω τῶν ἀεὶ κραινόντων ἐμφρόνως καὶ τῶν θεσμῶν τῶν ἱδρυμένων καὶ οὓς ἂν τὸ λοιπὸν ἱδρύσωνται ἐμφρόνως· ἐὰν δέ τις ἀναιρεῖ, οὐκ ἐπιτρέψω κατά τε ἐμαυτὸν καὶ μετὰ πάντων, καὶ τιμήσω ἱερὰ τὰ πάτρια. ἵστορες θεοὶ Ἄγλαυρος, Ἑστία, Ἐνυώ, Ἐνυάλιος, Ἄρης καὶ ᾽Αθηνᾶ ᾽Αρεία, Ζεύς, Θαλλώ, Αὐξώ, Ἡγεμόνη, Ἡρακλῆς, ὅροι τῆς πατρίδος, πυροί, κριθαί, ἄμπελοι, ἐλάαι, συκαῖ...)

Καλός γ᾽, ὦ ἄνδρες, καὶ ὅσιος ὁ ὅρκος. παρὰ τοῦτον τοίνυν ἄπαντα πεποίηκε Λεωκράτης. καίτοι πῶς ἂν ἄνθρωπος γένοιτο ἀνοσιώτερος ἢ μᾶλλον προδότης τῆς πατρίδος; τίνα δ᾽ ἂν τρόπον ὅπλα καταισχύνειέ τις μᾶλλον ἢ εἰ λαβεῖν μὴ θέλοι καὶ τοὺς πολεμίους ἀμύνασθαι; πῶς δ᾽ οὐ καὶ τὸν παραστάτην καὶ τὴν τάξιν λέλοιπεν ὁ μηδὲ τάξαι τὸ σῶμα παρασχών;

(75) Bedenkt, welche Auffassungen ihr über diese Dinge der Tradition nach früher gehabt habt und welche Meinungen ihr jetzt habt. Es ist nämlich richtig und der Mühe wert, diese Dinge durchzugehen, obwohl ihr sie ja eigentlich schon wißt. Bei Athena! Die alten Gesetze und die sittlichen Grundsätze derjenigen, die sie ursprünglich eingesetzt haben, sind ein Lob auf diese Stadt. Wenn ihr auf diese eure Aufmerksamkeit richtet, dann werdet ihr das Richtige tun und bei allen Menschen als fromme Männer und eurer Stadt würdig gelten.

(76) Es gibt bei euch einen Eid, den alle Bürger schwören, wenn sie in die Bürgerliste eingeschrieben und Epheben werden, keine Schande über die heiligen Waffen zu bringen, den Posten, auf den man gestellt wurde, nicht zu verlassen, das Vaterland zu verteidigen und es besser zu übergeben. Wenn Leokrates diesen Eid geschworen hat, dann hat er eindeutig einen Meineid geleistet und nicht nur euch Unrecht getan, sondern auch gegen die Gottheit gefrevelt. Wenn er diesen Eid aber nicht geschworen hat, dann ist es sofort klar, daß er sich damals schon darauf vorbereitete, nichts von dem zu tun, was seine Pflicht ist. Und dafür solltet ihr ihn zu Recht sowohl in eurem eigenen Interesse als auch in dem der Götter bestrafen. Ich möchte, daß ihr den Eid hört. (77) Lies ihn vor, Gerichtsdiener!

Eid

(Ich werde die heiligen Waffen nicht entehren und meinen Kampfgenossen nicht verlassen, wo auch immer ich aufgestellt sein werde. Ich werde kämpfen für den Schutz des Heiligen und Geheiligten, und ich werde das Vaterland nicht geringer übergeben, sondern größer und besser, soweit es in meinen Kräften liegt und auch zusammen mit allen, und ich werde mit Bedacht denen gehorchen, die jeweils (als Amtsträger) herrschen, und auch den Satzungen, die eingesetzt sind, und denen, die künftig eingesetzt werden, mit Bedacht. Wenn jemand diese aufheben will, werde ich es nicht zulassen, sowohl mit meinen Kräften als auch zusammen mit allen, und ich werde die traditionellen Heiligtümer ehren. Zeugen hierfür sind: die Gottheiten Aglauros, Hestia, Enyo, Enyalios, Ares und Athena Areia, Zeus, Thallo, Auxo, Hegemone, Herakles, die Grenzen des Vaterlandes sowie dessen Weizen, Gerste, Weinberge, Oliven, Feigen ...)

Ein schöner und frommer Eid ist dies, ihr Männer. Leokrates aber hat mit allem, was er getan hat, diesen Eid gebrochen. Wie könnte ein Mann gottloser und ein größerer Verräter an seinem Vaterland sein als er? Wie könnte jemand mehr Schande über seine Waffen bringen, als wenn er sie überhaupt erst gar nicht aufnehmen und damit die Feinde abwehren will? Wie hätte denn nicht derjenige den Mann in der Kampfreihe neben ihm und seinen Posten im Stich gelassen, der seine Person gar nicht zur Verfügung stellte, um auf einen Posten aufgestellt zu werden?

(78) ποῦ δ᾽ ὑπὲρ ὁσίων καὶ ἱερῶν ἤμυνεν ἂν ὁ μηδένα κίνδυνον ὑπομείνας; τίνι δ᾽ ἂν τὴν πατρίδα προὔδωκε μείζονι προδοσίᾳ; τὸ γὰρ τούτου μέρος ἐκλελειμμένη τοῖς πολεμίοις ὑποχείριός ἐστιν. εἶτα τοῦτον οὐκ ἀποκτενεῖτε τὸν ἁπάσαις ταῖς ἀδικίαις ἔνοχον ὄντα; τίνας οὖν τιμωρήσεσθε; τοὺς ἔν τι τούτων ἡμαρτηκότας; ῥᾴδιον ἔσται παρ᾽ ὑμῖν ἄρα μεγάλα ἀδικεῖν, εἰ φανεῖσθε ἐπὶ τοῖς μικροῖς μᾶλλον ὀργιζόμενοι.

(79) Καὶ μήν, ὦ ἄνδρες, καὶ τοῦθ᾽ ὑμᾶς δεῖ μαθεῖν, ὅτι τὸ συνέχον τὴν δημοκρατίαν ὅρκος ἐστί. τρία γάρ ἐστιν ἐξ ὧν ἡ πολιτεία συνέστηκεν, ὁ ἄρχων, ὁ δικαστής, ὁ ἰδιώτης. τούτων τοίνυν ἕκαστος ταύτην πίστιν δίδωσιν, εἰκότως· τοὺς μὲν γὰρ ἀνθρώπους πολλοὶ ἤδη ἐξαπατήσαντες καὶ διαλαθόντες οὐ μόνον τῶν παρόντων κινδύνων ἀπελύθησαν, ἀλλὰ καὶ τὸν ἄλλον χρόνον ἀθῷοι τῶν ἀδικημάτων τούτων εἰσί· τοὺς δὲ θεοὺς οὔτ᾽ ἂν ἐπιορκήσας τις λάθοι οὔτ᾽ ἂν ἐκφύγοι τὴν ἀπ᾽ αὐτῶν τιμωρίαν, ἀλλ᾽ εἰ μὴ αὐτός, οἱ παῖδές γε καὶ τὸ γένος ἅπαν τὸ τοῦ ἐπιορκήσαντος μεγάλοις ἀτυχήμασι περιπίπτει. **(80)** διόπερ, ὦ ἄνδρες δικασταί, ταύτην πίστιν ἔδοσαν αὐτοῖς ἐν Πλαταιαῖς πάντες οἱ Ἕλληνες, ὅτ᾽ ἔμελλον παραταξάμενοι μάχεσθαι πρὸς τὴν Ξέρξου δύναμιν, οὐ παρ᾽ αὐτῶν εὑρόντες, ἀλλὰ μιμησάμενοι τὸν παρ᾽ ὑμῖν εἰθισμένον ὅρκον. ὃν ἄξιόν ἐστιν ἀκοῦσαι· καὶ γὰρ παλαιῶν ὄντων τῶν τότε πεπραγμένων ὅμως ἴχνος ἔστιν ἐν τοῖς γεγραμμένοις ἰδεῖν τὴν ἐκείνων ἀρετῆς. καί μοι ἀναγίγνωσκε αὐτόν.

ΟΡΚΟΣ

(81) Οὐ ποιήσομαι περὶ πλείονος τὸ ζῆν τῆς ἐλευθερίας, οὐδ᾽ ἐγκαταλείψω τοὺς ἡγεμόνας οὔτε ζῶντας οὔτε ἀποθανόντας, ἀλλὰ τοὺς ἐν τῇ μάχῃ τελευτήσαντας τῶν συμμάχων ἅπαντας θάψω. καὶ κρατήσας τῷ πολέμῳ τοὺς βαρβάρους, τῶν μὲν μαχεσαμένων ὑπὲρ τῆς Ἑλλάδος πόλεων οὐδεμίαν ἀνάστατον ποιήσω, τὰς δὲ τὰ τοῦ βαρβάρου προελομένας ἁπάσας δεκατεύσω. καὶ τῶν ἱερῶν τῶν ἐμπρησθέντων καὶ καταβληθέντων ὑπὸ τῶν βαρβάρων οὐδὲν ἀνοικοδομήσω παντάπασιν, ἀλλ᾽ ὑπόμνημα τοῖς ἐπιγιγνομένοις ἐάσω καταλείπεσθαι τῆς τῶν βαρβάρων ἀσεβείας.

(**78**) Wie hätte denn jemand, der es gar nicht ertrug, sich einer Gefahr zu stellen, das Heilige und Geheiligte verteidigt? Mit welchem größeren Verrat hätte er denn sein Vaterland preisgeben können? Soweit es nämlich auf ihn ankam, wäre es verlassen und in der Gewalt der Feinde. Und dann wollt ihr etwa diesen Mann nicht hinrichten, der aller dieser Verbrechen schuldig ist? Wenn ihr ihn nicht bestraft, wen wollt ihr denn dann überhaupt noch bestrafen? Diejenigen, die nur ein einziges dieser Verbrechen begangen haben? Dann wird es ja ein Leichtes sein, bei euch große Verbrechen zu begehen, wenn deutlich sichtbar wird, daß ihr über kleine Vergehen heftiger in Zorn geratet.

(**79**) Und auch diesen Punkt solltet ihr noch zur Kenntnis nehmen, ihr Männer, daß es nämlich der Eid ist, der unsere Demokratie zusammenhält. Es gibt drei Gruppen von Personen, auf die die Verfassungsordnung aufgebaut ist: den Amtsträger, den Richter und den privaten Bürger. Jeder von diesen leistet dieses Gelöbnis, und das ist richtig so. Vielen ist es nämlich schon gelungen, die Menschen zu täuschen und unentdeckt nicht nur den gegenwärtigen Gefahren zu entkommen, sondern auch die übrige Zeit ihres Lebens für ihre Verbrechen straffrei zu bleiben. Wer aber seinen Eid gebrochen hat, der bleibt den Göttern nicht verborgen, und er entkommt ihrer Strafe nicht. Vielmehr stürzen, wenn schon nicht er selbst, dann jedenfalls seine Kinder und die ganze Sippe eines Meineidigen in großes Unglück. (**80**) Deswegen haben auch, ihr Richter, alle Griechen, welche bereits in Schlachtordnung aufgestellt waren und im Begriff standen, gegen die Streitmacht des Xerxes zu kämpfen, sich untereinander dieses Gelöbnis gegeben, dessen Wortlaut nicht von ihnen selbst erfunden wurde, sondern sie haben die Eidesformel zum Vorbild genommen, die bei euch in Gebrauch war. Es ist richtig und angemessen, diesen Eid zu hören. Wenn auch die Heldentaten, die damals vollbracht worden sind, schon lange vergangen sind, kann man trotzdem noch genügend klar aus dem aufgeschriebenen Wortlaut die Spur der Tugend jener Männer erkennen. Lies mir nun diesen Eid vor!

Eid

(**81**) Ich will mein Leben nicht höher schätzen als die Freiheit, und ich werde die Anführer lebend oder tot nicht im Stich lassen, sondern ich werde sämtliche in der Schlacht gefallenen Verbündeten bestatten. Nachdem ich die Barbaren im Krieg besiegt haben werde, werde ich keine Polis, die für Hellas gekämpft hat, zerstören. Von der Beute aber aus den Städten, die die Seite des Barbaren gewählt haben, werde ich ein Zehntel der Gottheit weihen. Ich werde kein einziges der Heiligtümer, die von den Barbaren niedergebrannt und zerstört worden sind, wieder aufbauen, sondern sie als Zeichen der Erinnerung an die frevelhafte Gottlosigkeit der Barbaren für die nachkommenden Generationen zurücklassen.

(82) Οὕτω τοίνυν, ὦ ἄνδρες, σφόδρα ἐνέμειναν ἐν τούτῳ πάντες ὥστε καὶ τὴν παρὰ τῶν θεῶν εὔνοιαν μεθ' ἑαυτῶν ἔσχον βοηθόν, καὶ πάντων <τῶν> Ἑλλήνων ἀνδρῶν ἀγαθῶν γενομένων πρὸς τὸν κίνδυνον, μάλιστα ἡ πόλις ὑμῶν εὐδοκίμησεν. ὃ καὶ πάντων ἂν εἴη δεινότατον, τοὺς μὲν προγόνους ὑμῶν ἀποθνῄσκειν τολμᾶν ὥστε μὴ τὴν πόλιν ἀδοξεῖν, ὑμᾶς δὲ μὴ κολάζειν τοὺς καταισχύναντας αὐτήν, ἀλλὰ περιορᾶν τὴν κοινὴν καὶ μετὰ πολλῶν πόνων συνειλεγμένην εὔκλειαν, ταύτην διὰ τὴν τῶν τοιούτων ἀνδρῶν πονηρίαν καταλυομένην.

(83) Καίτοι, ὦ ἄνδρες, μόνοις ὑμῖν τῶν Ἑλλήνων οὐκ ἔστιν οὐδὲν τούτων περιιδεῖν. βούλομαι δὲ μικρὰ τῶν παλαιῶν ὑμῖν διελθεῖν, οἷς παραδείγμασι χρώμενοι καὶ περὶ τούτων καὶ περὶ τῶν ἄλλων βέλτιον βουλεύσεσθε. τοῦτο γὰρ ἔχει μέγιστον ἡ πόλις ὑμῶν ἀγαθόν, ὅτι τῶν καλῶν ἔργων παράδειγμα τοῖς Ἕλλησι γέγονεν· ὅσον γὰρ τῷ χρόνῳ πασῶν ἐστιν ἀρχαιοτάτη, τοσοῦτον οἱ πρόγονοι ἡμῶν τῶν ἄλλων ἀνθρώπων ἀρετῇ διενηνόχασιν. **(84)** ἐπὶ Κόδρου γὰρ βασιλεύοντος Πελοποννησίοις γενομένης ἀφορίας κατὰ τὴν χώραν αὐτῶν ἔδοξε στρατεύειν ἐπὶ τὴν πόλιν ἡμῶν, καὶ ἡμῶν τοὺς προγόνους ἐξαναστήσαντας κατανείμασθαι τὴν χώραν. καὶ πρῶτον μὲν εἰς Δελφοὺς ἀποστείλαντες τὸν θεὸν ἐπηρώτων εἰ λήψονται τὰς Ἀθήνας· ἀνελόντος δὲ τοῦ θεοῦ αὐτοῖς ὅτι τὴν πόλιν αἱρήσουσιν ἐὰν μὴ τὸν βασιλέα τὸν Ἀθηναίων Κόδρον ἀποκτείνωσιν, ἐστράτευον ἐπὶ τὰς Ἀθήνας. **(85)** Κλεόμαντις δὲ τῶν Δελφῶν τις πυθόμενος τὸ χρηστήριον δι' ἀπορρήτων ἐξήγγειλε τοῖς Ἀθηναίοις· οὕτως οἱ πρόγονοι ἡμῶν, ὡς ἔοικε, καὶ τοὺς ἔξωθεν ἀνθρώπους εὔνους ἔχοντες διετέλουν. ἐμβαλόντων δὲ τῶν Πελοποννησίων εἰς τὴν Ἀττικήν, τί ποιοῦσιν οἱ πρόγονοι ἡμῶν, ὦ ἄνδρες δικασταί; οὐ καταλιπόντες τὴν χώραν ὥσπερ Δεωκράτης ᾤχοντο, οὐδ' ἔκδοτον τὴν θρεψαμένην καὶ τὰ ἱερὰ τοῖς πολεμίοις παρέδοσαν, ἀλλ' ὀλίγοι ὄντες κατακλησθέντες ἐπολιορκοῦντο καὶ διεκαρτέρουν εἰς τὴν πατρίδα. **(86)** καὶ οὕτως ἦσαν, ὦ ἄνδρες, γενναῖοι οἱ τότε βασιλεύοντες, ὥστε προῃροῦντο ἀποθνῄσκειν ὑπὲρ τῆς τῶν ἀρχομένων σωτηρίας μᾶλλον ἢ ζῶντες ἑτέραν μεταλλάξαι τινὰ χώραν. φασὶ γοῦν τὸν Κόδρον παραγγείλαντα τοῖς Ἀθηναίοις προσέχειν ὅταν τελευτήσῃ τὸν βίον, λαβόντα πτωχικὴν στολὴν ὅπως ἂν ἀπατήσῃ τοὺς πολεμίους, κατὰ τὰς πύλας ὑποδύντα φρύγανα συλλέγειν πρὸ τῆς πόλεως, προσελθόντων δ' αὐτῷ δυοῖν ἀνδρῶν ἐκ τοῦ στρατοπέδου καὶ τὰ κατὰ τὴν πόλιν πυνθανομένων, τὸν ἕτερον αὐτῶν ἀποκτεῖναι τῷ δρεπάνῳ παίσαντα·

(82) So streng hielten sie sich an diesen Eid, ihr Männer, daß sie das Wohlwollen der Götter als Helfer auf ihrer Seite hatten. Von allen Hellenen aber, die im Angesicht dieser Gefahr zu Helden wurden, gewann eure Polis das größte Ansehen. Und das wäre ja wohl die größte Ungeheuerlichkeit, daß eure Vorfahren den Mut hatten, ihr Leben hinzugeben, damit die Stadt nicht in Schande gerate, daß ihr aber diejenigen nicht bestraft, die ihr Schande bereitet haben, sondern darüber hinwegseht, daß das allgemeine hohe Ansehen, das unter vielen Mühen erworben wurde, durch die Niederträchtigkeit solcher Männer zerstört wird.

(83) Für euch allein, ihr Männer, unter allen Griechen ist es ganz unmöglich, etwas von diesen Dingen zuzulassen. Ich will euch einige kurze Geschichten aus der Vergangenheit erzählen. Wenn ihr diese als Beispiele nehmt, dann werdet ihr sowohl über diesen Fall als auch über andere besser beraten. Das ist nämlich der größte Vorzug eurer Polis, das sie für die Hellenen ein Vorbild an guten Taten geworden ist. Denn so wie unsere Stadt von allen die älteste ist, so haben auch unsere Vorfahren die übrigen Menschen an Tüchtigkeit übertroffen. (84) Als König Kodros bei uns herrschte, ereignete sich bei den Peloponnesiern eine große Mißernte in ihrem Land. Da beschlossen sie, gegen unsere Polis zu Felde zu ziehen, unsere Vorfahren aus ihrem Land zu vertreiben und es dann unter sich zu verteilen. Zunächst aber schickten sie Gesandte zum Orakel nach Delphi und ließen bei dem Gott anfragen, ob sie Athen einnehmen würden. Nachdem ihnen nun der Gott verkündet hatte, daß sie die Stadt einnehmen würden, sofern sie nur Kodros, den König der Athener, nicht töteten, zogen sie in den Krieg gegen Athen. (85) Aber ein Bürger aus Delphi namens Kleomantis erfuhr von dem Orakelspruch und gab den Athenern insgeheim darüber Nachricht. Soviel Wohlwollen genossen unsere Vorfahren, wie es scheint, damals sogar von Seiten auswärtiger Menschen. Als nun die Peloponnesier nach Attika einfielen, was haben unsere Vorfahren da getan, ihr Richter? Sie sind nicht wie Leokrates in Eile aus ihrem Land geflohen und haben das Land, das sie aufgezogen hatte, und die Heiligtümer nicht den Feinden preisgegeben, sondern nur wenige Verteidiger an Zahl wurden sie eingeschlossen, belagert und ertrugen die Strapazen für ihr Vaterland. (86) Die damaligen Könige waren so vornehme Männer, daß sie es vorzogen, lieber für die Rettung ihrer Untertanen zu sterben als ihr eigenes Leben zu retten, indem sie in ein anderes Land gingen. Man sagt nämlich, daß Kodros den Athener aufgetragen habe, darauf zu achten, wann er sterben werde. Dann habe er ein Bettlergewand angezogen, um die Feinde zu täuschen, sei heimlich aus einem der Stadttore herausgegangen und habe Feuerholz vor der Stadt gesammelt. Als dann zwei Männer aus dem Lager der Feinde auf ihn zugegangen seien und nach der Lage in der Stadt gefragt hätten, habe er einem von den Beiden mit seiner Sichel einen Schlag versetzt und ihn getötet.

(87) τὸν δὲ περιλελειμμένον, παροξυνθέντα τῷ Κόδρῳ καὶ νομίσαντα πτωχὸν εἶναι, σπασάμενον τὸ ξίφος ἀποκτεῖναι τὸν Κόδρον. τούτων δὲ γενομένων οἱ μὲν Ἀθηναῖοι κήρυκα πέμψαντες ἠξίουν δοῦναι τὸν βασιλέα θάψαι, λέγοντες αὐτοῖς ἅπασαν τὴν ἀλήθειαν· οἱ δὲ Πελοποννήσιοι τοῦτον μὲν ἀπέδοσαν, γνόντες δ' ὡς οὐκέτι δυνατὸν αὐτοῖς τὴν χώραν κατασχεῖν ἀπεχώρησαν. τῷ δὲ Κλεομάντει τῷ Δελφῷ ἡ πόλις αὐτῷ τε καὶ ἐκγόνοις ἐν πρυτανείῳ ἀΐδιον σίτησιν ἔδοσαν. **(88)** ἆρά γ' ὁμοίως ἐφίλουν τὴν πατρίδα Λεωκράτει οἱ τότε βασιλεύοντες, οἵ γε προῃροῦντο τοὺς πολεμίους ἐξαπατῶντες ἀποθνῄσκειν ὑπὲρ αὐτῆς καὶ τὴν ἰδίαν ψυχὴν ἀντὶ τῆς κοινῆς σωτηρίας ἀντικαταλλάττεσθαι· τοιγαροῦν μονώτατοι ἐπώνυμοι τῆς χώρας εἰσὶν ἰσοθέων τιμῶν τετυχηκότες, εἰκότως· ὑπὲρ ἧς γὰρ οὕτω σφόδρα ἐσπούδαζον, δικαίως ταύτης καὶ τεθνεῶτες ἐκληρονόμουν. **(89)** ἀλλὰ Λεωκράτης οὔτε ζῶν οὔτε τεθνεὼς δικαίως ἂν αὐτῆς μετάσχοι, μονώτατος ἂν προσηκόντως ἐξορισθείη τῆς χώρας, ἣν ἐγκαταλιπὼν τοῖς πολεμίοις ᾤχετο· οὐδὲ γὰρ καλὸν τὴν αὐτὴν καλύπτειν τοὺς τῇ ἀρετῇ διαφέροντας καὶ τὸν κάκιστον πάντων ἀνθρώπων.

(90) Καίτοι γ' ἐπεχείρησεν εἰπεῖν, ὃ καὶ νῦν ἴσως ἐρεῖ πρὸς ὑμᾶς, ὡς οὐκ ἄν ποτε ὑπέμεινε τὸν ἀγῶνα τοῦτον συνειδὼς ἑαυτῷ τοιοῦτόν τι διαπεπραγμένῳ· ὥσπερ οὐ πάντας καὶ τοὺς κλέπτοντας καὶ ἱεροσυλοῦντας τούτῳ τῷ τεκμηρίῳ χρωμένους. οὐ γὰρ τοῦ πράγματός ἐστι σημεῖον ὡς οὐ πεποιήκασιν, ἀλλὰ τῆς ἀναιδείας ἣν ἔχουσιν. οὐ γὰρ τοῦτο δεῖ λέγειν, ἀλλ' ὡς οὐκ ἐξέπλευσεν, οὐδὲ τὴν πόλιν ἐγκατέλιπεν, οὐδ' ἐν Μεγάροις κατῴκησε· **(91)** ταῦτά ἐστι τεκμήρια τοῦ πράγματος, ἐπεὶ τό γ' ἐλθεῖν τοῦτον, οἶμαι θεόν τινα αὐτὸν ἐπ' αὐτὴν ἀγαγεῖν τὴν τιμωρίαν, ἵν' ἐπειδὴ τὸν εὐκλεᾶ κίνδυνον ἔφυγε, τοῦ ἀκλεοῦς καὶ ἀδόξου θανάτου τύχοι, καὶ οὓς προὔδωκε, τούτοις ὑποχείριον αὐτὸν καταστήσειεν. ἑτέρωθι μὲν γὰρ ἀτυχῶν οὔπω δῆλον, εἰ διὰ ταῦτα δίκην δίδωσιν· ἐνταῦθα δὲ παρ' οἷς προὔδωκε φανερόν ἐστιν ὅτι τῶν αὐτοῦ παρανομημάτων ὑπέχει ταύτην τὴν τιμωρίαν.

(**87**) Darauf sei der andere über Kodros in Zorn geraten und habe, weil er glaubte, daß es nur ein einfacher Bettler sei, sein Schwert gezogen und Kodros getötet. Als diese Dinge sich ereignet hatten, sandten die Athener einen Herold und baten darum, daß man ihnen den König zur Bestattung übergeben möge, und erzählten ihnen die ganze Wahrheit. Die Peloponnesier gaben den toten König heraus und rückten wieder ab, weil sie erkannten, daß es ihnen nicht mehr möglich sei, das Land in Besitz zu nehmen. Dem Kleomantis aus Delphi aber selbst und seinen Nachkommen verliehen die Athener auf alle Zeit das Ehrenrecht der öffentlichen Speisung im Rathaus. (**88**) Haben nun etwa die damaligen Könige, die es vorzogen, die Feinde zu täuschen und für das Vaterland zu sterben und die ihr eigenes Leben eintauschten für die allgemeine Rettung, ihr Vaterland auf die gleiche Weise geliebt wie Leokrates? Daher haben auch nur sie alleine dem Land ihren Namen gegeben und göttergleiche Ehren erlangt. Und dies zu Recht! Sie erhielten nämlich zu Recht auch nach ihrem Tode noch einen Anteil an dem Land, für das sie sich so eifrig eingesetzt hatten. (**89**) Leokrates dagegen dürfte weder zu Lebzeiten noch nach seinem Tode einen Anteil an diesem Land erhalten, sondern er verdiente es ganz besonders, aus dem Land herausgeworfen zu werden, das er mit seiner eiligen Flucht den Feinden preisgegeben hat. Es gehört sich nämlich nicht, daß die gleiche Heimaterde die durch ihre Tüchtigkeit ausgezeichneten Bürger und den schlimmsten aller Menschen bedecken sollte.

(**90**) Allerdings hat er den Versuch unternommen zu sagen, was er vielleicht auch jetzt wieder vor euch vortragen wird, daß er sich doch diesem Gerichtsverfahren niemals gestellt hätte, wenn er sich dessen bewußt gewesen wäre, ein solches Verbrechen begangen zu haben. Als ob nicht alle Diebe und Tempelräuber auch dieses Argument verwenden würden! Es ist nämlich kein Zeichen dafür, daß sie die Tat gar nicht verübt haben, sondern lediglich für die Unverschämtheit, die sie besitzen. Dieses Scheinargument sollte er nicht vortragen, sondern sagen, daß er gar nicht aus Athen weggesegelt ist, daß er die Stadt nicht im Stich gelassen und daß er nicht in Megara gewohnt hat. (**91**) Das sind die beweisrelevanten Tatsachen in diesem Fall. Nachdem er nun aber hierher zurückgekehrt ist, glaube ich, daß eine Gottheit ihn zur Bestrafung hingeführt hat, damit er einen ruhmlosen und schändlichen Tod finden möge, nachdem er vor einer Gefahr geflohen ist, die ihm Ruhm gebracht hätte, und damit er sich selbst in die Hände derjenigen bringe, die er verraten hat. Wenn er an einem anderen Ort ein schlimmes Schicksal erleiden würde, wäre es doch noch nicht deutlich, daß er für dieses Verbrechen bestraft würde. An diesem Ort hier aber und bei denen, die er verraten hat, ist es klar, daß er diese Strafe erleidet für seine Gesetzesbrüche.

(92) οἱ γὰρ θεοὶ οὐδὲν πρότερον ποιοῦσιν ἢ τῶν πονηρῶν ἀνθρώπων τὴν διάνοιαν παράγουσι· καὶ μοι δοκοῦσι τῶν ἀρχαίων τινὲς ποιητῶν ὥσπερ χρησμοὺς γράψαντες τοῖς ἐπιγιγνομένοις τάδε τὰ ἰαμβεῖα καταλιπεῖν·

ὅταν γὰρ ὀργὴ δαιμόνων βλάπτῃ τινά,
τοῦτ' αὐτὸ πρῶτον, ἐξαφαιρεῖται φρενῶν
τὸν νοῦν τὸν ἐσθλόν, εἰς δὲ τὴν χείρω τρέπει
γνώμην, ἵν' εἰδῇ μηδὲν ὧν ἁμαρτάνει.

(93) Τίς γὰρ οὐ μέμνηται τῶν πρεσβυτέρων ἢ τῶν νεωτέρων οὐκ ἀκήκοε Καλλίστρατον, οὗ θάνατον ἡ πόλις κατέγνω, τοῦτον φυγόντα καὶ τοῦ θεοῦ τοῦ ἐν Δελφοῖς ἀκούσαντα ὅτι ἂν ἔλθῃ Ἀθήναζε τεύξεται τῶν νόμων, ἀφικόμενον καὶ ἐπὶ τὸν βωμὸν τῶν δώδεκα θεῶν καταφυγόντα, καὶ οὐδὲν ἧττον ὑπὸ τῆς πόλεως ἀποθανόντα; δικαίως· τὸ γὰρ τῶν νόμων τοῖς ἠδικηκόσι τυχεῖν τιμωρίας ἐστίν. ὁ δέ γε θεὸς ὀρθῶς ἀπέδωκε τοῖς ἠδικημένοις κολάσαι τὸν αἴτιον· δεινὸν γὰρ ἂν εἴη, εἰ ταὐτὰ σημεῖα τοῖς εὐσεβέσι καὶ τοῖς κακούργοις φαίνοιτο.

(94) Ἡγοῦμαι δ' ἔγωγ', ὦ ἄνδρες, τὴν τῶν θεῶν ἐπιμέλειαν πάσας μὲν τὰς ἀνθρωπίνας πράξεις ἐπισκοπεῖν, μάλιστα δὲ τὴν περὶ τοὺς γονέας καὶ τοὺς τετελευτηκότας καὶ τὴν πρὸς αὐτοὺς εὐσέβειαν, εἰκότως· παρ' ὧν γὰρ τὴν ἀρχὴν τοῦ ζῆν εἰλήφαμεν καὶ πλεῖστα ἀγαθὰ πεπόνθαμεν, εἰς τούτους μὴ ὅτι ἁμαρτεῖν, ἀλλὰ μὴ εὐεργετοῦντας τὸν αὐτῶν βίον καταναλῶσαι μέγιστον ἀσέβημά ἐστι. (95) λέγεται γοῦν ἐν Σικελίᾳ (εἰ γὰρ καὶ μυθωδέστερόν ἐστιν, ἀλλ' ἁρμόσει καὶ ὑμῖν ἅπασι τοῖς νεωτέροις ἀκοῦσαι) ἐκ τῆς Αἴτνης ῥύακα πυρὸς γενέσθαι· τοῦτον δὲ ῥεῖν φασιν ἐπί τὴν ἄλλην χώραν, καὶ δὴ καὶ πρὸς πόλιν τινὰ τῶν ἐκεῖ κατοικουμένων. τοὺς μὲν οὖν ἄλλους ὁρμῆσαι πρὸς φυγὴν τὴν αὐτῶν σωτηρίαν ζητοῦντας, ἕνα δέ τινα τῶν νεωτέρων, ὁρῶντα τὸν πατέρα πρεσβύτερον ὄντα καὶ οὐχὶ δυνάμενον ἀποχωρεῖν ἀλλὰ ἐγκαταλαμβανόμενον, ἀράμενον φέρειν. φορτίου δ' οἶμαι προσγενομένου καὶ αὐτὸς ἐγκατελήφθη.

(**92**) Das erste nämlich, was die Götter schlechten Menschen antun, ist es, ihren Sinn zu verwirren. Einige von den alten Dichtern haben diese iambischen Verse hinterlassen, welche sie für die Nachkommen geradezu wie einen Orakelspruch aufgeschrieben haben:

"Wenn der Zorn der Götter jemandem schaden will, ist dies der erste Schritt, daß er ihn seines gesunden Menschenverstandes beraubt und seine Gedanken zum Schlechteren hinwendet, damit er nicht mehr weiß, in welchen Dingen er einen Fehler begeht."

(**93**) Wer von den Älteren erinnert sich nämlich nicht mehr an Kallistratos, und wer von den Jüngeren hat noch nicht von ihm gehört, den die Stadt zum Tode verurteilte. Daraufhin floh er zunächst. Als er von dem Gott in Delphi die Auskunft erhielt, daß er nach einer Rückkehr nach Athen erlangen werde, was ihm nach den Gesetzen zustehe, da kam er wieder zurück und nahm als Schutzflehender seine Zuflucht am Altar der Zwölf Götter, wurde aber nichtsdestoweniger von der Polis hingerichtet. Und das zu Recht. Wer Unrecht getan hat, verdient von Seiten der Gesetze nämlich Bestrafung. Der Gott handelte richtig, als er den Schuldigen zur Bestrafung wieder denen zurückgab, denen Unrecht angetan worden war. Es wäre ja wohl auch ungeheuerlich, wenn die gleichen göttlichen Zeichen sich frommen Menschen und Übeltätern zeigen würden.

(**94**) Ich bin der Auffassung, ihr Männer, daß die göttliche Fürsorge ihren Blick auf alle Handlungen der Menschen richtet, besonders aber auf die Frömmigkeit der Menschen bezüglich ihrer Eltern, der Verstorbenen und der Götter selbst. Und das ist richtig so. Es wäre der größte Frevel, wenn wir es versäumen sollten, denen, von denen wir den Anfang unseres Lebens als Geschenk und die meisten Wohltaten empfangen haben, nicht nur ebenfalls Wohltaten zu erweisen, sondern auch unser Leben für sie einzusetzen. (**95**) Man erzählt - wenn dies auch eine ziemlich sagenhafte Geschichte ist, aber dennoch wird es für euch Jüngere alle eine passende Geschichte zum Zuhören sein -, daß in Sizilien aus dem Ätna einmal ein Strom von Lava ausgebrochen sei. Wie man sagt, ergoß sich dieser Strom über das Umland und gelangte auch bis zu einer Stadt der Menschen, die dort wohnten. Während sich die anderen Menschen nun zur Flucht wandten und auf ihre eigene Rettung bedacht waren, sah einer der jüngeren Männer, daß sein Vater nicht mehr fliehen konnte, sondern von der Lava erfaßt zu werden drohte, weil er schon ein älterer Mann war, hob ihn auf und trug ihn weg. Weil aber diese Last hinzugekommen war, wie ich glaube, wurde er selbst auch von der Lava eingeschlossen.

(96) Ὅθεν δὴ καὶ ἄξιον θεωρῆσαι τὸ θεῖον, ὅτι τοῖς ἀνδράσι τοῖς ἀγαθοῖς εὐμενῶς ἔχει. λέγεται γὰρ κύκλῳ τὸν τόπον ἐκεῖνον περιρρυῆναι τὸ πῦρ καὶ σωθῆναι τούτους μόνους, ἀφ' ὧν καὶ τὸ χωρίον ἔτι καὶ νῦν προσαγορεύεσθαι τῶν εὐσεβῶν χῶρον· τοὺς δὲ ταχεῖαν τὴν ἀποχώρησιν ποιησαμένους καὶ τοὺς ἑαυτῶν γονέας ἐγκαταλιπόντας ἅπαντας ἀπολέσθαι. **(97)** ὥστε καὶ ὑμᾶς δεῖν τὴν παρὰ <τῶν> θεῶν ἔχοντας μαρτυρίαν ὁμογνωμόνως τοῦτον κολάζειν, τὸν ἅπασι τοῖς μεγίστοις ἀδικήμασιν ἔνοχον ὄντα κατὰ τὸ ἑαυτοῦ μέρος. τοὺς μὲν γὰρ θεοὺς τὰς πατρίους τιμὰς ἀπεστέρησε, τοὺς δὲ γονέας τοῖς πολεμίοις ἐγκατέλιπε, τοὺς δὲ τετελευτηκότας τῶν νομίμων οὐκ εἴασε τυχεῖν.

(98) Καίτοι σκέψασθε, ὦ ἄνδρες· οὐ γὰρ ἀποστήσομαι τῶν παλαιῶν· ἐφ' οἷς γὰρ ἐκεῖνοι ποιοῦντες ἐφιλοτιμοῦντο, ταῦτα δικαίως ἂν ὑμεῖς ἀκούσαντες ἀποδέχοισθε. φασὶ γὰρ Εὔμολπον τὸν Ποσειδῶνος καὶ Χιόνης μετὰ Θρᾳκῶν ἐλθεῖν τῆς χώρας ταύτης ἀμφισβητοῦντα, τυχεῖν δὲ κατ' ἐκείνους τοὺς χρόνους βασιλεύοντα Ἐρεχθέα, γυναῖκα ἔχοντα Πραξιθέαν τὴν Κηφισοῦ θυγατέρα. **(99)** μεγάλου δὲ στρατοπέδου μέλλοντος αὐτοῖς εἰσβάλλειν εἰς τὴν χώραν, εἰς Δελφοὺς ἰὼν ἠρώτα τὸν θεὸν τί ποιῶν ἂν νίκην λάβοι παρὰ τῶν πολεμίων. χρήσαντος δ' αὐτῷ τοῦ θεοῦ, τὴν θυγατέρα εἰ θύσειε πρὸ τοῦ συμβαλεῖν τὼ στρατοπέδω, κρατήσειν τῶν πολεμίων, ὁ δὲ τῷ θεῷ πειθόμενος τοῦτ' ἔπραξε, καὶ τοὺς ἐπιστρατευομένους ἐκ τῆς χώρας ἐξέβαλε. **(100)** διὸ καὶ δικαίως ἄν τις Εὐριπίδην ἐπαινέσειεν, ὅτι τά τ' ἄλλ' ὧν ἀγαθὸς ποιητὴς καὶ τοῦτον τὸν μῦθον προείλετο ποιῆσαι, ἡγούμενος κάλλιστον ἂν γενέσθαι τοῖς πολίταις παράδειγμα τὰς ἐκείνων πράξεις, πρὸς ἃς ἀποβλέποντας καὶ θεωροῦντας συνεθίζεσθαι ταῖς ψυχαῖς τὸ τὴν πατρίδα φιλεῖν. ἄξιον δ', ὦ ἄνδρες δικασταί, καὶ τῶν ἰαμβείων ἀκοῦσαι, ἃ πεποίηκε λέγουσαν τὴν μητέρα τῆς παιδός. ὄψεσθε γὰρ ἐν αὐτοῖς μεγαλοψυχίαν καὶ γενναιότητα ἀξίαν καὶ τῆς πόλεως καὶ τοῦ γενέσθαι Κηφισοῦ θυγατέρα.

ῬΗΣΙΣ ΕΥΡΙΠΙΔΟΥ

τὰς χάριτας ὅστις εὐγενῶς χαρίζεται,
ἥδιον ἐν βροτοῖσιν· οἱ δὲ δρῶσι μέν,
χρόνῳ δὲ δρῶσι, δυσγενέστερον <....>
ἐγὼ δὲ δώσω τὴν ἐμὴν παῖδα κτανεῖν.
λογίζομαι δὲ πολλά· πρῶτα μὲν πόλιν
οὐκ ἄν τιν' ἄλλην τῆσδε βελτίω λαβεῖν·

(96) Und an dieser Geschichte lohnt es sich nun zu beobachten, daß die Gottheit den guten Menschen ihr Wohlwollen schenkt. Man sagt nämlich, daß der Feuerstrom rings im Kreis um diese Stelle herumgeflossen sei und daß diese beiden alleine gerettet worden seien. Daher heiße dieser Ort auch heute noch "die Stelle der Frommen". Alle diejenigen aber, die sich schnell zurückgezogen und dabei ihre Eltern im Stich gelassen hatten, seien umgekommen. (97) Daher müßt ihr jetzt, nachdem ihr auch das Zeugnis der Götter habt, einmütig diesen Mann bestrafen, der, soweit es an ihm liegt, aller dieser größten Verbrechen schuldig ist. Er raubte den Göttern ihre traditionellen Ehren, überließ die Eltern den Feinden und hinderte sogar die Toten daran, die ihnen gemäß dem Brauch zukommenden Riten zu erhalten.

(98) Prüft auch folgende Geschichte, ihr Männer. Ich werde nämlich das Thema der alten Zeiten und ihrer Männer nicht verlassen. Es ist nämlich richtig, daß ihr die Taten hört, in die sie ihren Ehrgeiz setzten, und sie gutheißt. Man sagt, daß Eumolpos, der Sohn des Poseidon und der Chione, mit den Thrakern einst gegen Athen gezogen sei und Anspruch auf dieses Land erhoben habe. Zu dieser Zeit war gerade Erechtheus König, der verheiratet war mit Praxithea, einer Tochter des Kephisos. (99) Als das große Heer sich anschickte, in ihr Land einzufallen, ging er nach Delphi und befragte den Gott, was er tun müsse, um den Sieg über die Feinde zu erringen. Als der Gott ihm die Orakelauskunft gab, er werde über seine Feinde siegen, wenn er vor dem Zusammentreffen beider Heere seine Tochter opfere, da gehorchte er dem Gott und führte dieses Opfer aus und vertrieb die angreifenden Feinde wieder aus dem Land. (100) Daher könnte jemand auch wohl zu Recht Euripides loben, weil er, abgesehen davon, daß er auch im Übrigen ein guter Dichter ist, diesen Mythos als Stoff für eine Tragödie (scil. *Erechtheus*) wählte. Denn er war der Auffassung, daß ihre Taten für die Bürger das schönste Beispiel bieten. Wenn man auf jene blicke und sie aufmerksam betrachte, dann gewöhne man sein Herz daran, das Vaterland zu lieben. Ihr Richter, die iambischen Verse sind hörenswert, die er die Mutter des Mädchens sprechen läßt. Denn ihr werdet in ihnen eine seelische Größe sehen und eine edle Einstellung, die der Stadt und einer Tochter des Kephisos würdig ist:

Rhesis aus Euripides

"Wer mit edler Gesinnung eine Gunst erweist, ist unter den Menschen beliebter. Als weniger edel aber gelten diejenigen, die zwar etwas Gutes tun, sich aber damit Zeit lassen <....>. Ich werde meine eigene Tochter (als Opfer) zur Tötung hergeben. Und dafür habe ich viele Beweggründe. Erstens gibt es keine andere Polis, die würdiger wäre, sie als Opfer zu empfangen als diese Stadt.

ἧ πρῶτα μὲν λεὼς οὐκ ἐπακτὸς ἄλλοθεν,
αὐτόχθονες δ' ἔφυμεν· αἱ δ' ἄλλαι πόλεις
πεσσῶν ὁμοίαις διαφοραῖς ἐκτισμέναι
ἄλλαι παρ' ἄλλων εἰσὶν εἰσαγώγιμοι.
ὅστις δ' ἀπ' ἄλλης πόλεος οἰκήσῃ πόλιν,
ἁρμὸς πονηρὸς ὥσπερ ἐν ξύλῳ παγείς,
λόγῳ πολίτης ἐστί, τοῖς δ' ἔργοισιν οὔ.
ἔπειτα τέκνα τοῦδ' ἕκατι τίκτομεν,
ὡς θεῶν τε βωμοὺς πατρίδα τε ῥυώμεθα.
πόλεως δ' ἁπάσης τοὔνομ' ἕν, πολλοὶ δέ νιν
ναίουσι· τούτους πῶς διαφθεῖραί με χρή,
ἐξὸν πρὸ πάντων μίαν ὑπερδοῦναι θανεῖν;
εἴπερ γὰρ ἀριθμὸν οἶδα καὶ τοὐλάσσονος
τὸ μεῖζον, οὑνὸς οἶκος οὐ πλεῖον σθένει
πταίσας ἁπάσης πόλεος, οὐδ' ἴσον φέρει.
εἰ δ' ἦν ἐν οἴκοις ἀντὶ θηλειῶν στάχυς
ἄρσην, πόλιν δὲ πολεμία κατεῖχε φλόξ,
οὐκ ἄν νιν ἐξέπεμπον εἰς μάχην δορός,
θάνατον προταρβοῦσ'; ἀλλ' ἔμοιγ' ἔστω τέκνα,
<ἃ> καὶ μάχοιτο καὶ μετ' ἀνδράσιν πρέποι,
μὴ σχήματ' ἄλλως ἐν πόλει πεφυκότα.
τὰ μητέρων δὲ δάκρυ' ὅταν πέμπῃ τέκνα,
πολλοὺς ἐθήλυν' εἰς μάχην ὁρμωμένους.
μισῶ γυναῖκας αἵτινες πρὸ τοῦ καλοῦ
ζῆν παῖδας εἵλοντ' ἢ παρήνεσαν κακά.
καὶ μὴν θανόντες γ' ἐν μάχῃ πολλῶν μέτα
τύμβον τε κοινὸν ἔλαχον εὔκλειάν τ' ἴσην·
τῇ 'μῇ δὲ παιδὶ στέφανος εἷς μιᾷ μόνῃ
πόλεως θανούσῃ τῆσδ' ὕπερ δοθήσεται.
καὶ τὴν τεκοῦσαν καὶ σὲ δύο θ' ὁμοσπόρω
σώσει· τί τούτων οὐχὶ δέξασθαι καλόν;
τὴν οὐκ ἐμὴν πλὴν τῇ φύσει δώσω κόρην
θῦσαι πρὸ γαίας. εἰ γὰρ αἱρεθήσεται
πόλις, τί παίδων τῶν ἐμῶν μέτεστί μοι;
οὐκοῦν ἅπαντα τοὐν γ' ἐμοὶ σωθήσεται·
ἄρξουσιν ἄλλοι, τήνδ' ἐγὼ σώσω πόλιν.
ἐκεῖνο δ' οὐ τὸ πλεῖστον ἐν κοινῷ μέρος,
οὐκ ἔσθ' ἑκούσης τῆς ἐμῆς ψυχῆς ἄτερ,
προγόνων παλαιὰ θέσμι' ὅστις ἐκβαλεῖ·
οὐδ' ἀντ' ἐλάας χρυσέας τε Γοργόνος
τρίαιναν ὀρθὴν στᾶσαν ἐν πόλεως βάθροις
Εὔμολπος οὐδὲ Θρῇξ ἀναστέψει λεὼς
στεφάνοισι, Παλλὰς δ' οὐδαμοῦ τιμήσεται.

Ihre Bevölkerung ist nicht von irgendwo anders her hinzugezogen, sondern wir entstammen diesem Land selbst. Die übrigen Poleis wurden begründet wie beim Wurf eines Würfelspiels, indem die einen von hierher, die anderen von dorther als Bevölkerung zusammengeführt wurden. Wer aber die eine Stadt verlassen hat und sich in einer anderen Polis ansiedelt, der gleicht einem schlechten Pflock, der in einem guten Stück Holz befestigt ist. Denn er ist nur dem Namen nach ein Bürger, aber nicht tatsächlich. Und ferner setzen wir aus diesem Grunde Kinder in die Welt, damit wir die Altäre der Götter und das Vaterland beschützen. Die ganze Polis trägt einen einzigen Namen, doch viele bewohnen sie. Wie sollte ich denn diese alle ins Verderben stürzen, wenn es doch möglich ist, eine einzige Tochter für alle in den Tod zu geben? Weil ich doch auch rechnen kann und weiß, was mehr und was weniger ist, zählt der Unglücksfall eines einzelnen Hauses weniger als derjenige der gesamten Polis, und er hat nicht das gleiche Gewicht. Wenn ich als Nachkommen Söhne anstelle von Töchtern zu Hause hätte und eine feindliche Feuersflamme die Stadt bedrängte, würde ich sie dann etwa nicht in die Schlacht mit den Speeren hinausschicken, obwohl ich doch ihren Tod befürchten müßte? Ich wünschte, daß ich männliche Kinder hätte, die mit den Männern in der Schlachtreihe kämpfen könnten, und nicht nur Gestalten, die umsonst in der Polis geboren worden sind. Schon viele Männer, die in eine Schlacht aufbrachen, haben die Tränen ihrer Mütter, wenn sie ihre Kinder wegschickten, zu Weibern gemacht. Ich hasse Frauen, die es anstelle des Guten vorziehen, wenn ihre Kinder nur am Leben bleiben, oder ihnen zum Schlechten raten. Gewinnen doch diejenigen, die mit vielen in der Schlacht gefallen sind, die Ehre eines gemeinsamen Begräbnisses und gleichen Ruhm. Meiner Tochter aber wird als einziger alleine der Ehrenkranz gegeben werden, weil sie für diese Stadt ihr Leben geopfert hat. Dadurch wird sie ihre Mutter, die sie geboren hat, dich und auch ihre beiden Schwestern retten. Ist es etwa nicht richtig und gut, dies anzunehmen? Ich werde meine Tochter, die außer durch die Geburt ja nicht mir gehört, als Opfer für das Land geben. Denn sollte die Polis erobert werden, was liegt mir dann überhaupt noch an meinen Kindern. Soweit es an mir liegt, soll alles gerettet werden. Andere werden (in Athen) herrschen, ich aber werde die Polis retten. Denn dies hat die größte Bedeutung im gemeinschaftlichen Leben. Und solange ich noch lebe und mit meinem Willen wird es nicht vorkommen, daß jemand die alten Satzungen unserer Vorfahren aus diesem Land vertreiben wird. Noch werden Eumolpos und sein thrakischer Volkshaufen anstelle eines Olivenzweiges und des goldenen Gorgonenhauptes einen Dreizack auf den Fundamenten der Polis aufstellen und mit Kränzen schmücken, Pallas Athene aber wird nirgendwo mehr Ehre erwiesen werden.

χρῆσθ', ὦ πολῖται, τοῖς ἐμοῖς λοχεύμασιν,
σῴζεσθε, νικᾶτ'· ἀντὶ γὰρ ψυχῆς μιᾶς
οὐκ ἔσθ' ὅπως οὐ τήνδ' ἐγὼ σώσω πόλιν.
ὦ πατρίς, εἴθε πάντες οἳ ναίουσί σε
οὕτω φιλοῖεν ὡς ἐγώ· καὶ ῥᾳδίως
οἰκοῖμεν ἄν σε, κοὐδὲν ἂν πάσχοις κακόν.

(101) Ταῦτα, ὦ ἄνδρες, τοὺς πατέρας ὑμῶν ἐπαίδευε. φύσει γὰρ οὐσῶν φιλοτέκνων πασῶν τῶν γυναικῶν, ταύτην ἐποίησε τὴν πατρίδα μᾶλλον τῶν παίδων φιλοῦσαν, ἐνδεικνύμενος ὅτι εἴπερ αἱ γυναῖκες τοῦτο τολμήσουσι ποιεῖν, τούς γ' ἄνδρας ἀνυπέρβλητόν τινα δεῖ τὴν εὔνοιαν ὑπὲρ τῆς πατρίδος ἔχειν, καὶ μὴ φεύγειν αὐτὴν ἐγκαταλιπόντας μηδὲ καταισχύνειν πρὸς ἅπαντας τοὺς Ἕλληνας, ὥσπερ Λεωκράτης.

(102) βούλομαι δ' ὑμῖν καὶ τὸν Ὅμηρον παρασχέσθαι ἐπαινῶν. οὕτω γὰρ ὑπέλαβον ὑμῶν οἱ πατέρες σπουδαῖον εἶναι ποιητὴν, ὥστε νόμον ἔθεντο καθ' ἑκάστην πεντετηρίδα τῶν Παναθηναίων μόνου τῶν ἄλλων ποιητῶν ῥαψῳδεῖσθαι τὰ ἔπη, ἐπίδειξιν ποιούμενοι πρὸς τοὺς Ἕλληνας ὅτι τὰ κάλλιστα τῶν ἔργων προῃροῦντο. εἰκότως· οἱ μὲν γὰρ νόμοι διὰ τὴν συντομίαν οὐ διδάσκουσιν ἀλλ' ἐπιτάττουσιν ἃ δεῖ ποιεῖν, οἱ δὲ ποιηταὶ μιμούμενοι τὸν ἀνθρώπινον βίον, τὰ κάλλιστα τῶν ἔργων ἐκλεξάμενοι, μετὰ λόγου καὶ ἀποδείξεως τοὺς ἀνθρώπους συμπείθουσιν. **(103)** Ἕκτωρ γὰρ τοῖς Τρωσὶ παρακελευόμενος ὑπὲρ τῆς πατρίδος τάδ' εἴρηκεν·

ἀλλὰ μάχεσθ' ἐπὶ νηυσὶ διαμπερές. ὃς δέ κεν ὑμέων
βλήμενος ἠὲ τυπεὶς θάνατον καὶ πότμον ἐπίσπῃ,
τεθνάτω. οὔ οἱ ἀεικὲς ἀμυνομένῳ περὶ πάτρης
τεθνάμεν· ἀλλ' ἄλοχός τε σόη καὶ νήπια τέκνα,
καὶ κλῆρος καὶ οἶκος ἀκήρατος, εἴ κεν Ἀχαιοὶ
οἴχωνται σὺν νηυσὶ φίλην ἐς πατρίδα γαῖαν.

(104) Τούτων τῶν ἐπῶν ἀκούοντες, ὦ ἄνδρες, οἱ πρόγονοι ὑμῶν, καὶ τὰ τοιαῦτα τῶν ἔργων ζηλοῦντες οὕτως ἔσχον πρὸς ἀρετὴν ὥστ' οὐ μόνον ὑπὲρ τῆς αὑτῶν πατρίδος, ἀλλὰ καὶ πάσης <τῆς> Ἑλλάδος ὡς κοινῆς <πατρίδος> ἤθελον ἀποθνήσκειν. οἱ γοῦν [ἐν] Μαραθῶνι παραταξάμενοι τοῖς βαρβάροις τὸν ἐξ ἁπάσης τῆς Ἀσίας στόλον ἐκράτησαν, τοῖς ἰδίοις κινδύνοις κοινὴν ἄδειαν ἅπασι τοῖς Ἕλλησι κτώμενοι,

Ihr Bürger, bedient euch also der Frucht meines Gebärens, werdet so gerettet und erringt den Sieg! Für den Preis eines einzigen Lebens wird es nicht geschehen, daß ich diese Polis nicht retten werde. O Vaterland, möchten dich doch alle, die dich bewohnen, so lieben wie ich! In sorgloser Leichtigkeit bewohnten wir dich dann, und du erlittest keinen Schaden."

(101) Das waren die Verse, ihr Männer, mit denen eure Väter erzogen wurden. Obwohl doch von Natur aus alle Frauen ihre Kinder lieben, hat der Dichter diese Frau so dargestellt, daß sie ihr Vaterland noch mehr als ihre Kinder liebt. Denn damit wollte er aufzeigen, daß Männer ein Wohlwollen für das Vaterland haben müssen, das nicht mehr übertroffen werden kann, wenn schon Frauen den Mut haben, eine solche Tat zu tun. Gewiß aber sollen Männer nicht fliehen, das Vaterland preisgeben und es vor allen Hellenen beschämen, wie dies Leokrates getan hat.

(102) Ich möchte auch Homer noch loben und seine Dichtungen eurer Aufmerksamkeit empfehlen. Eure Väter nämlich hielten ihn für einen so ernsthaften Dichter, daß sie ein Gesetz erließen, daß alle vier Jahre an den Panathenäen die Epen ausschließlich dieses Dichters öffentlich von Rhapsoden vorgetragen werden sollten. Damit wollten sie den Griechen demonstrieren, daß sie den schönsten Heldentaten den Vorrang gaben. Und dies war richtig so. Durch ihre Knappheit belehren die Gesetze nämlich nicht, sondern befehlen lediglich, was man tun soll. Die Dichter aber bilden das Leben der Menschen nach und, indem sie die schönsten Taten auswählen, überreden sie die Menschen mit der Kraft ihrer Worte und ihrer Darstellung.
(103) So hat Hektor folgende Worte gesprochen, als er die Trojaner aufforderte, ihr Vaterland zu verteidigen:

"Kämpft ununterbrochen an den Schiffen. Wer unter euch von einem Speerwurf oder Stoß getroffen den Tod und sein Schicksal findet, der möge dort fallen. Denn es ist keine Schande für ihn, bei der Verteidigung seines Vaterlandes zu sterben. Werden doch seine Frau und seine kleinen Kinder gerettet, sein Besitz und sein Haus werden nicht verwüstet werden, wenn die Achaier wieder mit ihren Schiffen in das geliebte Vaterland wegfahren."

(104) Eure Vorfahren, ihr Männer, hörten solchen Dichtungen zu und strebten danach, solche Taten nachzuahmen. Auf diese Weise besaßen sie eine solche Tapferkeit, daß sie bereit waren, nicht nur für ihr eigenes Vaterland, sondern für ganz Griechenland als ihr gemeinsames Vaterland zu kämpfen. Als sie sich in Marathon zur Schlacht gegen die Barbaren aufstellten und den Heerzug aus ganz Asien besiegten, da haben sie unter Einsatz ihres eigenen Lebens die allgemeine Sicherheit für alle Griechen erworben.

οὐκ ἐπὶ τῇ δόξῃ μέγα φρονοῦντες ἀλλ' ἐπὶ τῷ ταύτης ἄξια πράττειν, τῶν μὲν Ἑλλήνων προστάτας, τῶν δὲ βαρβάρων δεσπότας ἑαυτοὺς καθιστάντες· οὐ γὰρ λόγῳ τὴν ἀρετὴν ἐπετήδευον ἀλλ' ἔργῳ πᾶσιν ἐνεδείκνυντο. **(105)** τοιγαροῦν οὕτως ἦσαν ἄνδρες σπουδαῖοι καὶ κοινῇ καὶ ἰδίᾳ οἱ τότε τὴν πόλιν οἰκοῦντες ὥστε τοῖς ἀνδρειοτάτοις Λακεδαιμονίοις ἐν τοῖς ἔμπροσθεν χρόνοις πολεμοῦσι πρὸς Μεσσηνίους ἀνεῖλεν ὁ θεός, παρ' ἡμῶν ἡγεμόνα λαβεῖν καὶ νικήσειν τοὺς ἐναντίους. καίτοι εἰ τοῖν ἀφ' Ἡρακλέους γεγενημένοιν, οἳ ἀεὶ βασιλεύουσιν ἐν Σπάρτῃ, τοὺς παρ' ἡμῶν ἡγεμόνας ἀμείνους ὁ θεὸς ἔκρινε, πῶς οὐκ ἀνυπέρβλητον χρὴ τὴν ἐκείνων ἀρετὴν νομίζειν; **(106)** τίς γὰρ οὐκ οἶδε τῶν Ἑλλήνων ὅτι Τυρταῖον στρατηγὸν ἔλαβον παρὰ τῆς πόλεως, μεθ' οὗ καὶ τῶν πολεμίων ἐκράτησαν καὶ τὴν περὶ τοὺς νέους ἐπιμέλειαν συνετάξαντο, οὐ μόνον εἰς τὸν παρόντα κίνδυνον, ἀλλ' εἰς ἅπαντα τὸν αἰῶνα βουλευσάμενοι καλῶς. **(107)** κατέλιπε γὰρ αὐτοῖς ἐλεγεῖα ποιήσας, ὧν ἀκούοντες παιδεύονται πρὸς ἀνδρείαν· καὶ περὶ τοὺς ἄλλους ποιητὰς οὐδένα λόγον ἔχοντες, περὶ τούτου οὕτω σφόδρα ἐσπουδάκασιν ὥστε νόμον ἔθεντο, ὅταν ἐν τοῖς ὅπλοις ἐξεστρατευμένοι ὦσι, καλεῖν ἐπὶ τὴν τοῦ βασιλέως σκηνὴν ἀκουσομένους τῶν Τυρταίου ποιημάτων ἅπαντας, νομίζοντες οὕτως ἂν αὐτοὺς μάλιστα πρὸ τῆς πατρίδος ἐθέλειν ἀποθνήσκειν. χρήσιμον δ' ἐστὶ καὶ τούτων ἀκοῦσαι τῶν ἐλεγείων, ἵν' ἐπίστησθε οἷα ποιοῦντες εὐδοκίμουν παρ' ἐκείνοις.

τεθνάμεναι γὰρ καλὸν ἐνὶ προμάχοισι πεσόντα
ἄνδρ' ἀγαθόν, περὶ ᾗ πατρίδι μαρνάμενον.
ἣν δ' αὐτοῦ προλιπόντα πόλιν καὶ πίονας ἀγροὺς
πτωχεύειν πάντων ἔστ' ἀνιηρότατον,
πλαζόμενον σὺν μητρὶ φίλῃ καὶ πατρὶ γέροντι
παισί τε σὺν μικροῖς κουριδίῃ τ' ἀλόχῳ.
ἐχθρὸς μὲν γὰρ τοῖσι μετέσσεται, οὕς κεν ἵκηται
χρησμοσύνῃ τ' εἴκων καὶ στυγερῇ πενίῃ,
αἰσχύνει δὲ γένος, κατὰ δ' ἀγλαὸν εἶδος ἐλέγχει,
πᾶσα δ' ἀτιμίη καὶ κακότης ἕπεται.
εἰ δ' οὕτως ἀνδρός τοι ἀλωμένου οὐδεμί' ὥρη
γίγνεται οὐδ' αἰδώς, οὔτ' ὀπίσω γένεος,
θυμῷ γῆς περὶ τῆσδε μαχώμεθα, καὶ περὶ παίδων
θνῄσκωμεν ψυχέων μηκέτι φειδόμενοι.
ὦ νέοι, ἀλλὰ μάχεσθε παρ' ἀλλήλοισι μένοντες,
μηδὲ φυγῆς αἰσχρῆς ἄρχετε μηδὲ φόβου,
ἀλλὰ μέγαν ποιεῖσθε καὶ ἄλκιμον ἐν φρεσὶ θυμόν,

Sie wurden nicht überheblich über ihren Ruhm, sondern waren stolz darauf, Handlungen zu begehen, die dieses Ruhmes würdig waren, und so machten sie sich zur Vormacht der Hellenen und zu Herren der Barbaren. Sie trugen ihre Tüchtigkeit nicht nur in Worten vor sich her, sondern demonstrierten sie allen durch ihre Taten. (105) Die Männer, die damals die Stadt bewohnten, waren im öffentlichen Leben und in ihrer privaten Lebensweise so tüchtig, daß der Gott den Lakedaimoniern, die doch besonders tapfer waren, als diese in früheren Zeiten gegen die Messenier Krieg führten, das Orakel gab, daß die Lakedaimonier sich einen Anführer von uns nehmen sollten und sie dann die Feinde besiegen würden. Und wenn sogar der Gott zu dem Urteil kam, daß unsere Anführer besser seien als die beiden Abkömmlinge des Herakles, die jeweils immer in Sparta als Könige herrschen, wie soll man dann nicht glauben, daß die Tüchtigkeit jener Männer unübertrefflich gewesen ist? (106) Weiß jemand unter den Hellenen denn nicht, daß sie aus unserer Stadt den Tyrtaios als Strategen genommen haben, mit seiner Hilfe die Feinde besiegten und ihr System der Erziehung der Jugendlichen einrichteten, eine politische Maßnahme, die nicht nur zur Abwehr der gegenwärtigen Gefahr gut war, sondern auch für alle Zeit. (107) Tyrtaios hat Elegien gedichtet und ihnen hinterlassen. Indem sie diese anhören, werden sie zur Tapferkeit erzogen. Die anderen Dichter beachten sie gar nicht weiter. Von Tyrtaios jedoch sind sie so begeistert, daß sie ein Gesetz erlassen haben, daß sie, wenn sie unter Waffen auf einen Feldzug ausgezogen sind, alle zum Zelt des Königs zusammenrufen, damit sie dort alle Gedichte des Tyrtaios hören sollen. Sie glauben nämlich, daß sie auf diese Weise besonders dazu bereit gemacht werden, für das Vaterland zu sterben. Es ist nützlich, diese Verse anzuhören, damit ihr versteht, durch welche Taten man bei ihnen Ruhm erlangte:

"Schön ist es nämlich zu sterben, wenn ein tüchtiger Mann unter den Vorkämpfern der ersten Schlachtreihe fällt, im Kampf für sein Vaterland. Das elendeste Los aber ist es, seine eigene Polis und seine reichen Felder zu verlassen und betteln zu gehen, herumirrend mit der geliebten Mutter und dem alten Vater, seinen kleinen Kindern und seiner rechtmäßigen Ehefrau. Verhaßt wird so einer all denen sein, zu denen er auch immer als Schutzflehender kommt, und er muß sich der Bedürftigkeit und der verhaßten Armut unterwerfen. Er bringt Schande über seine Sippe, er beschämt seine strahlend schöne Gestalt. Jede Art von Ehrlosigkeit und Erbärmlichkeit folgt ihm. Wenn sich also niemand um einen als Flüchtling herumirrenden Mann kümmert, noch man Achtung vor ihm hat, noch auch vor seinen Nachkommen, dann wollen wir mutig für dieses Land kämpfen, dann laßt uns sterben für unsere Kinder und unser Leben nicht schonen. Ihr jungen Männer, kämpft also und bleibt dicht nebeneinander (in der Schlachtreihe), seid nicht die ersten, die sich zur Flucht wenden und in Furcht geraten, sondern macht euer Herz in eurer Brust groß und wehrhaft.

μηδὲ φιλοψυχεῖτ' ἀνδράσι μαρνάμενοι·
τοὺς δὲ παλαιοτέρους, ὧν οὐκέτι γούνατ' ἐλαφρά,
μὴ καταλείποντες φεύγετε, τοὺς γεραιούς.
αἰσχρὸν γὰρ δὴ τοῦτο, μετὰ προμάχοισι πεσόντα
κεῖσθαι πρόσθε νέων ἄνδρα παλαιότερον,
ἤδη λευκὸν ἔχοντα κάρη πολιόν τε γένειον,
θυμὸν ἀποπνείοντ' ἄλκιμον ἐν κονίῃ,
αἱματόεντ' αἰδοῖα φίλαις ἐν χερσὶν ἔχοντα
(αἰσχρὰ τά γ' ὀφθαλμοῖς καὶ νεμεσητὸν ἰδεῖν)
καὶ χρόα γυμνωθέντα. νέοισι δὲ πάντ' ἐπέοικεν,
ὄφρ' ἐρατῆς ἥβης ἀγλαὸν ἄνθος ἔχῃ·
ἀνδράσι μὲν θηητὸς ἰδεῖν, ἐρατὸς δὲ γυναιξὶν
ζωὸς ἐών, καλὸς δ' ἐν προμάχοισι πεσών.
ἀλλά τις εὖ διαβὰς μενέτω ποσὶν ἀμφοτέροισιν
στηριχθεὶς ἐπὶ γῆς, χεῖλος ὀδοῦσι δακών.

(108) Καλά γ', ὦ ἄνδρες, καὶ χρήσιμα τοῖς βουλομένοις προσέχειν. οὕτω τοίνυν εἶχον πρὸς ἀνδρείαν οἱ τούτων ἀκούοντες ὥστε πρὸς τὴν πόλιν ἡμῶν περὶ τῆς ἡγεμονίας ἀμφισβητεῖν, εἰκότως· τὰ γὰρ κάλλιστα τῶν ἔργων ἀμφοτέροις ἦν κατειργασμένα. οἱ μὲν γὰρ πρόγονοι τοὺς βαρβάρους ἐνίκησαν, οἳ πρῶτοι τῆς Ἀττικῆς ἐπέβησαν, καὶ καταφανῆ ἐποίησαν τὴν ἀνδρείαν τοῦ πλούτου καὶ τὴν ἀρετὴν τοῦ πλήθους περιγιγνομένην· Λακεδαιμόνιοι δ' ἐν Θερμοπύλαις παραταξάμενοι ταῖς μὲν τύχαις οὐχ ὁμοίαις ἐχρήσαντο, τῇ δ' ἀνδρείᾳ πολὺ πάντων διήνεγκαν. **(109)** τοιγαροῦν ἐπὶ τοῖς ἡρίοις μαρτύρια ἔστιν ἰδεῖν τῆς ἀρετῆς αὐτῶν ἀναγεγραμμένα ἀληθῆ πρὸς ἅπαντας τοὺς Ἕλληνας, ἐκείνοις μέν·

ὦ ξεῖν', ἄγγειλον Λακεδαιμονίοις ὅτι τῇδε
κείμεθα τοῖς κείνων πειθόμενοι νομίμοις,

τοῖς δ' ὑμετέροις προγόνοις·

Ἑλλήνων προμαχοῦντες Ἀθηναῖοι Μαραθῶνι
χρυσοφόρων Μήδων ἐστόρεσαν δύναμιν.

(110) Ταῦτα, ὦ Ἀθηναῖοι, καὶ μνημονεύεσθαι καλὰ, καὶ τοῖς πράξασιν ἔπαινος καὶ τῇ πόλει δόξα ἀείμνηστος. ἀλλ' οὐχ ὃ Λεωκράτης πεποίηκεν, ἀλλ' ἑκὼν τὴν ἐξ ἅπαντος τοῦ αἰῶνος συνηθροισμένην τῇ πόλει δόξαν κατήσχυνεν.

Wenn ihr unter den Männern kämpft, dann liebt euer Leben nicht. Die Älteren, deren Beine nicht mehr schnell sind, laßt nicht mit eurer Flucht im Stich, die alten Männer. Denn das ist eine Schande, wenn ein älterer Mann in der Schlacht mit den Vorkämpfern fällt und vor den Jüngeren liegt, schon mit weißem Haar und grauem Bart, der seinen wehrhaften Lebensatem im Staub ausgehaucht hat. Er hält seine blutigen Schamteile mit seinen Händen, ein beschämender Anblick und einer, der nach Vergeltung ruft, und sein Körper ist entblößt. Für junge Männer ist alles schicklich, solange sie noch in der strahlenden Blüte ihrer liebenswerten Jugendreife stehen. Solange sie leben, sind sie für die Männer ein bewundernswerter Anblick, von den Frauen werden sie geliebt. Jedoch ein junger Mann bietet auch dann noch einen schönen Anblick, wenn er unter den Vorkämpfern gefallen ist. Aber nun soll jeder gut voranschreiten und dann an seinem Platz bleiben, mit beiden Füßen fest auf dem Boden stehend, mit seinen Zähnen auf die Lippen beißend."

(108) Wahrlich schöne Verse, ihr Männer, und zudem nützliche für diejenigen, die bereit sind, ihren Sinn darauf zu richten. Die Männer, die diese Gedichte zu hören gewohnt waren, waren so tapfer, daß sie mit unserer Polis um die Vorherrschaft kämpften, und das zu Recht. Denn beide Seiten haben die schönsten Heldentaten vollbracht. Unsere Vorfahren haben die Barbaren besiegt, als diese zuerst in Attika eingefallen waren, und damit deutlich gemacht, daß die Tapferkeit den Reichtum und die Tüchtigkeit die bloße (größere) Menge übertreffen. Die Spartaner aber stellten sich bei den Thermopylen zum Kampf auf. Dort wurde ihnen zwar nicht das gleiche günstige Geschick zuteil, aber in der Tapferkeit haben sie alle bei weitem übertroffen. (109) Daher ist auch über ihren Gräbern ein wahres Zeugnis ihres Heldenmutes für alle Griechen sichtbar aufgeschrieben. Es heißt dort zu ihren Ehren:

"O Fremder, verkünde den Spartanern, daß wir hier liegen, gehorsam ihren Gesetzen."

Und ein Epigramm zur Ehre unserer Vorfahren lautet:

"Die Athener haben als Vorkämpfer der Hellenen in Marathon die Macht der goldtragenden Meder niedergeworfen".

(110) Es ist gut, sich an diese Verse zu erinnern, ihr Athener. Das Lob für diejenigen, die diese Taten vollbracht haben, und der Ruhm für unsere Stadt werden auf immer und ewig erinnert werden. Aber nicht das, was Leokrates getan hat. Aus freiem Willen hat er Schande gebracht über den Ruhm der Stadt, der durch alle Zeiten hindurch angesammelt worden war.

ἐὰν μὲν οὖν αὐτὸν ἀποκτείνητε, δόξετε πᾶσι τοῖς Ἕλλησι καὶ ὑμεῖς τὰ τοιαῦτα τῶν ἔργων μισεῖν· εἰ δὲ μή, καὶ τοὺς προγόνους τῆς παλαιᾶς δόξης ἀποστερήσετε καὶ τοὺς ἄλλους πολίτας μεγάλα βλάψετε. οἱ γὰρ ἐκείνους μὴ θαυμάζοντες τοῦτον πειράσονται μιμεῖσθαι, νομίζοντες ἐκεῖνα μὲν παρὰ τοῖς παλαιοῖς εὐδοκιμεῖν, παρ' ὑμῖν δ' ἀναίδειαν καὶ προδοσίαν καὶ δειλίαν κεκρίσθαι κάλλιστον.

(111) Εἰ μὴ δύνασθε ὑπ' ἐμοῦ διδαχθῆναι ὃν τρόπον δεῖ πρὸς τοὺς τοιούτους ἔχειν, σκέψασθε ἐκείνους τίνα τρόπον ἐλάμβανον παρ' αὐτῶν τὴν τιμωρίαν· ὥσπερ γὰρ τὰ καλὰ τῶν ἔργων ἠπίσταντο ἐπιτηδεύειν, οὕτω καὶ τὰ πονηρὰ προῃροῦντο κολάζειν. ἐκεῖνοι γάρ, ὦ ἄνδρες, θεωρήσατε ὡς ὠργίζοντο τοῖς προδόταις καὶ κοινοὺς ἐχθροὺς ἐνόμιζον εἶναι τῆς πόλεως. (112) Φρυνίχου γὰρ ἀποσφαγέντος νύκτωρ παρὰ τὴν κρήνην τὴν ἐν τοῖς οἰσύοις ὑπὸ Ἀπολλοδώρου καὶ Θρασυβούλου, καὶ τούτων ληφθέντων καὶ εἰς τὸ δεσμωτήριον ἀποτεθέντων ὑπὸ τῶν τοῦ Φρυνίχου φίλων, αἰσθόμενος ὁ δῆμος τὸ γεγονὸς τούς τε εἰρχθέντας ἐξήγαγε, καὶ βασάνων γενομένων ἀνέκρινε, καὶ ζητῶν τὸ πρᾶγμα εὗρε τὸν μὲν Φρύνιχον προδιδόντα τὴν πόλιν, τοὺς δ' ἀποκτείναντας αὐτὸν ἀδίκως εἰρχθέντας· (113) καὶ ψηφίζεται ὁ δῆμος Κριτίου εἰπόντος τὸν μὲν νεκρὸν κρίνειν προδοσίας, κἂν δόξῃ προδότης ὢν ἐν τῇ χώρᾳ τεθάφθαι, τά τε ὀστᾶ αὐτοῦ ἀνορύξαι καὶ ἐξορίσαι ἔξω τῆς Ἀττικῆς, ὅπως ἂν μὴ κέηται ἐν τῇ χώρᾳ μηδὲ τὰ ὀστᾶ τοῦ τὴν χώραν καὶ τὴν πόλιν προδιδόντος. (114) ἐψηφίσαντο δε καὶ ἐὰν ἀπολογῶνταί τινες ὑπὲρ τοῦ τετελευτηκότος, ἐὰν ἁλῷ ὁ τεθηκώς, ἐνόχους εἶναι καὶ τούτους τοῖς αὐτοῖς ἐπιτιμίοις· οὕτως οὐδὲ βοηθεῖν τοῖς τοὺς ἄλλους ἐγκαταλείπουσιν ἡγοῦντο δίκαιον εἶναι, ἀλλ' ὁμοίως ἂν προδοῦναι τὴν πόλιν καὶ τὸν διασώζοντα τὸν προδότην. τοιγαροῦν οὕτω μισοῦντες τοὺς ἀδικοῦντας καὶ τὰ τοιαῦτα κατ' αὐτῶν ψηφιζόμενοι ἀσφαλῶς ἐκ τῶν κινδύνων ἀπηλλάττοντο. λαβὲ δ' αὐτοῖς τὸ ψήφισμα, γραμματεῦ, καὶ ἀνάγνωθι.

ΨΗΦΙΣΜΑ

(115) Ἀκούετε, ὦ ἄνδρες, τούτου τοῦ ψηφίσματος. ἔπειτα ἐκεῖνοι μὲν τὰ τοῦ προδότου ὀστᾶ ἀνορύξαντες ἐκ τῆς Ἀττικῆς ἐξώρισαν καὶ τοὺς ἀπολογουμένους ὑπὲρ αὐτοῦ Ἀρίσταρχον καὶ Ἀλεξικλέα

Wenn ihr ihn hinrichten laßt, dann werden alle Griechen die Meinung gewinnen, daß ihr solche Taten haßt. Wenn aber nicht, werdet ihr sowohl eure Vorfahren ihres traditionellen Ruhmes berauben, als auch den übrigen Bürgern schweren Schaden zufügen. Wenn sie jene nämlich nicht mehr bewundern, dann werden sie diesen hier nachzuahmen versuchen, weil sie nämlich zu der Auffassung gelangen, daß jene Bürgertugenden bei den Alten in hohem Ansehen standen, bei euch aber Schamlosigkeit, Verrat und Feigheit als beste Eigenschaften gelten.

(111) Wenn ihr euch nicht von mir darüber belehren lassen wollt, wie man mit solchen Leuten verfahren sollte, dann prüft, auf welche Weise sie von jenen bestraft wurden. So wie sie sich darauf verstanden, gute Taten zu vollbringen, genau so waren sie fest dazu entschlossen, schlechte Taten zu bestrafen. Bedenkt nämlich, ihr Männer, wie sie den Verrätern zürnten und sie für die allgemeinen Feinde der Polis hielten. (112) Als Phrynichos nachts bei dem Brunnen nahe dem Korbmarkt von Apollodoros und Thrasybulos ermordet wurde und diese beiden daraufhin ergriffen und von den Freunden des Phrynichos ins Gefängnis gebracht wurden, da befreite das Volk die beiden wieder aus der Haft, als es erfuhr, was vorgefallen war. Man führte Verhöre unter der Folter durch, untersuchte den Fall und fand heraus, daß Phrynichos die Stadt verraten wollte und seine Mörder zu Unrecht inhaftiert worden waren. (113) Auf Antrag des Kritias faßte das Volk den Beschluß, daß dem Leichnam des Phrynichos der Prozeß gemacht werden solle wegen Verrates. Sollte sich dabei herausstellen, daß er als ein Verräter im (attischen) Land bestattet worden sei, solle man seine Gebeine wieder ausgraben und sie aus Attika herausschaffen, damit in der Heimaterde nicht einmal die Knochen eines Mannes beerdigt liegen sollten, der dieses Land und die Polis verraten habe. (114) Das Volk beschloß ferner, daß, wenn irgendwelche Personen für den Toten als Verteidiger sprechen sollten, sofern der Verstorbene als schuldig verurteilt werden sollte, auch diese Leute denselben Strafen verfallen sollten wie jener. Ihrer Meinung nach war es nämlich nicht richtig, denen zu helfen, welche die anderen Bürger im Stich gelassen hatten, sondern sie hielten auch denjenigen in gleicher Weise für einen Verräter, der einen Verräter zu retten versuchte. Und indem sie Verbrecher auf diese Weise haßten und gegen sie solche Volksbeschlüsse faßten, befreiten sie sich sicher aus den Gefahren. Nimm also auch dieses Dekret, Gerichtsdiener, und lies es ihnen vor:

Volksbeschluß

(115) Ihr hört diesen Volksbeschluß, Männer. Daraufhin haben sie die Knochen des Verräters ausgegraben und sie aus Attika herausgeschafft und auch diejenigen, die ihn verteidigt hatten, den Aristarchos und den Alexikles,

ἀπέκτειναν καὶ οὐδ' ἐν τῇ χώρᾳ ταφῆναι ἐπέτρεψαν· ὑμεῖς δ' αὐτὸ
τὸ σῶμα τὸ προδεδωκὸς τὴν πόλιν ζῶν καὶ ὑποχείριον ἔχοντες τῇ
ψήφῳ, ἀτιμώρητον ἐάσετε; **(116)** καὶ τοσοῦτόν γ' ἔσεσθε τῶν
προγόνων χείρους ὅσον ἐκεῖνοι μὲν τοὺς λόγῳ μόνον τῷ προδότῃ
βοηθήσαντας ταῖς ἐσχάταις τιμωρίαις μετῆλθον, ὑμεῖς δὲ αὐτὸν τὸν
ἔργῳ καὶ οὐ λόγῳ τὸν δῆμον ἐγκαταλιπόντα ὡς οὐδὲν ἀδικοῦντα
ἀφήσετε; μὴ δῆτα, ὦ ἄνδρες δικασταί, ὑμῖν οὔτε πάτριον, ἀναξίως
ὑμῶν αὐτῶν ψηφίζεσθε. καὶ γὰρ εἰ μὲν ἕν τι τοιοῦτον γεγονὸς ἦν
ψήφισμα, εἶχεν ἄν τις εἰπεῖν ὡς δι' ὀργὴν μᾶλλον ἢ δι' ἀλήθειαν
ἐποιήσαντο· ὅταν δὲ παρὰ πάντων ὁμοίως εἰληφότες ὦσι τὴν αὐτὴν
τιμωρίαν, πῶς οὐκ εὔδηλον ὅτι φύσει πᾶσι τοῖς τοιούτοις ἔργοις
ἐπολέμουν; **(117)** Ἵππαρχον γὰρ τὸν Χάρμου, οὐχ ὑπομείναντα τὴν
περὶ τῆς προδοσίας ἐν τῷ δήμῳ κρίσιν, ἀλλ' ἔρημον τὸν ἀγῶνα
ἐάσαντα, θανάτῳ τούτου ζημιώσαντες, ἐπειδὴ τῆς ἀδικίας οὐκ
ἔλαβον τὸ σῶμα ὅμηρον, τὴν εἰκόνα αὐτοῦ ἐξ ἀκροπόλεως
καθελόντες καὶ συγχωνεύσαντες καὶ ποιήσαντες στήλην, ἐψηφίσαντο
εἰς ταύτην ἀναγράφειν τοὺς ἀλιτηρίους καὶ τοὺς προδότας· καὶ
αὐτὸς ὁ Ἵππαρχος ἐν ταύτῃ τῇ στήλῃ ἀναγέγραπται, καὶ οἱ ἄλλοι
δὲ προδόται. **(118)** καί μοι λαβὲ πρῶτον μὲν τὸ ψήφισμα, καθ' ὃ ἡ
εἰκὼν τοῦ Ἱππάρχου τοῦ προδότου ἐξ ἀκροπόλεως καθῃρέθη, ἔπειτα
τῆς στήλης τὸ ὑπόγραμμα καὶ τοὺς ὕστερον προσαναγραφέντας
προδότας εἰς ταύτην τὴν στήλην, καὶ ἀναγίγνωσκε, γραμματεῦ.

ΨΗΦΙΣΜΑ ΚΑΙ ΥΠΟΓΡΑΜΜΑ ΤΗΣ ΣΤΗΛΗΣ

(119) Τί δοκοῦσιν ὑμῖν, ὦ ἄνδρες; ἆρά γ' ὁμοίως ὑμῖν περὶ τῶν
ἀδικούντων γιγνώσκειν, καὶ οὐκ, ἐπειδὴ καὶ τὸ σῶμα οὐκ ἐδύναντο
ὑποχείριον [τοῦ προδότου] λαβεῖν, τὸ μνημεῖον τοῦ προδότου
ἀνελόντες ταῖς ἐνδεχομέναις τιμωρίαις ἐκόλασαν; οὐχ ὅπως τὸν
χαλκοῦν ἀνδριάντα συγχωνεύσειαν, ἀλλ' ἵνα τοῖς ἐπιγιγνομένοις
παράδειγμα εἰς τὸν λοιπὸν χρόνον ὡς εἶχον πρὸς τοὺς προδότας
καταλίποιεν.

(120) Λαβὲ δ' αὐτοῖς καὶ τὸ ἕτερον ψήφισμα <τὸ> περὶ τῶν εἰς
Δεκέλειαν μεταστάντων, ὅτε ὁ δῆμος ὑπὸ Λακεδαιμονίων
ἐπολιορκεῖτο, ὅπως εἰδῶσιν ὅτι περὶ τῶν προδοτῶν οἱ πρόγονοι
ὁμοίας καὶ ἀκολούθους ἀλλήλαις τὰς τιμωρίας ἐποιοῦντο.
ἀναγίγνωσκε, γραμματεῦ.

ließen sie hinrichten und gestatteten ihre Bestattung in der heimatlichen Erde nicht. Ihr aber, die ihr mit eurem Urteil Leib und Leben des Verräters in eurer Hand habt, wollt ihr ihn etwa ungestraft entkommen lassen? **(116)** Wollt ihr so weit als schlechtere Männer hinter euren Vorfahren zurückbleiben, daß ihr, während jene mit den härtesten Strafen Personen bestraften, welche lediglich in ihren Reden einem Verräter Hilfe geleistet hatten, diesen Angeklagten hier, der in Wort und Tat das Volk im Stich gelassen hat, freikommen lassen wollt, so als hätte er gar kein Unrecht begangen? Tut das auf keinen Fall, ihr Richter! Denn es ist weder fromm, noch entspricht es der väterlichen Sitte, wenn ihr ein Urteil sprecht, das eurer unwürdig ist. Wenn es nämlich nur ein einziges solches Dekret des Volkes geben würde, dann könnte vielleicht jemand sagen, daß sie es mehr aus Zorn als aufgrund ihrer wahren Überzeugung verabschiedet hätten. Aber wenn sie allen regelmäßig die gleiche Strafe auferlegt haben, wie ist es dann nicht völlig klar, daß sie von Natur aus die geborenen Feinde aller solcher Verbrechen waren? **(117)** Hipparchos, der Sohn des Charmos, wartete seinen Prozeß wegen Verrat vor dem Volk gar nicht ab, sondern ließ den Fall in Abwesenheit verhandeln. Die Vorfahren bestraften ihn mit dem Tode. Nachdem sie aber seine Person nicht als Geisel für sein Unrecht ergreifen konnten, nahmen sie stellvertretend sein Standbild von der Akropolis herab, schmolzen es ein und machten daraus eine Stele. Und sie faßten einen Volksbeschluß, daß darauf die Namen aller Verfluchten und Verräter aufgezeichnet werden sollten. Hipparchos selbst ist auf dieser Stele verzeichnet und auch die übrigen Verräter. **(118)** Nimm und verlies zuerst das Dekret, aufgrund dessen das Standbild des Verräters Hipparchos von der Akropolis genommen wurde, und danach die Aufschrift auf der Stele und die Namen derjenigen Verräter, die später noch auf die Stele hinzugeschrieben worden sind.

Volksbeschluß und Namensliste von der Stele

(119) Was ist euer Eindruck, ihr Männer? Hatten sie etwa die gleiche Einstellung gegenüber Übeltätern wie ihr, und haben sie nicht, als sie die Person des Verbrechers nicht in ihre Hände bekommen konnten, wenigstens das Denkmal des Verräters zerstört und ihn nach ihren Möglichkeiten bestraft? Ihr Ziel war es nicht einfach, seine Bronzestatue einzuschmelzen, sondern den Nachkommen für die Zukunft ein Beispiel zu hinterlassen, wie sie sich gegenüber Verrätern verhalten haben.

(120) Nimm für die Richter auch noch das andere Dekret über die Männer, die sich nach Dekeleia zurückgezogen haben, damals als das Volk von den Lakedaimoniern belagert wurde, damit sie wissen, daß die Vorfahren gegenüber Verrätern gleiche und miteinander übereinstimmende Strafen verhängt haben. Lies es vor, Gerichtsdiener!

ΨΗΦΙΣΜΑ

(121) Ἀκούετε, ὦ ἄνδρες, καὶ τούτου τοῦ ψηφίσματος, ὅτι τῶν ἐν τῷ πολέμῳ μεταστάντων εἰς Δεκέλειαν κατέγνωσαν, καὶ ἐψηφίσαντο, ἐάν τις αὐτῶν ἐπανιὼν ἁλίσκηται, ἀπαγαγεῖν Ἀθηναίων τὸν βουλόμενον πρὸς τοὺς θεσμοθέτας, παραλαβόντας δὲ παραδοῦναι τῷ ἐπὶ τοῦ ὀρύγματος. ἔπειτα ἐκεῖνοι μὲν τοὺς ἐν αὐτῇ τῇ χώρᾳ μεταστάντας οὕτως ἐκόλαζον, ὑμεῖς δὲ τὸν ἐκ τῆς πόλεως καὶ τῆς χώρας ἐν τῷ πολέμῳ φυγόντα εἰς Ῥόδον καὶ προδόντα τὸν δῆμον οὐκ ἀποκτενεῖτε; πῶς οὖν δόξετε ἀπόγονοι εἶναι ἐκείνων τῶν ἀνδρῶν;

(122) Ἄξιον τοίνυν ἀκοῦσαι καὶ <τοῦ> περὶ τοῦ ἐν Σαλαμῖνι τελευτήσαντος γενομένου ψηφίσματος, ὃν ἡ βουλή, ὅτι λόγῳ μόνον ἐνεχείρει προδιδόναι τὴν πόλιν, περιελομένη τοὺς στεφάνους αὐτοχειρὶ ἀπέκτεινεν. γενναῖον δ', ὦ ἄνδρες, τὸ ψήφισμα καὶ ἄξιον τῶν ὑμετέρων προγόνων, δικαίως· εὐγενεῖς γὰρ οὐ μόνον τὰς ψυχὰς ἀλλὰ καὶ τὰς τῶν ἀδικούντων τιμωρίας ἐκέκτηντο.

ΨΗΦΙΣΜΑ

(123) Τί οὖν, ὦ ἄνδρες; ἀρά γ' ὑμῖν δοκεῖ βουλομένοις μιμεῖσθαι τοὺς προγόνους πάτριον εἶναι Λεωκράτην μὴ οὐκ ἀποκτεῖναι; ὁπότε γὰρ ἐκεῖνοι ἀνάστατον τὴν πόλιν οὖσαν τὸν λόγῳ μόνον προδιδόντα οὕτως ἀπέκτειναν, τί ὑμᾶς προσήκει τὸν ἔργῳ καὶ οὐ λόγῳ τὴν οἰκουμένην ἐκλιπόντα ποιῆσαι; ἆρ' οὐχ ὑπερβαλέσθαι ἐκείνους ταῖς τιμωρίαις; καὶ ὅτ' ἐκεῖνοι τοὺς ἐπιχειρήσαντας τῆς παρὰ τοῦ δήμου σωτηρίας <τὴν πόλιν> ἀποστερεῖν οὕτως ἐκόλασαν, τί ὑμᾶς προσήκει τὸν αὐτοῦ τοῦ δήμου τὴν σωτηρίαν προδόντα ποιῆσαι; καὶ ὅτε ὑπὲρ τῆς δόξης ἐκεῖνοι τοὺς αἰτίους ἐτιμωροῦντο, τί ὑμᾶς ὑπὲρ τῆς πατρίδος προσήκει ποιεῖν;

(124) Ἱκανὰ μὲν οὖν καὶ ταῦτα τὴν τῶν προγόνων γνῶναι διάνοιαν, ὡς εἶχον πρὸς τοὺς παρανομοῦντας εἰς τὴν πόλιν· οὐ μὴν ἀλλ' ἔτι βούλομαι τῆς στήλης ἀκοῦσαι ὑμᾶς τῆς ἐν τῷ βουλευτηρίῳ περὶ τῶν προδοτῶν καὶ τῶν τὸν δῆμον καταλυόντων· τὸ γὰρ μετὰ πολλῶν παραδειγμάτων διδάσκειν ῥᾳδίαν ὑμῖν τὴν κρίσιν καθίστησι.

Volksbeschluß

(121) Ihr hört auch dieses Dekret, Männer, daß sie alle verurteilten, die sich während des Krieges nach Dekeleia zurückgezogen hatten, und den Beschluß faßten, wenn einer von ihnen bei der Rückkehr gefaßt werde, daß ihn jeder beliebige Athener, der dies wolle, vor die Thesmotheten abführen dürfe, daß diese ihn dann in Gewahrsam nehmen und dem öffentlichen Henker übergeben sollten. So haben sie damals Leute bestraft, die lediglich von einem Ort in Attika zu einem anderen gezogen waren, ihr aber wollt jemanden, der in Kriegszeiten aus der Stadt und dem attischen Land nach Rhodos geflohen ist und das Volk verraten hat, dafür nicht hinrichten? Wie wollt ihr dann noch als die Nachkommen jener Männer erscheinen?

(122) Ihr solltet auch noch das Dekret hören über den Mann, der auf Salamis hingerichtet worden ist. Der Rat hat ihn, als er auch nur versuchte, die Stadt mit einer Rede zu verraten, eigenhändig getötet, nachdem die Ratsherren ihre Kränze abgenommen hatten. Ihr Männer, es ist ein vornehmer Volksbeschluß und eurer Vorfahren würdig. Und das zu Recht. Sie hatten nicht nur einen edlen Charakter, sondern besaßen ihre Vornehmheit auch durch die Bestrafung der Übeltäter.

Volksbeschluß

(123) Was aber nun, ihr Männer? Glaubt ihr etwa, wenn ihr eure Vorfahren nachahmen wollt, daß es eurer väterlichen Sitte entspricht, den Leokrates nicht hinzurichten? Wenn diese Vorfahren einen Mann hingerichtet haben, der die Stadt, als sie schon zerstört war, lediglich mit seiner Rede verraten hat, was ist dann eure Pflicht zu tun mit einem Mann, der in der Tat (und nicht nur in Worten) seine Stadt verraten hat, und zwar, als sie noch bewohnt war? Müßtet ihr jene nicht eigentlich in der Strenge der Strafe übertreffen? Jene haben damals diejenigen so bestraft, welche versuchten, (die Stadt) ihrer Sicherheit zu berauben, die das Volk garantierte. Was müßt ihr denn dann anfangen mit einem Mann, der die Sicherheit des Volkes selbst verraten hat? Und wenn sie damals jene Schuldigen mit Rücksicht auf ihr Ansehen bestraften, was ist dann eure Pflicht zu tun im Interesse des Vaterlandes?

(124) Diese Beispiele mögen genügen, um die Einstellung der Vorfahren zu erkennen, wie sie sich verhalten haben gegenüber Leuten, welche die Gesetze der Polis gebrochen haben. Ich möchte aber, daß ihr noch etwas über die Stele im Rathaus hört, auf der Verräter und Feinde der Demokratie verzeichnet sind. Die Belehrung durch viele Beispiele macht euch nämlich die Entscheidung leicht.

μετὰ γὰρ τοὺς τριάκοντα οἱ πατέρες ὑμῶν, πεπονθότες ὑπὸ τῶν πολιτῶν οἷα οὐδεὶς πώποτε τῶν ᾿Ελλήνων ἠξίωσε, καὶ μόλις εἰς τὴν ἑαυτῶν κατεληλυθότες, ἁπάσας τὰς ὁδοὺς τῶν ἀδικημάτων ἐνέφραξαν, πεπειραμένοι καὶ εἰδότες τὰς ἀρχὰς καὶ τὰς ἐφόδους τῶν τὸν δῆμον προδιδόντων. **(125)** ἐψηφίσαντο γὰρ καὶ ὤμοσαν, ἐάν τις τυραννίδι ἐπιτιθῆται ἢ τὴν πόλιν προδιδῷ ἢ τὸν δῆμον καταλύῃ, τὸν αἰσθανόμενον καθαρὸν εἶναι ἀποκτείναντα, καὶ κρεῖττον ἔδοξεν αὐτοῖς τοὺς τὴν αἰτίαν ἔχοντας τεθνάναι μᾶλλον ἢ πειραθέντας μετὰ ἀληθείας αὐτοὺς δουλεύειν· ἀρχὴν γὰρ οὕτως ᾤοντο δεῖν ζῆν τοὺς πολίτας, ὥστε μηδ᾿ εἰς ὑποψίαν ἐλθεῖν μηδένα τούτων τῶν ἀδικημάτων. καί μοι λαβὲ τὸ ψήφισμα.

ΨΗΦΙΣΜΑ

(126) Ταῦτα, ὦ ἄνδρες, ἔγραψαν εἰς τὴν στήλην, καὶ ταύτην ἔστησαν εἰς τὸ βουλευτήριον, ὑπόμνημα τοῖς καθ᾿ ἑκάστην ἡμέραν συνιοῦσι καὶ βουλευομένοις ὑπὲρ τῆς πατρίδος, ὡς δεῖ πρὸς τοὺς τοιούτους ἔχειν. καὶ διὰ τοῦτο ἄν τις αἴσθηται μόνον μέλλοντας αὐτοὺς τούτων τι ποιεῖν, ἀποκτενεῖν συνώμοσαν, εἰκότως· τῶν μὲν γὰρ ἄλλων ἀδικημάτων ὑστέρας δεῖ τετάχθαι τὰς τιμωρίας, προδοσίας δὲ καὶ δήμου καταλύσεως προτέρας. εἰ γὰρ προήσεσθε τοῦτον τὸν καιρόν, ἐν ᾧ μέλλουσιν ἐκεῖνοι κατὰ τῆς πατρίδος φαῦλόν τι πράττειν, οὐκ ἔστιν ὑμῖν μετὰ ταῦτα δίκην παρ᾿ αὐτῶν ἀδικούντων λαβεῖν· κρείττους γὰρ ἤδη γίγνονται τῆς παρὰ τῶν ἀδικουμένων τιμωρίας.

(127) ᾿Ενθυμεῖσθε τοίνυν, ὦ ἄνδρες, τῆς προνοίας ταύτης καὶ τῶν ἔργων ἀξίως, καὶ μὴ ἐπιλανθάνεσθε ἐν τῇ ψήφῳ οἵων ἀνδρῶν ἔκγονοί ἐστε, ἀλλὰ παρακελεύεσθε ὑμῖν αὐτοῖς, ὅπως ὅμοια ἐκείνοις καὶ ἀκόλουθα ἐν τῇ τήμερον ἡμέρᾳ ἐψηφισμένοι ἐκ τοῦ δικαστηρίου ἐξίητε. ὑπομνήματα δ᾿ ἔχετε καὶ παραδείγματα τῆς ἐκείνων τιμωρίας τὰ ἐν τοῖς περὶ τῶν ἀδικούντων ψηφίσμασιν ὡρισμένα·

Nach der Herrschaft der 'Dreißig', als eure Väter von den eigenen Mitbürgern erduldet hatten, was kein Hellene jemals irgendjemandem anzutun für richtig gehalten hat, und als sie nur mit Mühe wieder die Rückkehr in ihr eigenes Land geschafft hatten, da versperrten sie alle Wege zum Verbrechen, weil sie aus leidvoller Erfahrung die ersten Schritte und die Angriffsmethoden derjenigen kannten, die das Volk (und seine Demokratie) verraten wollten. (125) Sie faßten einen Volksbeschluß und schworen Eide, wenn jemand versuchen sollte, eine Tyrannis zu errichten oder die Polis zu verraten oder die Demokratie abzuschaffen, dürfe jedermann, der dies bemerkte, jenen straflos und ohne eine rituelle Befleckung töten. Sie glaubten nämlich, es sei besser, daß Leute sterben sollten, die solcher Verbrechen beschuldigt würden, als daß sie selbst in die Knechtschaft fallen sollten, nachdem sie eine Untersuchung der Wahrheit solcher Vorwürfe unternommen hätten. Zu allererst aber waren sie der Auffassung, die Bürger sollten so leben, daß jemand nicht einmal unter Verdacht gerate wegen solcher Verbrechen. Nimm auch dieses Dekret!

Volksbeschluß

(126) Diese Worte schrieben sie auf die Stele und stellten diese im Rathaus auf, um diejenigen, die dort jeden Tag zusammenkommen und über das Wohl des Vaterlandes beraten, daran zu erinnern, wie man sich gegenüber solchen Männern verhalten soll. Und deswegen haben sie auch zu Recht den Eid geschworen, Personen zu töten, von denen jemand auch nur bemerkte, daß sie die Absicht hätten, eines dieser Verbrechen zu begehen. Denn bei anderen Verbrechen soll eine Bestrafung erst nach dem Verbrechen erfolgen, im Falle von Verrat und Umsturz der Demokratie jedoch vorher. Wenn ihr nämlich einmal den günstigen Moment vorbeigehen laßt, in dem jene Übeltäter gerade erst im Begriff stehen, ein Verbrechen gegen das Vaterland zu begehen, dann ist es danach gar nicht mehr möglich, die Verbrecher für ihre Übeltaten zu bestrafen. Denn sie sind bereits zu mächtig geworden, als daß sie noch durch die bestraft werden könnten, denen sie Unrecht getan haben.

(127) Bedenkt also in angemessener Weise diese Voraussicht und diese edlen Taten. Und vergeßt nicht bei eurer Abstimmung, von welchen Männern ihr abstammt, sondern fordert euch untereinander auf, daß ihr das Gericht heute erst verlassen sollt, nachdem ihr ein Urteil gefällt habt, das den Urteilen jener Vorfahren gleicht und ihnen entspricht. Ihr habt Stützen eurer Erinnerung und Beispiele für die Strafen, die jene verhängt haben, in den Volksbeschlüssen über die Verbrecher formuliert.

διομωμόκατε δ' ἐν τῷ ψηφίσματι τῷ Δημοφάντου κτενεῖν τὸν τὴν πατρίδα προδιδόντα καὶ λόγῳ καὶ ἔργῳ καὶ χειρὶ καὶ ψήφῳ. μὴ γὰρ οἴεσθε τῶν μὲν οὐσιῶν, ἃς ἄν οἱ πρόγονοι καταλίπωσι, κληρονόμοι εἶναι, τῶν δ' ὅρκων καὶ τῆς πίστεως, ἣν δόντες οἱ πατέρες ὑμῶν ὅμηρον τοῖς θεοῖς τῆς κοινῆς εὐδαιμονίας τῆς πόλεως μετεῖχον, ταύτης δὲ μὴ κληρονομεῖν.

(128) Οὐ μόνον τοίνυν ἡ πόλις ὑμῶν οὕτως ἔσχε πρὸς τοὺς προδιδόντας ἀλλὰ καὶ Λακεδαιμόνιοι. Καὶ μή μοι ἀχθεσθῆτε, ὦ ἄνδρες, εἰ πολλάκις μέμνημαι τῶν ἀνδρῶν τούτων· καλὸν γάρ ἐστ' ἐκ πόλεως εὐνομουμένης περὶ τῶν δικαίων παραδείγματα λαμβάνειν, <ἵν'> ἀσφαλέστερον ἕκαστος ὑμῶν τὴν δικαίαν καὶ τὴν εὔορκον ψῆφον θῆται. Παυσανίαν γὰρ τὸν βασιλέα αὐτῶν προδιδόντα τῷ Πέρσῃ τὴν Ἑλλάδα λαβόντες, ἐπειδὴ ἔφθασε καταφυγὼν εἰς τὸ τῆς Χαλκιοίκου ἱερόν, τὴν θύραν ἀποικοδομήσαντες, καὶ τὴν ὀροφὴν ἀποσκευάσαντες, καὶ κύκλῳ περιστρατοπεδεύσαντες, οὐ πρότερον ἀπῆλθον πρὶν ἢ τῷ λιμῷ ἀπέκτειναν, **(129)** καὶ πᾶσιν ἐπίσημον ἐποίησαν τὴν τιμωρίαν, ὅτι οὐδ' αἱ παρὰ τῶν θεῶν ἐπικουρίαι τοῖς προδόταις βοηθοῦσιν, εἰκότως· οὐδὲν γὰρ πρότερον ἀδικοῦσιν ἢ περὶ τοὺς θεοὺς ἀσεβοῦσι τῶν πατρίων νομίμων αὐτοὺς ἀποστεροῦντες. μέγιστον δὲ τῶν ἐκεῖ γεγενημένων τεκμήριόν ἐστιν ὃ μέλλω λέγειν· νόμον γὰρ ἔθεντο περὶ ἁπάντων τῶν μὴ 'θελόντων ὑπὲρ τῆς πατρίδος κινδυνεύειν, διαρρήδην λέγοντα ἀποθνήσκειν, εἰς αὐτὸ τοῦτο τὴν τιμωρίαν τάξαντες, εἰς ὃ μάλιστα φοβούμενοι τυγχάνουσι, καὶ τὴν ἐκ τοῦ πολέμου σωτηρίαν ὑπεύθυνον ἐποίησαν κινδύνῳ μετ' αἰσχύνης. ἵνα δ' εἰδῆτε ὅτι οὐ λόγον ἀναπόδεικτον εἴρηκα, ἀλλὰ μετ' ἀληθείας παραδείγματα, φέρε αὐτοῖς τὸν νόμον.

ΝΟΜΟΣ ΛΑΚΕΔΑΙΜΟΝΙΩΝ

(130) Ἐνθυμεῖσθε δὴ, ὡς καλὸς ὁ νόμος, ὦ ἄνδρες, καὶ σύμφορος οὐ μόνον ἐκείνοις ἀλλὰ καὶ τοῖς ἄλλοις ἀνθρώποις. ὁ γὰρ παρὰ τῶν πολιτῶν φόβος ἰσχυρὸς ὢν ἀναγκάσει τοὺς πρὸς τοὺς πολεμίους κινδύνους ὑπομένειν· τίς γὰρ ὁρῶν θανάτῳ ζημιούμενον τὸν προδότην ἐν τοῖς κινδύνοις ἐκλείψει τὴν πατρίδα;

Und in dem Dekret des Demophantos habt ihr geschworen, denjenigen durch Wort und Tat, durch eure eigene Hand und eure Stimme als Richter zu töten, der das Vaterland verrät. Glaubt nämlich nicht, daß ihr lediglich den materiellen Besitz, den eure Vorfahren hinterlassen haben, als Erben übernommen habt, daß ihr aber das Erbe der Eide und des Gelöbnisses nicht angetreten hättet, das eure Väter den Göttern als ein Sicherheitspfand gegeben haben und dadurch Anteil hatten an der allgemeinen Wohlfahrt der Polis.

(128) Und eure Polis war nicht die einzige, die sich gegenüber Verrätern so verhielt, sondern die Spartaner handelten ebenso. Und werdet nicht ärgerlich über mich, ihr Männer, wenn ich oft an diese Männer erinnere. Ist es doch eine gute Sache, Beispiele aus einer Stadt zu nehmen, die von guten Gesetzen gerecht geleitet wird, damit jeder von euch Richtern mit größerer Sicherheit sein gerechtes und dem Eid gemäßes Urteil fällt. Als die Spartaner ihren König Pausanias, welcher Griechenland an den Perser(-könig) verraten wollte, ergriffen hatten, da gelang ihm die Flucht in den Tempel der (Athena) Chalkioikos. Die Spartaner aber mauerten den Eingang zu, deckten das Tempeldach ab und belagerten das Heiligtum ringsum mit Truppen. Und sie zogen nicht eher ab, bis sie ihn durch Aushungern zu Tode gebracht hatten. (129) Damit machten sie diese Bestrafung zu einem deutlichen Zeichen dafür, daß einem Verräter auch die Hilfe von Seiten der Götter (scil. der Tempel als Asylort) keinen wirksamen Beistand leisten kann. Und daran haben sie recht getan. Denn Frevel gegen die Götter ist das erste Verbrechen, das sie begehen, indem sie diese ihrer traditionellen Kulte berauben. Den größten Beweis für das, was damals geschehen ist, will ich euch aber nun erst noch sagen: Sie erließen ein Gesetz, daß wortwörtlich sagte, daß alle sterben müßten, die nicht bereit seien, ihr Leben für das Vaterland zu riskieren. Sie setzten genau das als Strafe fest (den Tod), was alle Feiglinge besonders fürchten, und das Überleben im Krieg machten sie zum Gegenstand einer gefährlichen Untersuchung, die Schande bringen konnte. Damit ihr nun wißt, daß ich keine bloße Geschichte ohne Beweise erzählt habe, sondern wahrheitsgemäße Beispiele, nimm auch dieses Gesetz für die Richter!

Gesetz der Spartaner

(130) Bedenkt, ihr Männer, was das für ein schönes Gesetz ist, und ein nützliches nicht nur für jene Spartaner, sondern auch für die anderen Menschen. Die Furcht vor den eigenen Mitbürgern ist nämlich eine starke Kraft. Sie wird dazu zwingen, stand zu halten im Angesicht der Gefahren durch die Feinde. Denn wer wird in Zeiten der Gefahr noch sein Vaterland im Stich lassen, wenn er sieht, daß der Verräter mit dem Tode bestraft wird?

ἢ τίς παρὰ τὸ συμφέρον τῆς πόλεως φιλοψυχήσει, εἰδὼς
ὑποκειμένην αὐτῷ <ταύτην> τιμωρίαν; οὐδεμίαν γὰρ ἄλλην δεῖ
ζημίαν εἶναι τῆς δειλίας ἢ θάνατον· εἰδότες γὰρ ὅτι δυοῖν
κινδύνοιν ὑποκειμένοιν ἀναγκαῖον ἔσται θατέρου μετασχεῖν, πολὺ
μᾶλλον αἱρήσονται τὸν πρὸς τοὺς πολεμίους ἢ τὸν πρὸς τοὺς
νόμους καὶ τοὺς πολίτας.

(131) Τοσούτῳ δ' ἂν δικαιότερον οὗτος ἀποθάνοι τῶν ἐκ τῶν
στρατοπέδων φευγόντων, ὅσον οἱ μὲν εἰς τὴν πόλιν ἥκουσιν ὡς
ὑπὲρ ταύτης μαχούμενοι ἢ κοινῇ μετὰ τῶν ἄλλων πολιτῶν
συνατυχήσοντες, οὑτοσὶ δ' ἐκ τῆς πατρίδος ἔφυγεν, ἰδίᾳ τὴν
σωτηρίαν ποριζόμενος, οὐδ' ὑπὲρ τῆς ἰδίας ἑστίας ἀμύνεσθαι
τολμήσας, ἀλλὰ μόνος οὗτος τῶν πάντων ἀνθρώπων καὶ τὰ τῆς
φύσεως οἰκεῖα καὶ ἀναγκαῖα προδέδωκεν, ἃ καὶ τοῖς ἀλόγοις ζῴοις
μέγιστα καὶ σπουδαιότατα διείληπται. **(132)** τὰ γοῦν πετεινά, ἃ
μάλιστα πέφυκε πρὸς τάχος, ἔστιν ἰδεῖν ὑπὲρ τῆς αὑτῶν νεοττιᾶς
ἐθέλοντα ἀποθνήσκειν· ὅθεν καὶ τῶν ποιητῶν τινες εἰρήκασιν·

(οὐδ' ἀγρία γὰρ ὄρνις, ἣν πλάσῃ δόμον,
ἄλλην νεοσσοὺς ἠξίωσεν ἐντεκεῖν.)

Ἀλλὰ Λεωκράτης τοσοῦτον ὑπερβέβηκε δειλίᾳ ὥστε τὴν πατρίδα
τοῖς πολεμίοις ἐγκατέλιπε.

(133) τοιγαροῦν οὐδεμία πόλις αὐτὸν εἴασε παρ' αὑτῇ μετοικεῖν, ἀλλὰ
μᾶλλον τῶν ἀνδροφόνων ἤλαυνεν, εἰκότως· οἱ μὲν γὰρ φόνου
φεύγοντες εἰς ἑτέραν πόλιν μεταστάντες οὐκ ἔχουσιν ἐχθροὺς τοὺς
ὑποδεξαμένους, τοῦτον δὲ τίς ἂν ὑποδέξαιτο πόλις; ὃς γὰρ ὑπὲρ
τῆς αὑτοῦ πατρίδος οὐκ ἐβοήθησε, ταχύ γ' ἂν ὑπὲρ τῆς ἀλλοτρίας
κίνδυνόν τιν' ὑπομείνειεν. κακοὶ γὰρ καὶ πολῖται καὶ ξένοι καὶ ἰδίᾳ
φίλοι οἱ τοιοῦτοι τῶν ἀνθρώπων εἰσίν, οἳ τῶν μὲν ἀγαθῶν τῶν τῆς
πόλεως μεθέξουσιν, ἐν δὲ ταῖς ἀτυχίαις οὐδὲ βοηθείας ἀξιώσουσι.
(134) καίτοι τὸν ὑπὸ τῶν μηδὲν ἀδικουμένων μισούμενον καὶ
ἐξελαυνόμενον τί δεῖ παθεῖν ὑφ' ὑμῶν τῶν τὰ δεινότατα πεπονθότων;
ἆρ' οὐ τῆς ἐσχάτης τιμωρίας τυγχάνειν;

Wer wird sein eigenes Leben mehr lieben als das, was für die Polis nützlich ist, wenn er weiß, daß ihm diese Strafe droht? Es sollte gar keine andere Strafe für Feigheit geben als den Tod. Denn wenn man weiß, daß es zwei Gefahren gibt, von denen man sich notwendigerweise einer stellen muß, dann werden die Leute lieber die Gefahr wählen, die im Kampf gegen die Feinde liegt, als diejenige, die sich aus einer Auseinandersetzung mit den Gesetzen und ihren Mitbürgern ergibt.

(131) Dieser (Angeklagte) verdient den Tod noch viel mehr mit Recht als die Deserteure, die aus dem Feldlager geflohen sind. Denn diese Deserteure sind ja wieder in die Stadt zurückgekommen, um für sie zu kämpfen oder doch wenigstens mit den anderen Bürgern gemeinsam die Schicksalsschläge zu ertragen. Dieser hier aber ist aus seinem Vaterland geflohen, um einen Weg zu seiner eigenen Rettung zu finden, und er hatte nicht den Mut, seinen eigenen Herd zu verteidigen. Als einziger von allen Menschen hat er auch die natürlichen Bindungen der Verwandtschaft und Familie verraten, die selbst noch unter den vernunftlosen Tieren als die bedeutendsten und am meisten ernst zu nehmenden gelten. (132) So kann man sehen, wie auch Vögel, die doch von Natur aus zu einer schnellen Flucht besonders gut ausgestattet sind, bereit sind, für ihr Nest mit ihren Jungtieren zu sterben. Daher haben ja auch einige der Dichter gesagt:

("Denn auch der wilde Vogel hält es nicht für richtig, daß die Brut eines anderen in das Nest gelegt wird, das er gebaut hat.")

Doch Leokrates trieb seine Feigheit zu einem solchen äußersten Grad, daß er sein Vaterland den Feinden überließ.

(133) Daher hat ihm auch keine Polis erlaubt, dort als Metoike zu wohnen, sondern vertrieb ihn noch schneller als einen Mörder, und das zu Recht. Menschen, die wegen eines Tötungsdeliktes fliehen müssen und sich in eine andere Stadt begeben, treffen dort auf diejenigen, die sie aufnehmen, nicht als ihre persönlichen Feinde; welche Polis aber könnte diesen hier wohl aufnehmen? Einer, der seinem eigenen Vaterland keine Hilfe leisten wollte, der würde sich doch wohl gewiß für ein fremdes Land der Gefahr stellen! Solche Menschen sind schlechte Bürger, schlechte auswärtige Gastfreunde und auch im privaten Leben schlechte Freunde, die zwar an den Vorzügen, die eine Polis bietet, ihren Anteil haben wollen, aber es nicht für richtig halten, ihr in Unglücksfällen auch zu helfen. (134) Wenn dieser Mann schon denjenigen verhaßt ist, die kein Unrecht von ihm erlitten haben, und sie ihn vertrieben haben, welche Strafe verdient er dann von euch, die ihr das Ungeheuerlichste von ihm erduldet habt? Verdient er etwa nicht die härteste Strafe?

καὶ μήν, ὦ ἄνδρες, τῶν πώποτε προδοτῶν δικαιότατ' ἂν Λεωκράτης, εἴ τις μείζων εἴη τιμωρία θανάτου, ταύτην ὑπόσχοι. οἱ μὲν γὰρ ἄλλοι προδόται, μέλλοντες ἀδικεῖν ὅταν ληφθῶσι, τιμωρίαν ὑπέχουσιν· οὗτος δὲ μόνος διαπεπραγμένος, ὅπερ ἐπεχείρησε, τὴν πόλιν ἐγκαταλιπὼν κρίνεται.

(135) Θαυμάζω δὲ καὶ τῶν συνηγορεῖν αὐτῷ μελλόντων, διὰ τι ποτε τοῦτον ἀξιώσουσιν ἀποφυγεῖν. πότερον διὰ τὴν πρὸς αὐτοὺς φιλίαν; ἀλλ' ἔμοιγε δοκοῦσι δικαίως οὐκ ἂν χάριτος τυχεῖν ἀλλ' ἀποθανεῖν, ὅτι χρῆσθαι τούτῳ τολμῶσι. πρὶν μὲν γὰρ τοῦτο πρᾶξαι Λεωκράτην, ἄδηλον ἦν ὁποῖοί τινες ὄντες ἐτύγχανον, νῦν δὲ πᾶσι φανερὸν ὅτι τοῖς αὐτοῖς ἤθεσι χρώμενοι τὴν πρὸς τοῦτον φιλίαν διαφυλάττουσιν, ὥστε πολὺ πρότερον ὑπὲρ αὐτῶν αὐτοῖς ἐστιν ἀπολογητέον ἢ τοῦτον παρ' ὑμῶν ἐξαιτητέον.

(136) Ἡγοῦμαι δ' ἔγωγε καὶ τὸν πατέρα αὐτῷ τὸν τετελευτηκότα, εἴ τις ἄρ' ἔστιν αἴσθησις τοῖς ἐκεῖ περὶ τῶν ἐνθάδε γιγνομένων, ἁπάντων ἂν χαλεπώτατον γενέσθαι δικαστήν, οὗ τὴν χαλκῆν εἰκόνα ἔκδοτον κατέλιπε τοῖς πολεμίοις ἐν τῷ τοῦ Διὸς <τοῦ> Σωτῆρος ἱεροσυλῆσαι καὶ αἰκίσασθαι, καὶ ἣν ἐκεῖνος ἔστησε μνημεῖον τῆς αὑτοῦ μετριότητος, ταύτην αὐτὸς ἐπονείδιστον ἐποίησε· τοιούτου γὰρ υἱοῦ πατὴρ προσαγορεύεται. (137) διὸ καὶ πολλοί μοι προσεληλύθασιν, ὦ ἄνδρες, ἐρωτῶντες, διὰ τί οὐκ ἐνέγραψα τοῦτο εἰς τὴν εἰσαγγελίαν, προδεδωκέναι τὴν εἰκόνα τὴν τοῦ πατρὸς τὴν ἐν τῷ τοῦ Διὸς τοῦ Σωτῆρος ἀνακειμένην. ἐγὼ δ', ὦ ἄνδρες, οὐκ ἠγνόουν τοῦτο τἀδίκημ' ἄξιον τῆς μεγίστης τιμωρίας, ἀλλ' οὐχ ἡγούμην δεῖν περὶ προδοσίας τοῦτον κρίνων ὄνομα Διὸς Σωτῆρος ἐπιγράψαι πρὸς τὴν εἰσαγγελίαν.

(138) Ἐκπέπληγμαι δὲ μάλιστα ἐπὶ τοῖς μήτε γένει μήτε φιλίᾳ μηδὲν προσήκουσι, μισθοῦ δὲ συναπολογουμένοις ἀεὶ τοῖς κρινομένοις, εἰ λελήθασιν ὑμᾶς τῆς ἐσχάτης ὀργῆς δικαίως ἂν τυγχάνοντες. τὸ γὰρ ὑπὲρ τῶν ἀδικησάντων ἀπολογεῖσθαι τεκμήριόν ἐστιν ὅτι καὶ τῶν πεπραγμένων οἱ τοιοῦτοι ἂν μετάσχοιεν.

Und gewiß, ihr Männer, wenn es eine härtere Strafe als die Todesstrafe überhaupt gäbe, dann verdiente sie von allen Verrätern, die es jemals gab, niemand mehr zu Recht als Leokrates. Andere Verräter nämlich wurden bestraft, als sie ergriffen wurden, während sie gerade erst im Begriff waren, ihren Verrat zu begehen. Dieser hier alleine aber steht vor Gericht, nachdem er den Verrat, den er begehen wollte, gänzlich ausgeführt hat, indem er die Polis im Stich gelassen hat.

(135) Ich wundere mich darüber, daß es überhaupt Leute gibt, die als Fürsprecher für ihn auftreten wollen. Aus welchem Grund halten sie es für angemessen, das er freigesprochen wird? Etwa wegen der Freundschaft zu ihnen? Meiner Meinung nach verdienen sie hierfür zu Recht keinen Dank, sondern ebenfalls die Todesstrafe, weil sie die Unverfrorenheit besitzen, mit diesem Menschen freundschaftlichen Umgang zu pflegen. Bevor Leokrates dieses Verbrechen beging, war es noch undeutlich, um welche Leute es sich hier handelt. Jetzt aber ist allen klar, daß sie deswegen die Freundschaft zu diesem Mann bewahren, weil sie die gleichen schlechten Charaktereigenschaften haben. Daher sollten sie sich hier viel eher selbst verteidigen müssen, als daß sie euch für diesen um Gnade bitten dürfen.

(136) Wenn die Toten dort (in ihrer Welt) etwas davon erfahren, was hier auf der Erde geschieht, dann glaube ich, daß sein eigener Vater, der bereits verstorben ist, der strengste Richter von allen sein würde. Denn Leokrates hat dessen Bronzestatue im Tempel des Zeus 'des Erretters' (Soter) im Stich gelassen und den Feinden ausgeliefert zur Plünderung und Mißhandlung. Die gleiche Bronzestatue, die jener aufgestellt hatte als Denkmal seiner eigenen aufrichtigen Bescheidenheit, hat Leokrates zu einem Objekt des Tadels gemacht. Denn er heißt jetzt Vater eines solchen Sohnes. (137) Daher sind auch viele Leute auf mich zugetreten, ihr Männer, und haben mich gefragt, warum ich denn nicht in meine Anzeige auch geschrieben habe, daß er das Bronzestandbild seines Vaters verraten hat, das im Tempel des Zeus Soter aufgestellt ist. Ich wußte zwar genau, ihr Männer, daß dieses Verbrechen die schwerste Strafe verdient, aber ich hielt es nicht für angemessen, in diese Anzeige den Namen des Zeus 'des Erretters' zu schreiben, während ich diesen Mann wegen Verrates anklagte.

(138) Ganz besonders bin ich schockiert über Leute, die weder blutsmäßig verwandt noch durch Bande der Freundschaft verpflichtet sind, sondern regelmäßig gegen Geldzahlungen als Verteidiger für Angeklagte auftreten, wenn es euch entgeht, daß diese Menschen zu Recht euren heftigsten Zorn verdient hätten. Verbrecher zu verteidigen ist nämlich ein Beweis dafür, daß ihre Verteidiger auch einen Anteil an solchen Taten haben könnten.

οὐ γὰρ δεῖ καθ' ὑμῶν γεγενῆσθαι δεινὸν ἀλλ' ὑπὲρ ὑμῶν καὶ τῶν νόμων καὶ τῆς δημοκρατίας.

(139) Καίτοι τινὲς αὐτῶν οὐκέτι τοῖς λόγοις ὑμᾶς παρακρούσασθαι ζητοῦσιν, ἀλλ' ἤδη ταῖς αὐτῶν λῃτουργίαις ἐξαιτεῖσθαι τοὺς κρινομένους ἀξιώσουσιν· ἐφ' οἷς ἔγωγε καὶ μάλιστ' ἀγανακτῶ. εἰς γὰρ τὸν ἴδιον οἶκον αὐτὰς περιποιησάμενοι, κοινὰς χάριτας ὑμᾶς ἀπαιτοῦσιν. οὐ γὰρ εἴ τις ἱπποτρόφηκεν ἢ κεχορήγηκε λαμπρῶς ἢ τῶν ἄλλων τῶν τοιούτων τι δεδαπάνηκεν, ἄξιός ἐστι παρ' ὑμῶν τοιαύτης χάριτος (ἐπὶ τούτοις γὰρ αὐτὸς μόνος στεφανοῦται, τοὺς ἄλλους οὐδὲν ὠφελῶν), ἀλλ' εἴ τις τετριηράρχηκε λαμπρῶς ἢ τείχη τῇ πατρίδι περιέβαλεν ἢ πρὸς τὴν κοινὴν σωτηρίαν ἐκ τῶν ἰδίων συνευπόρησε· **(140)** ταῦτα γάρ ἐστι κοινῶς ὑπὲρ ὑμῶν ἁπάντων, καὶ ἐν μὲν τούτοις ἔστιν ἰδεῖν τὴν ἀρετὴν τῶν ἐπιδεδωκότων, ἐν ἐκείνοις δὲ τὴν εὐπορίαν μόνον τῶν δεδαπανηκότων. ἡγοῦμαι δ' ἔγωγε οὐδέν' οὕτω μεγάλα τὴν πόλιν εὐηργετηκέναι, ὥστ' ἐξαίρετον ἀξιοῦν λαμβάνειν χάριν τὴν κατὰ τῶν προδιδόντων τιμωρίαν, οὐδ' οὕτως ἀνόητον ὥστε φιλοτιμεῖσθαι μὲν πρὸς τὴν πόλιν, τούτῳ δὲ βοηθεῖν ὃς αὐτοῦ πρῶτου τὰς φιλοτιμίας ἠφάνισεν· εἰ μὴ νὴ Δία μὴ ταὐτὰ τῇ πατρίδι καὶ τούτοις ἐστὶ συμφέροντα.

(141) Ἐχρῆν μὲν οὖν, ὦ ἄνδρες, εἰ καὶ περὶ οὐδενὸς ἄλλου νόμιμόν ἐστι παῖδας καὶ γυναῖκας παρακαθισαμένους ἑαυτοῖς τοὺς δικαστὰς δικάζειν, ἀλλ' οὖν γε περὶ προδοσίας κρίνοντας οὕτως ὅσιον εἶναι τοῦτο πράττειν, ὅπως ὁπόσοι τοῦ κινδύνου μετεῖχον ἐν ὀφθαλμοῖς ὄντες, καὶ ὁρώμενοι καὶ ἀναμιμνήσκοντες ὅτι τοῦ κοινοῦ παρὰ πᾶσιν ἐλέου οὐκ ἠξιώθησαν, πικροτέρας τὰς γνώσεις κατὰ τοῦ ἀδικοῦντος παρεσκεύαζον. ἐπειδὴ δ' οὐ νόμιμον οὐδ' εἰθισμένον ἐστίν, ἀλλ' ἀναγκαῖον ὑμᾶς ὑπὲρ ἐκείνων δικάζειν, τιμωρησάμενοι γοῦν Λεωκράτη καὶ ἀποκτείναντες αὐτὸν ἀπαγγείλατε τοῖς ὑμετέροις αὐτῶν παισὶ καὶ γυναιξίν, ὅτι ὑποχείριον λαβόντες τὸν προδότην αὐτῶν ἐτιμωρήσασθε.

Man soll nämlich seine rhetorischen Fähigkeiten nicht gegen euch, sondern in eurem Interesse und für die Gesetze und die Demokratie einsetzen.

(139) Einige von diesen Leuten versuchen nun nicht mehr, euch mit Scheinargumenten hinters Licht zu führen, sondern halten es für richtig, mit Berufung auf ihre eigenen Leistungen für die Polis (Leiturgien) um einen Freispruch für die Angeklagten zu bitten. Diese Leute machen mich fast krank vor Empörung. Nachdem sie diese Leistungen zum Nutzen ihres eigenen Hauses erbracht haben, fordern sie von euch als Gegenleistung öffentlichen Dank. Denn wenn jemand Pferde gezüchtet oder einen Chor prächtig ausgestattet oder Geld ausgegeben hat für irgendetwas anderes von dieser Art, dann verdient er einen solchen öffentlichen Dank von eurer Seite nicht; denn für diese Dinge wird er ja auch als einziger mit einem Kranz ausgezeichnet, während er den anderen Bürgern keinen Nutzen bringt. Vielmehr verdient er öffentlichen Dank, wenn er auf glänzende Weise ein Kriegsschiff auf eigene Kosten ausgerüstet hat oder auf seine Kosten Mauern rings um seine Heimatstadt hat bauen lassen oder aus seinem privaten Vermögen großzügig einen finanziellen Beitrag zur allgemeinen Rettung geleistet hat. **(140)** Dies sind Leistungen, die für euch alle im Interesse des Gemeinwohls erbracht werden, und an solchen Leistungen könnt ihr die Bürgertugend derjenigen erkennen, die einen Beitrag geleistet haben, während ihr an jenen Ausgaben lediglich den großen Reichtum der Spender erkennen könnt. Meiner Meinung nach gibt es niemanden, welcher der Polis so große Wohltaten erwiesen hätte, daß er das Recht dazu hätte, als Dank dafür um den Freispruch von Verrätern zu bitten. Ich glaube auch nicht, daß jemand so unvernünftig ist, daß er sich einerseits eifrig für die Polis einsetzt und andererseits diesem hier helfen will, der doch die Früchte dieses eifrigen Einsatzes auslöschen wollte. Es sei denn, beim Zeus, daß nicht das Gleiche im Interesse des Vaterlandes und dieser Leute liegen sollte.

(141) Wenn es auch in Gerichtsverhandlungen über alle andere Angelegenheit nicht dem Brauch entspricht, daß neben den Richtern ihre Frauen und Kinder sitzen, wenn sie ihr Urteil fällen, dann sollte dies doch so eingerichtet sein, wenn sie über Fälle von Verrat verhandeln, damit sie diejenigen direkt vor Augen haben, die an der Gefahr ihren Anteil hatten, und bei ihrem Anblick daran erinnert werden, daß die Verräter das bei allen Menschen übliche allgemeine Mitleid nicht verdient haben, und dann schärfere Urteile gegen einen Verbrecher fällen. Nachdem aber weder das Gesetz noch der Brauch dies erlauben, müßt ihr euer Urteil im Interesse jener Angehörigen fällen. Nachdem ihr den Leokrates bestraft und hingerichtet habt, berichtet euren Kindern und Frauen, daß ihr denjenigen bestraft habt, der sie verraten hat, als ihr ihn in eurer Hand hattet.

(142) καὶ γὰρ δεινὸν καὶ σχέτλιον, ὅταν νομίζῃ δεῖν Λεωκράτης ἴσον ἔχειν ὁ φυγὼν ἐν τῇ τῶν μεινάντων πόλει, καὶ ὁ μὴ κινδυνεύσας ἐν τῇ τῶν παραταξαμένων, καὶ ὁ μὴ διαφυλάξας ἐν τῇ τῶν σωσάντων, ἀλλ' ἤκῃ ἱερῶν θυσιῶν ἀγορᾶς νόμων πολιτείας μεθέξων, ὑπὲρ ὧν τοῦ μὴ καταλυθῆναι χίλιοι τῶν ὑμετέρων πολιτῶν ἐν Χαιρωνείᾳ ἐτελεύτησαν καὶ δημοσίᾳ αὐτοὺς ἡ πόλις ἔθαψαν· ὧν οὗτος οὐδὲ τὰ ἐλεγεῖα τὰ ἐπιγεγραμμένα τοῖς μνημείοις ἐπανιὼν εἰς τὴν πόλιν ᾐδέσθη, ἀλλ' οὕτως ἀναιδῶς ἐν τοῖς ὀφθαλμοῖς τῶν πενθησάντων τὰς ἐκείνων συμφορὰς ἡγεῖται δεῖν ἀναστρέφεσθαι.

(143) καὶ αὐτίκα μάλ' ὑμᾶς ἀξιώσει ἀκούειν αὐτοῦ ἀπολογουμένου κατὰ τοὺς νόμους· ὑμεῖς δ' ἐρωτᾶτε αὐτὸν ποίους; οὓς ἐγκαταλιπὼν ᾤχετο. καὶ ἐᾶσαι αὐτὸν οἰκεῖν ἐν τοῖς τείχεσι τῆς πατρίδος· ποίοις; ἃ μόνος τῶν πολιτῶν οὐ συνδιεφύλαξε. καὶ ἐπικαλεῖται τοὺς θεοὺς σώσοντας αὐτὸν ἐκ τῶν κινδύνων· τίνας; οὐχ ὧν τοὺς νεὼς καὶ τὰ ἕδη καὶ τὰ τεμένη προὔδωκε; καὶ δεήσεται καὶ ἱκετεύσει ἐλεῆσαι αὐτόν· τίνων; οὐχ οἷς τὸν αὐτὸν κίνδυνον εἰς τὴν σωτηρίαν εἰσενεγκεῖν οὐκ ἐτόλμησε. ᾿Ροδίους ἱκετευέτω· τὴν γὰρ ἀσφάλειαν ἐν τῇ ἐκείνων πόλει μᾶλλον ἢ ἐν τῇ ἑαυτοῦ πατρίδι ἐνόμισεν εἶναι.

(144) ποία δ' ἡλικία δικαίως ἂν τοῦτον ἐλεήσειε; πότερον ἡ τῶν πρεσβυτέρων; ἀλλ' οὐδὲ γηροτροφηθῆναι οὐδ' ἐν ἐλευθέρῳ ἐδάφει τῆς πατρίδος αὐτοῖς ταφῆναι τὸ καθ' αὑτὸν μέρος παρέδωκεν. ἀλλ' ἡ τῶν νεωτέρων; καὶ τίς ἀναμνησθεὶς τῶν ἡλικιωτῶν τῶν ἐν Χαιρωνείᾳ ἑαυτῷ συμπαραταξαμένων καὶ τῶν κινδύνων τῶν αὐτῶν μετασχόντων, σώσειε τὸν τὰς ἐκείνων θήκας προδεδωκότα, καὶ τῇ αὐτῇ ψήφῳ τῶν μὲν ὑπὲρ τῆς ἐλευθερίας τελευτησάντων παράνοιαν καταγνοίη, τὸν δ' ἐγκαταλιπόντα τὴν πατρίδα ὡς εὖ φρονοῦντα ἀθῷον ἀφείη;

(142) Ungeheuerlich und schrecklich wäre es, wenn Leokrates, der geflohen ist, einen gleichberechtigten Platz in der Polis einnehmen zu dürfen glaubte, wie diejenigen, die hiergeblieben sind, derjenige, der sich keiner Gefahr gestellt hat, unter denen, die sich nebeneinander in der Schlachtreihe aufgestellt haben, derjenige, der die Stadt nicht beschützen wollte, in der Reihe derjenigen, die sie gerettet haben, wenn er vielmehr hierher zurückkäme, um Anteil zu nehmen an den Tempeln, Opfern, dem Markt, den Gesetzen und der ganzen Verfassungsordnung. Eintausend eurer Mitbürger haben in Chaironeia ihr Leben dafür gelassen, daß diese Verfassungsordnung nicht zerstört wurde, und die Polis hat ihnen ein Staatsbegräbnis ausgerichtet. Als dieser wieder nach Athen zurückkehrte, da schämte er sich nicht einmal vor den Grabepigrammen, die auf den Grabmälern dieser Gefallenen inschriftlich verzeichnet sind, sondern glaubt, sich unverschämt hier herumtreiben zu dürfen unter den Augen derjenigen, die um das Schicksal jener Helden trauern.

(143) Und schon sehr bald wird er euch darum bitten, seine Verteidigung anzuhören gemäß den Gesetzen. Fragt ihn dann doch einmal gemäß welchen Gesetzen? Denjenigen, die er bei seiner Flucht im Stich gelassen hat. Er wird euch darum bitten, ihn wieder in den Mauern des Vaterlandes wohnen zu lassen. Welchen Mauern denn? Denjenigen, bei deren Verteidigung er alleine unter den Bürgern nicht mitgeholfen hat. Danach wird er die Götter um Hilfe anrufen, daß sie ihn aus der Gefahr retten mögen. Welche Götter denn? Doch wohl nicht diejenigen, deren Tempel, Kultstätten und heilige Bezirke er verraten hat? Er wird um euer Erbarmen bitten und flehen. Wen wird er da bitten? Doch wohl nicht diejenigen, die ihren uneigennützigen Beitrag zur Rettung der Polis geleistet haben, zu dem er nicht den Mut hatte. Soll er doch die Rhodier um Mitleid bitten. Meinte er doch auch, daß seine Sicherheit in deren Stadt besser gewährleistet sei als in seinem Vaterland! (144) In welchem Lebensalter sollte sich ein Mann dieses Angeklagten erbarmen? Etwa die ältere Generation? Er hat sich doch um ihre Versorgung im Alter nicht geschert und soweit es an ihm lag, ihnen nicht einmal mehr die Möglichkeit gelassen, im freien Boden ihres Vaterlandes ihre letzte Ruhestätte zu finden. Dann vielleicht die jüngere Generation? Welcher Mann könnte, wenn er sich an seine Altersgenossen erinnert, die sich nebeneinander bei Chaironeia in Reih und Glied zu Schlacht aufgestellt und sich den gleichen Gefahren ausgesetzt haben, bei gesundem Verstande diesen Angeklagten freisprechen, der die Gräber jener Helden verraten hat, und mit seiner gleichen Richterstimme die Bürger, welche für die Freiheit ihr Leben hingegeben haben, für verrückt erklären, diesen aber, der sein Vaterland im Stich gelassen hat, ohne Strafe entkommen lassen, so als sei eigentlich er der vernünftige Mann?

(145) ἐξουσίαν ἄρα δώσετε τῷ βουλομένῳ καὶ λόγῳ καὶ ἔργῳ τὸν δῆμον καὶ ὑμᾶς κακῶς ποιεῖν. οὐ γὰρ μόνον νῦν οἱ φεύγοντες κατέρχονται, ὅταν ὁ ἐγκαταλιπὼν τὴν πόλιν καὶ φυγὴν αὐτὸς ἑαυτοῦ καταγνοὺς καὶ οἰκήσας ἐν Μεγάροις ἐπὶ προστάτου πλείω πέντ' ἢ ἓξ ἔτη ἐν τῇ χώρᾳ καὶ ἐν τῇ πόλει ἀναστρέφηται, ἀλλὰ καὶ ὁ μηλόβοτον τὴν Ἀττικὴν ἀνεῖναι φανερᾷ τῇ ψήφῳ καταψηφισάμενος, οὗτος ἐν ταύτῃ τῇ χώρᾳ σύνοικος ὑμῶν γίγνεται.

(146) Βούλομαι δ' ἔτι βραχέα πρὸς ὑμᾶς εἰπὼν καταβῆναι, καὶ τὸ ψήφισμα τοῦ δήμου παρασχόμενος, ὃ περὶ εὐσεβείας ἐποιήσατο· χρήσιμον γὰρ ὑμῖν ἐστι τοῖς μέλλουσι τὴν ψῆφον φέρειν. καί μοι λέγε αὐτό.

ΨΗΦΙΣΜΑ

Ἐγὼ τοίνυν μηνύω τὸν ἀφανίζοντα ταῦτα πάντα πρὸς ὑμᾶς τοὺς κυρίους ὄντας κολάσαι, ὑμέτερον δ' ἐστὶ καὶ ὑπὲρ ὑμῶν καὶ ὑπὲρ τῶν θεῶν τιμωρήσασθαι Λεωκράτην. τὰ γὰρ ἀδικήματα, ἕως μὲν ἂν ᾖ ἄκριτα, παρὰ τοῖς πράξασίν ἐστιν, ἐπειδὰν δὲ κρίσις γένηται, παρὰ τοῖς μὴ δικαίως ἐπεξελθοῦσιν. εὖ δ' ἴστε, ὦ ἄνδρες, ὅτι νῦν κρύβδην ψηφιζόμενος ἕκαστος ὑμῶν φανερὰν ποιήσει τὴν αὐτοῦ διάνοιαν τοῖς θεοῖς. **(147)** ἡγοῦμαι δ', ὦ ἄνδρες, ὑπὲρ ἁπάντων τῶν μεγίστων καὶ δεινοτάτων ἀδικημάτων μίαν ὑμᾶς ψῆφον ἐν τῇ τήμερον ἡμέρᾳ φέρειν, οἷς ἅπασιν ἔνοχον ὄντα Λεωκράτην ἔστιν ἰδεῖν, προδοσίας μὲν ὅτι τὴν πόλιν ἐγκαταλιπὼν τοῖς πολεμίοις ὑποχείριον ἐποίησε, δήμου δὲ καταλύσεως ὅτι οὐχ ὑπέμεινε τὸν ὑπὲρ τῆς ἐλευθερίας κίνδυνον, ἀσεβείας δ' ὅτι τοῦ τὰ τεμένη τέμνεσθαι καὶ τοὺς νεὼς κατασκάπτεσθαι τὸ καθ' ἑαυτὸν γέγονεν αἴτιος, τοκέων δὲ κακώσεως τὰ μνημεῖα αὐτῶν ἀφανίζων καὶ τῶν νομίμων ἀποστερῶν, λιποταξίου δὲ καὶ ἀστρατείας οὐ παρασχὼν τὸ σῶμα τάξαι τοῖς στρατηγοῖς. **(148)** ἔπειτα τούτου τις ἀποψηφιεῖται, καὶ συγγνώμην ἕξει τῶν κατὰ προαίρεσιν ἀδικημάτων; καὶ τίς οὕτως ἐστὶν ἀνόητος ὥστε τοῦτον σῴζων τὴν ἑαυτοῦ σωτηρίαν προέσθαι τοῖς ἐγκαταλιπεῖν βουλομένοις,

(145) Wenn ihr das tut, dann werdet ihr jedem Beliebigen einen Freibrief ausstellen, in Wort und Tat das Volk und euch selbst zu schädigen. Denn es kehren dann nicht nur die Verbannten in die Stadt zurück, wenn derjenige, der die Stadt im Stich gelassen hat und sich selbst zur Verbannung verurteilt hat, der mehr als fünf oder sechs Jahre in Megara unter einem gesetzlichen Vormund gelebt hat, sich jetzt wieder in der Stadt aufhält, sondern derjenige wird dann erneut in diesem Land euer Mitbewohner, der mit seiner Stimme klar dafür gestimmt hat, daß Attika zu einer Schafweide werden sollte.

(146) Bevor ich diese Rednerbühne verlasse, will ich euch noch einige kurze Worte sagen und euch einen Volksbeschluß vorführen, der über die Frömmigkeit handelt. Er wird nämlich nützlich sein für euch, die ihr im Begriff steht, euer Urteil abzugeben. Lies diesen Volksbeschluß vor!

Volksbeschluß

Ich klage also den Mann, der all dies vernichten wollte, vor euch an, die ihr die Macht dazu habt, ihn zu bestrafen. Es ist eure Pflicht sowohl in eurem Interesse, als in dem der Götter, den Leokrates zu bestrafen. Solange nämlich über Verbrechen noch nicht gerichtlich geurteilt wurde, liegt die Schuld allein bei den Tätern. Nachdem aber ein Verfahren stattgefunden hat, machen sich auch diejenigen mitschuldig, die das Verbrechen nicht rechtmäßig bestraft haben. Ihr wißt gut, ihr Männer, daß ihr zwar jetzt als Richter geheim abstimmen werdet, dabei aber jeder von euch seine Einstellung vor den Göttern deutlich machen wird. **(147)** Meiner Meinung nach, ihr Männer, urteilt ihr heute mit einer Abstimmung über sämtliche größten und gefährlichsten Verbrechen. Denn Leokrates ist offensichtlich aller dieser Verbrechen schuldig. Des Verrates, weil er die Stadt im Stich ließ und sie in die Hände der Feinde auslieferte. Der Abschaffung der Demokratie, weil er sich der Gefahr nicht aussetzte zur Verteidigung der Freiheit, des Frevels an der Gottheit, weil er, soweit es an ihm lag, daran schuld war, wenn ihre heiligen Bezirke verwüstet und die Tempel zerstört worden wären. Ferner ist er auch der Mißhandlung seiner Eltern schuldig, weil er ihre Denkmäler zerstören und sie der Riten berauben wollte, die ihnen dem Brauch nach zukommen. Schließlich ist er der Fahnenflucht und der militärischen Dienstverweigerung schuldig, weil er sich nicht den Strategen zur Verfügung stellte, damit ihm ein Posten angewiesen werde. **(148)** Wer wird diesen Mann nun freisprechen und ihm diese vorsätzlichen begangenen Verbrechen verzeihen? Wird etwa jemand so unvernünftig sein, diesen Leokrates zu retten, während er seine eigene Sicherheit denjenigen überläßt, die die Absicht haben, uns im Stich zu lassen?

καὶ τοῦτον ἐλεήσας αὐτὸς ἀνηλέητος ὑπὸ τῶν πολεμίων ἀπολέσθαι προαιρήσεται, καὶ τῷ προδότῃ τῆς πατρίδος χάριν θέμενος ὑπεύθυνος εἶναι τῇ παρὰ τῶν θεῶν τιμωρίᾳ;

(149) Ἐγὼ μὲν οὖν καὶ τῇ πατρίδι βοηθῶν καὶ τοῖς ἱεροῖς καὶ τοῖς νόμοις ἀποδέδωκα τὸν ἀγῶνα ὀρθῶς καὶ δικαίως, οὔτε τὸν ἄλλον τούτου βίον διαβαλὼν οὔτ' ἔξω τοῦ πράγματος οὐδὲν κατηγορήσας· ὑμῶν δ' ἕκαστον χρὴ νομίζειν τὸν Λεωκράτους ἀποψηφιζόμενον θάνατον τῆς πατρίδος καὶ ἀνδραποδισμὸν καταψηφίζεσθαι, καὶ δυοῖν καδίσκοιν κειμένοιν τὸν μὲν προδοσίας, τὸν δὲ σωτηρίας εἶναι, καὶ τὰς ψήφους φέρεσθαι τὰς μὲν ὑπὲρ ἀναστάσεως τῆς πατρίδος, τὰς δ' ὑπὲρ ἀσφαλείας καὶ τῆς ἐν τῇ πόλει εὐδαιμονίας. **(150)** ἐὰν μὲν Λεωκράτην ἀπολύσητε, προδιδόναι τὴν πόλιν καὶ τὰ ἱερὰ καὶ τὰς ναῦς ψηφιεῖσθε· ἐὰν δὲ τοῦτον ἀποκτείνητε, διαφυλάττειν καὶ σῴζειν τὴν πατρίδα καὶ τὰς προσόδους καὶ τὴν εὐδαιμονίαν παρακελεύσεσθε. νομίζοντες οὖν, ὦ Ἀθηναῖοι, ἱκετεύειν ὑμῶν τὴν χώραν καὶ τὰ δένδρα, δεῖσθαι τοὺς λιμένας <καὶ> τὰ νεώρια καὶ τὰ τείχη τῆς πόλεως, ἀξιοῦν δὲ καὶ τοὺς νεὼς καὶ τὰ ἱερὰ βοηθεῖν αὐτοῖς, παράδειγμα ποιήσατε Λεωκράτη, ἀναμνησθέντες τῶν κατηγορημένων, καὶ ὅτι οὐ πλέον ἰσχύει παρ' ὑμῖν ἔλεος οὐδὲ δάκρυα τῆς ὑπὲρ τῶν νόμων καὶ τοῦ δήμου σωτηρίας.

Oder wer wird es vorziehen, sich dieses Mannes zu erbarmen, um deshalb ohne Erbarmen von der Hand der Feinde umzukommen, und wer will etwa dem Verräter unseres Vaterlandes einen Gefallen erweisen und dafür als Schuldiger die Strafe der Götter auf sich ziehen?

(149) Ich habe dem Vaterland, seinen Heiligtümern und Gesetzen meine Unterstützung gegeben und habe diesen Gerichtstreit auf eine korrekte und gerechte Weise geführt, ohne das übrige Leben dieses Mannes zu verleumden und ohne Anklagen zu erheben, die im Sinne meiner Anzeige nicht relevant sind. Jeder von euch muß nun bedenken, daß er, indem er den Leokrates freispricht, zugleich sein Vaterland zum Tode und zur Versklavung verurteilt, daß zwei Urnen für die Stimmsteine vor euch stehen, eine für Verrat, eine für die Rettung, und daß ihr die einen Stimmen abgeben werdet für die Zerstörung unseres Vaterlandes, die anderen aber für die Sicherheit und das Wohlergehen der Polis. (150) Wenn ihr Leokrates freisprecht, dann stimmt ihr mit eurem Urteil für den Verrat an der Polis, ihren Tempeln und ihrer Flotte. Wenn ihr diesen aber hinrichtet, dann ermuntert ihr mit eurem Urteil dazu, das Vaterland, seine Einkünfte und sein Wohlergehen zu beschützen und zu bewahren. Stellt euch nun vor, ihr Athener, daß das attische Land selbst und seine Bäume euch anflehen, daß die Häfen, die Werften und die Stadtmauern euch bitten, daß die Tempel und Heiligtümer euch darum ersuchen, ihnen zur Hilfe zu eilen. Erinnert euch an die Anklagen gegen ihn und statuiert an Leokrates ein Exempel, daß bei euch Mitleid und Tränen kein stärkeres Gewicht haben als die Rettung der Gesetze und des Volkes.

4. Kommentar zur Rede *gegen Leokrates*

Kommentar zur Hypothesis der Rede *gegen Leokrates*:

Das genaue Entstehungsdatum der kurzen Hypothesis ist ebenso unbekannt wie der Name ihres antiken Verfassers. Weil der zweite Teil der Hypothesis aber bereits eine weit differenzierte antike Stasislehre voraussetzt und aufgrund sprachlich-stilistischer Eigenheiten des kurzen Textes dürfte der Verfasser erst der späthellenistischen oder kaiserzeitlichen Epoche entstammen. In einer solchen 'Hypothesis' werden für antike Leser der Hauptgegenstand der folgenden Rede, die Hauptpersonen (Lykurg und Leokrates), die juristische Form der Klage (*eisangelia*), der Hauptinhalt der Anklage selbst (auf Verrat durch Flucht nach Rhodos: *prodosia*) sowie die Einordnung der Rede gemäß der antiken Stasislehre als besonders wichtige Informationen angegeben. In der Erzählung der Ereignisse, die der Anklagerede zugrundeliegen, weicht die Hypothesis lediglich in dem Detail von Lykurgs Rede ab, daß Leokrates nach seiner Rückkehr 'frank und frei' in Athen gesprochen bzw. von der *parrhesia* eines athenischen Bürgers Gebrauch gemacht habe. Darauf habe ihn Lykurg angeklagt.

Aus der Sicht der gelehrten antiken Editoren und Kommentatoren der Gerichtsreden der kanonischen attischen Redner war es für die Zwecke der Rhetorenschule und das Selbststudium der Leser besonders wichtig, die Klassifikation jeder Gerichtsrede im komplizierten System der juristischen Statuslehre (bzw. in der griechischen Terminologie der Stasislehre)[30] zu erörtern, die sich in der Nachfolge des Hermagoras von Temnos, 2. Jh. v. Chr., entwickelt hatte. Denn nach den Lehren der Schulrhetorik hingen von der korrekten Bestimmung des Status des Falles die bestmögliche Findung und Anordnung der Argumente und der zielführende Aufbau der Gerichtsrede ab. So widmet der Verfasser dieser Hypothesis der seit der Antike umstrittenen Zuordnung der Rede gegen Leokrates den gesamten zweiten Teil seines kurzen einführenden Textes. In der Antike wurden drei Zuordnungen vorgeschlagen, zum *horos antonomazon* als einer Stasis, bei der die Tat vom Ankläger und vom Beteiligten jeweils unter einem unterschiedlichen Begriff (*onoma*) erfaßt wird, in diesem Falle der Streitfrage, ob das Verhalten des Leokrates *prodosia* (Verrat) war. Zweitens wurde der *stochasmos apo gnomes* erwogen, ein *status coniecturalis* und damit die Fallgruppe des Streitpunktes der Faktizität, bei dem die Frage der Absicht (*gnome*) umstritten war, drittens schließlich die *antistasis* als ein Streitpunkt der Qualität einer Handlung (*status qualitatis, poiotes*). Schließlich weist der Verfasser der Hypothesis noch auf die Anklage Lykurgs *gegen Autolykos* als einen eng verwandten Fall hin.

---

[30] Siehe zur Statuslehre einführend bereits Volkmann 1885, 40-43 und jüngst ausführlich Hoppmann 2007 mit reichen Literaturangaben, insb. 1335-1336.

Kommentare zum Prooimion der Rede, par. 1-15:

Die antike Theorie der Rhetorik unterteilte die Reden verschiedener Gattungen in unterschiedlich viele Redeteile (*partes orationis*). Die meisten Autoritäten vertraten schließlich zur Gliederung der Gerichtsrede (*dikanikos logos* bzw. *oratio iudicialis*) das Modell von den fünf Teilen,[31] wie wir es z.B. bei Quintilian in der *Institutio oratoria* (Inst. or. 3,9,1-9) finden: *prooimion* (*exordium*), *diegesis* (*narratio*), *kataskeue* und *anaskeue* (*probatio* und *refutatio* als zwei Aspekten der *pistis* bzw. *argumentatio* als dem Kern der Gerichtsrede), *epilogos* (*peroratio*). Lykurg wählt als souveräner Praktiker der politischen und gerichtlichen Rede in der Anklagerede *gegen Leokrates* eine individuelle Ponderierung der Teile seiner Rede, die den Schulregeln der griechisch-römischen Rhetorik nur im Großen und Ganzen entspricht. Das Prooimion, der Einleitungsteil der Rede in par. 1-15, ist vergleichsweise ausführlich. Es stimmt bereits ein auf die pathetische Tonlage der folgenden Teile der Anklagerede.

Par. 1-2: Lykurg wählt einen besonders feierlichen Beginn der Rede, die völlig im Einklag steht mit seiner eigenen Wertewelt und seiner damaligen Doppelrolle in der Polis um 330 v. Chr. als Priester des Poseidon Erechtheus und als einer der führenden Rhetoren. Auf ein Gebet folgt die offizielle Anklage, deren Bedeutung für das Staatswohl Athens durch verfassungs- und rechtstheoretische Überlegungen unterstrichen wird. Attische Redner verwendeten Gebete und sonstige Anrufungen der Götter in ganz verschiedenen argumentativen und rhetorischen Kontexten und sprachlichen Ausprägungen.[32] Eine Anklage- oder Verteidigungsrede mit einem Gebetsanruf zu beginnen, ist im klassischen Athen nicht unüblich gewesen. Unter den berühmten Gerichtsreden ist die zeitlich und sachlich beste Parallele zum Beginn der Leokratesrede wohl Demosthenes' *Kranzrede* von 330 v. Chr. (Demosth. 18,1).[33] Doch par. 1-2 ist das längste bekannte Beispiel aus der gesamten Epoche der klassischen griechischen Rhetorik. Lykurg tönt die gesamte Anklagerede gegen Leokrates geradezu mit einer religiösen Klangfarbe ein, um als meisterhafter Techniker der Rhetorik von den juristisch formalen Schwächen seiner Anklage abzulenken und die Anrufung der Götter als ein wirkungsvolles rhetorisches Stilmittel einzusetzen. Es spricht in seinem Falle jedoch tatsächlich vieles dafür, daß die enge Verbindung von Politik, Patriotismus und Religion in der Leokratesrede zugleich seinen persönlichen Auffassungen entsprach.[34] Für Lykurg waren

---

[31] Vgl. zur Gerichtsrede Hohmann 1996 und zu den Redeteilen einführend Engels 2003b.

[32] Vgl. King 1955, insb. 366 zu par. 1.

[33] Weitere Quellenbelege für Gebete am Anfang von griechischen und lateinischen Reden oder in Prooimiensammlungen sind gesammelt bei Wankel 1976, Bd. 1, 105-116.

[34] Vgl. zu den religiösen Vorstellungen Lykurgs und seinen moralischen Idealen insb. Salomone 1976 und Vielberg 1991.

Frömmigkeit gemäß der tradierten Polisreligion und Gerechtigkeit im bürgerlichen Leben untrennbar verbunden. Das Interesse der Götter und das der Bürger fallen für ihn in der Verfolgung der Übeltäter zusammen.

Der Katalog der von Lykurg angerufenen Gottheiten ist aufschlußreich: zuerst Athene, die oberste Schutzgöttin der Polis Athen, dann 'die anderen Gottheiten', dazu die zehn Phylenheroen, deren Statuen im Bereich des Poliszentrums und in Attika aufgestellt waren. Mit Athene zu beginnen, war üblich. Unter den übrigen Göttern sind vor allem Poseidon und Zeus als Schützer der Eide und des Rechtes sowie als Zeus 'der Retter' eingeschlossen, der später in der Leokratesrede nochmals erwähnt werden wird. Der Altar der namengebenden Heroen (*eponymoi / epichorioi heroes*) der zehn kleisthenischen Phylen stand an prominenter Stelle auf der Agora Athens. Diese spezifische Ausgestaltung des Gebetes mit der Betonung der Anrufung auch der Phylenheroen zielt auf die volkstümlichen religiösen Gefühle in der Jury.[35]

Leokrates soll laut der Anklage die Götter der Polis und ihre Heiligtümer, bzw. ihre Tempel, Schreine und heiligen Bezirke, ihre Kulte und Opferriten, die in den Gesetzen vorgeschrieben und von den Vorfahren überliefert worden sind, verraten haben. Auffälligerweise sagt Lykurg hier nicht einfach, daß Leokrates alle Mitbürger, die Polis und ihre Demokratie verraten habe. Die sorgfältig komponierte Prosarhythmik, die Verdoppelung oder gar Verdreifachung von ähnlichen Begriffen in den ersten Paragraphen geben stilistisch und sprachlich dem Beginn der Rede eine pathetische Tonlage.

Verfahrenstechnisch war diese Anklage des Lykurg gegen Leokrates eine sogenannte 'Eisangelia' (par. 1 und öfter): Mit diesem *terminus technicus* bezeichnet man im attischen Gerichtswesens die Anklageschrift auf ein amtliches, öffentliches Strafverfahren (*graphe demosia*) nach einer Anzeige beim Rat der 500 oder direkt in der Volksversammlung (Aristot. AP 43,4-5) sowie auch das folgende Verfahren selbst. Das Verfahren war im Athen der Ära des Eubulos und des Lykurg durch ein besonderes Gesetz, den *nomos eisangeltikos* geordnet. Über dieses Eisangeliagesetz werden wir aus zeitgenössischen Redenquellen informiert (Lykurg. par. 4 und 34; Hyp. 3,6-8 col. XXII-XXIII und 3,29 col. XXXIV; Demosth. 24,63). Wichtige Nachrichten bietet auch ein Traktat des Theophrast *Peri Nomon*, aus dem von lexikographischen Quellen zitiert wird (Poll. 8,51-53 Bethe s.v. *eisangelia* und Lex. Cantabr. s.v. *eisangelia*, zu anderen Spezialfällen siehe Harpokration s.v. *eisangelia* E 7 Keaney).[36] In der zweiten Hälfte des 4. Jh. tagte die

---

[35] Vgl. zu den Phylenheroen Athens Kron 1976 und Kearns 1989. Über verbreitete religiöse Überzeugungen im Athen der spätklassischen und frühhellenistischen Epoche siehe Parker 1996 und 2005, Mikalson 1983 und 1998 und Auffarth 1995.

[36] Zur Eisangelia als Anklageform und dem *nomos eisangeltikos* in der 2. Hälfte des 4. Jh. siehe bereits Lipsius 1905, 176-211, Thalheim 1905; vgl. systematisch zu allen bezeugten Fällen des 4. Jh. Hansen 1975, ferner Todd 1993 (ND 1995), 113-115 und

Volksversammlung in Eisangeliaprozessen nicht mehr selbst als Gerichtshof, sondern überwies diese Verfahren an demonstrativ stark besetzte Gerichtshöfe des Volkes, die *dikasteria*, mit mindestens 501 Richtern, meist der doppelten oder dreifachen Anzahl (1001 oder 1501), in Einzelfällen sogar einmal 2501 Richtern (vgl. Poll. 8,52-53, Deinarch. 1,52). Während der Rat der 500 in von ihm selbst geführten Eisangeliaverfahren nur geringere Strafen verhängen konnte, bestand die übliche Strafe bei einer Verurteilung in Eisangeliaverfahren vor der Volksversammlung oder einem Gerichtshof des Volks in der Todesstrafe, der Atimie und dem Verlust des Vermögens des Verurteilten (par. 149, Hyp. 2,20 col. XVI und 3,18 col. XXXI; Aischin. 3,252). Abgestimmt wurde geheim unmittelbar nach den Reden und Gegenreden und mit Stimmplättchen (*psephos*, par. 149). Der Angeklagte Leokrates wurde in diesem Falle durch Stimmengleichheit der Richterstimmen knapp freigesprochen (Aischin. 3,252). Sieht man von dem sogenannten 'Vorverfahren' vor einem zuständigen Magistraten ab, wurde trotz der drohenden Todesstrafe auch eine Eisangeliaklage in Athen vor dem zuständigen Gerichtshof an einem einzigen Tage verhandelt. Weil Eisangeliaverfahren vor einer größeren Jury von Richtern stattfanden, zu der oft auch zwei oder drei *dikasteria* von 501 Richtern (*dikastai*) zusammengelegt wurden, brauchte man für die Verhandlungen ein entsprechend großes Gerichtsgebäude. Über dessen exakte Lokalisierung im Bereich der Agora, des bürgerlichen Zentrums der Polis Athen, herrscht immer noch keine vollständige Klarheit. Gegen einen rechteckigen größeren Bau an der Südwestseite der Agora westlich der südlichen Stoa I, den man als mögliches Gerichtsgebäude gedeutet hat, sind wiederum Einwände erhoben worden.[37]

Die Eisangeliaklage sollte sich insbesondere gegen athenische Amtsträger und Personen aus der Elite der Rhetoren und Strategen richten, denen Umsturz der Demokratie, Bestechlichkeit oder Verrat vorgeworfen wurden. Nicht zuletzt durch Ankläger wie Lykurg waren aber vor 330 Eisangeliaklagen auch gegen 'einfache Bürger' (*idiotai*) immer häufiger und wegen unterschiedlicher Vorwürfe erhoben worden, die weit über den ursprünglichen Sinn und Zweck dieser Verfahrensform hinausgingen und für die es jeweils auch andere, spezielle Anklage- und Verfahrensformen im athenischen Rechtswesen gab. Lykurg hatte seine schriftliche Anklage gegen Leokrates (par. 1,5,29-30,34,55,137) vor der Volksversammlung erhoben. Der Fall wurde dann an ein großes *dikasterion* überwiesen, vor dem die Anklagerede gehalten wurde (par. 4,127,146,149).

Die formale Möglichkeit zumindest zur Erhebung einer Anklage als *eisangelia* wurde von Lykurg und anderen Anklägern abgeleitet aus einer Klausel des Eisangeliagesetzes, die sich gegen jeden Bürger richtete, der die

---

Hansen 1995, 220-226.

[37] Vgl. Boegehold 1995, 5-20 zu allen noch erkennbaren baulichen Strukturen im Bereich der Agora, die man als Gerichtsgebäude erklären könnte.

Demokratie umzustürzen beabsichtige. Gegen Mißbräuche, zu denen manche
Athener wohl auch diese Anklage Lykurgs gegen Leokrates (sowie die
scharfen Anklagen Lykurgs gegen Lykophron oder Euxenippos) gerechnet
haben dürften, war allerdings kurz vor 330 eine Vorschrift erlassen worden.
Danach wurden erfolglose Ankläger, welche nur weniger als 20 % aller
Richterstimmen für ihre Anklage erhalten hatten, mit einer Geldstrafe von
1000 Drachmen bedroht (wie bei anderen Formen der *graphai*; vgl. Demosth.
18,250 und die Anspielung auf das Risiko des Anklägers in par. 3).

Die Angaben zur Chronologie im Text der Rede gegen Leokrates selbst sind
für eine exakte Datierung der Verhandlung des Falles zu ungenau und zudem
leider nicht widerspruchsfrei. Jedoch erwähnt Aischines im *Kranzprozeß* von
330, daß die Eisangelia gegen Leokrates erst sehr kurze Zeit zuvor
entschieden worden sei.[38] Daher wird der Leokratesfall traditionell meist mit
Hansen ebenfalls auf das Jahr 330 v. Chr. datiert (Hansen 1975, Fall Nr. 121
mit Verweis auf Aischin. 3,252). Andererseits scheint par. 45 mit der
Formulierung "im achten Jahre" auf eine Verhandlung sieben Jahre nach
Chaironeia (Aug. 338), mithin also noch auf das Ende 331 zu führen, während
par. 58 mit der Aussage, Leokrates habe sich sechs Jahre ununterbrochen im
Ausland aufgehalten, weniger hilfreich ist. Daher wurde 331 als Datum des
Leokratesprozesses jüngst u.a. von Harris und Whitehead bevorzugt.[39]
Angesichts der inneren Widersprüche in Lykurgs chronologischen Notizen
bietet sich meines Erachtens vielleicht das Testimonium des Aischines als
Aussage eines am Prozeß gegen Leokrates selbst unbeteiligten Zeitgenossen
für die Datierung eher an.

Lykurg wirft Leokrates Hoch- und Landesverrat *(prodosia)* vor. In der
athenischen Auffassung war dieses Verbrechen eng verwandt mit
Verfassungsfeindschaft oder Verrat an der Demokratie *(katalysis tu demu*, par.
147). Lykurg beantragt die Todesstrafe (und das Verbot der Bestattung in
attischer Erde) wegen Verrates an Athen in Tateinheit mit Feigheit vor dem
Feind und Vernachlässigung der bürgerlichen Militärpflichten in Kriegszeiten
und im Ausnahmezustand *(lipostrateia, deilia)*, Delikten gegen die Götter und
die Religion der Polis *(asebeia)*, gegen die Eltern *(kakosis tokeon)* sowie des
Versuchs des Sturzes der Demokratie *(katalysis tu demu)*. Dieser letzte
Anklagepunkt ermöglichte in jedem Falle auch formal die Zulassung der
Anklage als Eisangelia gegen den amtslosen, einfachen Bürger Leokrates.[40]
Welche Handlungen jedoch im Einzelfall unter die Bezeichnung und den
Tatbestand der *prodosia* fielen, war im athenischen Recht des 5. und 4. Jh.

---

[38] Ob es bei der Anklage *gegen Leokrates* und dem *Kranzprozeß* außer der zeitlichen
Nähe beider Verfahren auch Indizien für eine politische Zusammenarbeit der beteiligten
Rhetoren und eine sozusagen koordinierte Nutzung des Gerichtssaals als öffentlicher
Bühne gab, ist nicht sicher zu belegen, siehe aber Burke 1977.
[39] Vgl. Harris in Worthington - Cooper - Harris 2001, 159 Anm. 1 und Whitehead
2006, 132 und Anm. 2.
[40] Dies betonte kürzlich auch Phillips 2006.

nicht mit wünschenswerter Eindeutigkeit geregelt.[41] Es konnten in politisch-militärischen Krisenlagen auch Dekrete von Rat und Volk erlassen werden, die bestimmte Verhaltensweisen ausdrücklich zum Hochverrat erklärten, so offenbar mit Bedeutung für den Fall des Leokrates nach der Niederlage von Chaironeia 338 infolge des Notstandspsephismas des Hypereides (par. 16-18, 36-41). Im Falle einer Verurteilung wegen Verrates wurde als die übliche Strafe die Todesstrafe verhängt mit einem auf die Nachkommen vererblichen Verlust bürgerlicher Ehrenrechte (*atimia*), Einzug des Vermögens, ritueller Verwüstung des Wohnhauses und einem Verbot der Bestattung des Verräters in attischer Erde.

Par. 3-7: Lykurg betont bereits im Prooimion par. 3-7 die große Bedeutung der Initiative uneigennütziger Bürger, als Ankläger im athenischen Rechtssystem aufzutreten.[42] Er grenzt seine eigenen patriotischen und altruistischen Motive für die Anklage gegen Leokrates von den niederen materiellen Motiven der Sykophanten und persönlichen Motiven anderer Ankläger wie der Feindschaft ab. Im Rechtssystem der klassischen athenischen Demokratie gab es bekanntlich keinen Staatsanwalt und nur äußerst eingeschränkte amtliche Untersuchungskompetenzen und -funktionen einzelner Magistrate und Verfassungsorgane.[43] Daher kann Lykurg in der Leokratesrede zu Recht feststellen, daß manche Gesetzesverstöße in Athen infolge dieses Rechtssystems straflos blieben, sofern sich nicht ein Bürger finde, um den Fall vor Gericht zu bringen und dort selbst als Ankläger die Anklage zu führen. "Sowohl das Gesetz als auch der Stimmstein der Richter sind machtlos ohne jemanden, der ihnen die Übeltäter übergibt", beklagt Lykurg (par. 4). Bereits Solon führte aus dieser Erkenntnis in Athen die Popularklage ein mit einem Klagerecht für jeden Bürger, der dies wollte (*ho bulomenos*) auch in den Fällen, in denen er nicht unmittelbar selbst als Person betroffen war (Aristot. AP 9,1, Plut. Sol. 18,6-7). Für das Funktionieren des demokratischen athenischen Rechtssystem war es unverzichtbar, daß nicht nur erstaunlich zahlreiche Bürger (6000) Jahr für Jahr als Richter der Gerichtshöfe an der Rechtsprechung mitwirkten, sondern daß sich auch eine hohe Anzahl von Bürgern bereitfand, selbst vor Gericht als Ankläger aufzutreten, insbesondere in solchen Fällen, in denen durch ein Verbrechen die gesamte Polis geschädigt wurde.

---

[41] Vgl. zu Hochverrat und Landesverrat im griechischen Recht bereits Berneker 1956 und zu Athen auch Welwei 1999, 238-240.

[42] Auch die Rechtssysteme anderer griechischer Poleis benötigten die freiwillige Inititative einzelner Bürger, als Ankläger vor Gericht aufzutreten, siehe interessante Vergleichen mit Athen bei Rubinstein 2003.

[43] Vgl. zur Einführung in das attische Recht und Rechtsverfahren, das sich in fundamental wichtigen Punkten von der Rechtsprechung in heutigen Demokratien unterscheidet, Lipsius 1905-1915, Harrison 1968-1971 und Todd 1993, sowie Hansen 1995, 198-202 zu den Parteien eines athenischen Gerichtsverfahrens und den Anklägern.

Die par. 3-6 bieten die erste von mehreren beispielhaften Stellen in der Rede gegen Leokrates, an denen Lykurg seinen Mitbürgern als Richtern in dozierendem Ton geradezu kurze Vorlesungen hält über die Rolle einzelner Verfassungsorgane, die Bedeutung von Eiden oder die Aufgaben jedes Bürgers (vgl. z.B. par. 79, 111 oder 124, wo z.T. ganz offen das Verbum *didaskein / belehren* gewählt ist). In dieser Häufung ist auch der authoritative, dozierende Tonfall der Rede eine unübliche und nicht ungefährliche Redestrategie, die Lykurg bewußt einsetzt.[44]

Der Leokratesprozeß gehört zu den *graphai demosiai*. Der Ankläger in solchen Schriftklagen konnte von einer eingeleiteten Anklage nicht mehr zurücktreten, ohne einer Buße von 1000 Drachmen und einer teilweisen *atimia* zu verfallen. Sofern der Ankläger bei der Abstimmung weniger als 20% der Richterstimmen für seine Anklage erhielt, zog dies den Verlust des Rechts nach sich, in Zukunft wieder in der gleichen Prozeßform eine Klage anzustrengen. Ebenfalls trug der Ankläger in einer *graphe* ein höheres persönliches Risiko als derjenige in einem Privatprozeß, einer *dike idia*, weil er eine Buße von 1000 Drachmen zu zahlen hatte, wenn er weniger als ein Fünftel der Richterstimmen für seine Anklage bekam (Demosth. 18,250). Weil man mit der *eisangelia* nun aber aus Sicht der gesamten Polis und ihrer Demokratie besonders gefährliche Vergehen verfolgen wollte, waren die Ankläger in der *eisangelia* zunächst von diesem üblichen 'Haftungsrisiko' in sonstigen *graphai* ausgenommen worden. Erst kurz vor 330 und dem Leokratesprozeß war dann nach offenkundigen Mißbräuchen gerade dieser Anklageform die allgemeine Regel für *graphai* auch auf die *eisangeliai* ausgeweitet worden. Lykurg hat also nicht Unrecht mit seiner Feststellung, daß eine *eisangelia* nun um 330 v. Chr. auch für den Ankläger ein Risiko bedeutete.[45] Allerdings blieb das Prozeßrisiko für Angeklagte schon alleine wegen der drohenden Todesstrafe weiterhin erheblich höher als für Ankläger.

Der Ankläger konnte bei einer *eisangelia* durch eine Verurteilung des Angeklagten anders als aus den meisten Privatprozessen persönlich keinen materiellen Vorteil ziehen. Denn die üblichen Strafen, der Tod, Atimia, Einziehung des Vermögens, eine Geldbuße an den Staat oder die Verbannung, brachten nur der gesamten Polis materielle Gewinne. Die berufsmäßigen Ankläger in Athen, die Sykophanten (s.u.), von denen sich Lykurg bereits hier und noch mehrfach in der Rede scharf absetzt, erstrebten daher auch nicht Vorteile aus der tatsächlichen Anstrengung einer *graphe* (wie der *eisangelia*), sondern bereits aus der Androhung einer solchen Klage, von der sie dann gegen Zahlungen Abstand nahmen.

---

[44] Vgl. zu der 'authoritative voice' in der Polis, die Lykurg mit dieser Rede für sich beansprucht, Allen 2000a.

[45] Siehe zur Bestrafung übereifriger und erfolgloser Ankläger in Athen Harris 1999.

Ankläger und Angeklagte mußten in Athen im 4. Jh. ihre Reden vor Gericht selbst vortragen. Es gab allerdings die Möglichkeit, daß Fürsprecher unter dem Namen der *synegoroi* die Anklage oder Verteidigung durch Reden unterstützten. Dabei trugen in berühmten Fällen die formalen Hauptparteien des Prozesses manchmal lediglich kurze Einlassungen vor, während der Hauptteil der Redezeit von den rhetorisch und juristisch versierten und prominenten *synegoroi* bestritten wurde. Man konnte sich auch vor dem Verfahren an professionelle Redenschreiber (*logographoi*) wenden, die eine Anklage- oder Verteidigungsrede schrieben. Man mußte diese Rede dann aber selbst auswendig lernen und mündlich vor Gericht vortragen. Es ist durchaus möglich, daß sich auch Leokrates der Hilfe eines Logographen versichert hat, um der rhetorischen Macht und dem öffentlichen Ansehen Lykurgs etwas entgegenzusetzen. Jedenfalls hören wir in der Anklagerede deutlich, daß Lykurg mit dem Auftreten von "Freunden" bzw. *synegoroi* des Leokrates im Prozeß rechnet.

Lykurg beansprucht in der gesamten Anklagerede für sich als Ankläger ausschließlich patriotische, selbstlose Motive. Er setzt sich nachdrücklich von den berufsmäßigen Anklägern in Athen ab, den Sykophanten. Diese Gruppe von Bürgern war als eine unerwünschte Nebenfolge des Fehlens einer institutionalisierten staatlichen Anklagebehörde mit Staatsanwälten und Untersuchungsbeamten in Athen entstanden. Die Sykophanten (wörtlich 'Feigenentdecker' oder - anzeiger) waren athenische Bürger, die ihr legitimes und an sich in der Demokratie zur Durchsetzung der Herrschaft des Rechts verfassungsmäßig bedeutsames Recht, als Ankläger aufzutreten, zur gewerbsmäßigen Erzielung materieller Vorteile mißbrauchten. Sie ließen sich als Strohmänner von an einem Prozeß interessierten Bürgern bezahlen oder erpreßten Mitbürger mit der Androhung von Prozessen. Die Tätigkeit der Sykophanten war gesellschaftlich mißachtet. Krasse Mißbräuche sollten durch besondere Verfahrensformen wie die *probolai* (Tadelsanträge) oder die *graphe sykophantias* (Anklage wegen Sykophantentums) eingeschränkt werden.[46] Das Sykophantenunwesen wurde bereits in Reden des 4. Jh. beklagt. Auch eine gewisse Zufälligkeit in der tatsächlichen Verfolgung und Aburteilung von Straftaten vor Gericht, weil diese in der athenischen Rechtsordnung von Anklagen bestimmter Mitbürger abhingen, sind häufig als bedenkliche Elemente des demokratischen Justizsystems Athens im 5. und 4. Jh. kritisiert worden. Lykurg mußte als Ankläger versuchen, sich von den Sykophanten zu distanzieren und seine patriotischen und selbstlosen Motive für die Anklage so vorzutragen, daß er nicht das Mißtrauen oder die Abwehrhaltung der Laienrichter provozierte (par. 3; vgl. Aischin. 1,1). Wenngleich Rache und persönliche Feindschaft als legitime Anklagemotive vor athenischen Gerichten belegt sind, bestreitet Lykurg hier auch demonstrativ ein solches lediglich privates und persönliches Anklagemotiv,

---

[46] Siehe zu den Sykophanten bereits Lofberg 1917; über die Bewertung der Rolle der Sykophanten im attischen demokratischen Gerichtswesen wird weiterhin diskutiert, vgl. Hansen 1995, 201-202, Osborne 1990 und als eine Replik hierauf Harvey 1990.

wohl um seinen Status als öffentliche Person in Athen und das Ansehen als Priester, Dioiket und Rhetor nicht zu beschädigen. Er sieht sich vielmehr in der ganzen Rede in der Rolle des Schützers der Gesetze der Polis, eine öffentliche Rolle, die er mit seinen Auftritten vor Gericht und seinen Reden selbst für sich beanspruchte.[47]

Par. 7: In par. 7 wägt Lykurg die Bedeutung von Eisangelia- und Paranomonklagen gegeneinander ab. *Graphe paranomon* bedeutet eine Schriftklage gegen einen Bürger, der ein neues Psephisma oder einen Nomos vorgeschlagen hatte, das oder der verfassungswidrig sei, da es gegen schon bestehende Psephismata oder Nomoi verstoße. Antragsteller in Athen waren nämlich für ihre namentlich beantragten Psephismata für ein Jahr lang persönlich verantwortlich. Im 4. Jh. entsprach formal der *graphe paranomon* gegen *psephismata* noch eine zusätzliche separate *graphe nomon me epitedeion theinai* gegen *nomoi* Athens. Die *graphe paranomon* war im 4. Jh. eine häufig bezeugte Verfahrensform, die sich gegen jedes Dekret der Ekklesia richten konnte. Die Paranomonklage wurde oft aus politischen Erwägungen als Kampfinstrument gewählt, um Beschlüsse und Maßnahmen politischer Gegner zu verhindern oder wenigstens zeitweise zu blockieren.[48] Andererseits galt die *graphe paranomon* im 5. und 4. Jh. auch zu Recht bei der Mehrheit der Bürger als ein wesentlicher Schutzmechanismus der Demokratie. Mittels der *graphe paranomon* und der innovativen Einsetzung des Nomothetenkollegiums verstärkte die athenische Demokratie des 4. Jh. ihre Normenkontrolle, durch die sie die Widerspruchsfreiheit von Psephismata und Nomoi absicherte und einfache Volksbeschlüsse (*psephismata*) an den allgemeineren, höherrangigen Normen der Gesetze (*nomoi*) maß.[49] Die *graphe paranomon* fiel in die Zuständigkeit der Thesmotheten und wurde vor einer großen Laienjury verhandelt. Diese zählte jedenfalls in einem Falle bei der gerichtlichen Aufarbeitung der Profanierung von Mysterien im Jahre 415 v. Chr. sogar 6000 Bürger (And. 1,17). Rechtsphilosophisch betrachtet saß damals also das 'gesamte' Bürgervolk vertreten durch alle 6000 Heliasten dieses Jahres zu Gericht. Mit der Verurteilung des angeklagten Antragstellers in einem Paranomonverfahren trat ein angegriffenes Psephisma sofort außer Kraft. Im Rat der 500 und in der Ekklesia konnte schon während des Beratungsverfahrens und vor einer Abstimmung gegen jeden Antrag eine

---

[47] Man könnte für Lykurgs Aktivitäten vor Gericht den treffenden Ausdruck des politischen "self-fashioning", des systematischen Aufbaus einer politischen Rolle und eines individuellen Images verwenden. Mader 2007 hat kürzlich diesen nützlichen Ausdruck in die Diskussion eingebracht, als er eine solche Selbststilisierung für die außenpolitische Rolle des Demosthenes in Athen als Vorkämpfer gegen Philipp II. untersucht hat.

[48] Für viele Eisangelia- und Paranomonverfahren kann man daher aus heutiger Sicht mit Recht von 'politischen Prozessen' im klassischen Athen sprechen, siehe Baumann 1990.

[49] Hansen 1995, 173-175 und ausführlich zur 'Normenkontrolle' und zum Gesetzesbegriff in der attischen Demokratie Wolff 1970.

graphe paranomon mit einer eidesstattlichen Versicherung angekündigt werden (*hypomosia*). Diese Ankündigung unter Eid setzte die Wirksamkeit eines später beschlossenen Psephismas bis zur Verhandlung über die *graphe paranomon* aus, wirkte also ebenfalls als Sicherheitsmechanismus der Demokratie.

Par. 8-9: Lykurg beantragt schon im Prooimion seiner Anklagerede die Todesstrafe und das Verbot der Bestattung des Leokrates in attischer Erde. Im allgemeinen wurde die Todesstrafe in Athen in der Epoche der klassischen Demokratie insbesondere bei Verurteilungen wegen vorsätzlicher Tötung (bzw. Mord: *phonos*), Hoch- und Landesverrat (*katalysis tu demu, prodosia*), bei religiösen Delikten wie Tempelraub oder Tempelschändung (*hierosylia*) oder öffentlich demonstrierter Gottlosigkeit (*asebeia*) verhängt.

Wenngleich die Quellenlage nicht eindeutig ist, so drängt sich der Verdacht auf, daß insbesondere Mitglieder der Elite der Rhetoren und Strategen durch die Drohung von Eisangelia- und Prodosiaverfahren in der demokratischen Periode der Stadtgeschichte Athens ein höheres Risiko als Normalbürger trugen, bei politischen oder militärischen Mißerfolgen zur Todesstrafe verurteilt zu werden. Allerdings konnte man sich auch unter den damaligen Bedingungen noch relativ leicht einer solchen Anklage - und sogar noch der Vollstreckung eines Urteils - durch das Exil bzw. die Flucht aus Athen entziehen.

Im 5. und 4. Jh. wurden in Athen regelmäßig zwei Hinrichtungsarten angewendet, einmal die qualvollere und langsamere Form des *apotympanismos* (ein der Kreuzigung ähnliches Verfahren der Aufhängung des Opfers an einer Holzkonstruktion) und dann als für das Opfer schnellere und weniger qualvolle Methode der Tod durch den Schierlingsbecher. Bei verurteilten Verrätern konnte auch eine Hinrichtung durch die archaischen Verfahren der Steinigung oder des Herabstürzens in einen Abgrund erfolgen.[50]

Par. 9: Die *eisangelia* richtete sich im 4. Jh. nicht nur gegen ausdrücklich bezeichnete schwere Tatbestände, sondern zusätzlich nach dem Zeugnis lexikographischer Quellen auch gegen nicht näher spezifizierte, neuartige, den ganzen Demos betreffende und unerwartete schwere Verbrechen (*kainon, demosion, exapinaion*). Diese Generalklausel machte sich Lykurg als Ankläger zunutze, indem er das angebliche Verbrechen des Leokrates als so neuartig, unerhört und gefährlich für die gesamte Polis darstellt, daß es eben aus diesem Grunde bisher hierfür kein passendes athenisches Gesetz und keine andere geeignete Verfahrensform gebe als die Anklage unter dem Eisangeliagesetz (vgl. zum Argumentationsmuster ähnlich Lys. 31,27). Die einzelnen Verbrechen und Verhaltensweisen, die Lykurg dem Leokrates vorwirft, laufen aber alle nach Lykurgs Meinung auf *prodosia* (Verrat) hinaus.

---

[50] Siehe über die Todesstrafe und ihren Vollzug in Athen Barkan 1935, MacDowell 1963, Cantarella 1991, Thür 1991 und zuletzt Allen 2000b, 232-237.

Da die Verbrechen des Leokrates in ihrer Vielzahl und Schwere andere Delikte übersteigen, die in Athen jeweils für sich genommen schon mit der Todesstrafe bedroht seien, ist aus Sicht des Anklägers die Todesstrafe gegen Leokrates in diesem Verfahren die einzig 'mögliche' angemessene Strafe.

Zugleich fordert Lykurg die Richter auf, in diesem Falle nicht nur das Unrecht zu bestrafen, sondern zugleich 'Gesetzgeber' für die Zukunft zu werden. Die Richterkollegien der athenischen Dikasterien hatten gerade im Falle von Gesetzeslücken einen großen Einfluß und Spielraum.[51] Mehrfach versuchten Ankläger vor attischen Gerichten im 4. Jh., eine Verurteilung der Angeklagten durch Rechtsanalogien oder Billigkeitsargumente zu erreichen, wenn für deren angebliche Vergehen kein explizites Gesetz anzuführen war. Andererseits waren aber die athenischen Richter durch ihren Richtereid daran gebunden, zunächst nach den bestehenden Gesetzen Athens zu urteilen, während sie nicht einfach unter Umgehung der Nomotheten und der Volksversammlung durch Präzedenzurteile bindendes neues Recht setzen konnten. Demosthenes (Demosth. 24,149-151) überliefert eine Fassung des Richtereides, nach dessen Anfang die Richter gemäß den *nomoi* und *psephismata* des athenischen Demos urteilen sollten. Auch zur Zeit Lykurgs blieben also *nomoi* und *psephismata* die bindenden Maßstäbe aller Urteile, nicht einzelne frühere Gerichtsentscheidungen. Daß die Richter in der Praxis dennoch über gewisse Freiräume in ihrer Urteilsfindung verfügten und sich nicht 'sklavisch' an dem Buchstaben bestehender Gesetzestexte orientieren mußten, wird ebenfalls aus verschiedenen Rechtsstreiten des 4. Jh. deutlich. In Fällen, für deren Sachverhalte kein Gesetz existiere, mahnt etwa auch ein Klient einer Rede des Demosthenes (Ps.-Demosth. 39,40) die Richter, daß sie geschworen hätten, gemäß der *gnome dikaiotate* zu urteilen, also der gerechtesten Meinung. Hier kommen subjektive Erwägungen von Recht und Billigkeit ins Spiel.[52] Dieser Freiraum war auch angesichts einer bekannten strukturellen Eigenart der athenischen Gesetze theoretisch unverzichtbar, weil sie nämlich einen Verbrechenstatbestand üblicherweise nicht systematisch und möglichst umfassend definierten, wie z.B. die *prodosia*, sondern einzelne Verhaltensweisen als verräterisches Handeln aufführten. Lykurg rechnet in der Anklage gegen Leokrates mit einem Spielraum jedes Richters, das Eisangeliagesetz und den Tatbestand des Hochverrates nach einer Abwägung der Argumente der Anklage und Verteidigung einschätzen zu können. Lykurg fordert daher die Richter auf, mit ihrem Urteil auch als *nomothetai* und nicht nur als *diakastai* zu wirken (vgl. Lys. 14,4).

Par. 10: Auch Aischines (3, 246) äußert sich wenig später 330 im *Kranzprozeß* ausführlich über die pädagogischen Wirkungen von

---

[51] Vgl. zur Problematik der Gesetzesinterpretationen bei den attischen Rednern vor Gericht Hillgruber 1988, 105-120 und allgemeiner Triantaphyllopoulos 1985.

[52] Gegen ein strikt 'gesetzespositivistisches' Verständnis des athenischen Rechtswesens sprach sich schon Meyer-Laurin 1965 aus, vgl. auch zu diesem Problem Todd 1993, 54-61.

Belohnungen für verdiente Mitbürger und Strafen gegen Übeltäter. Seit jeher war es unter athenischen Dichtern, Philosophen und Rhetoren üblich, nachahmenswerte und abschreckende Beispiele aus der Geschichte der Stadt und der Gegenwart der Zuhörer als wirksame Erziehungsmittel zu loben. Lykurg folgt hier einer verbreiteten Praxis.[53] Im späteren Verlauf der Rede gibt Lykurg für diese Praxis selbst zahlreiche Beispiele (par. 75-130). Eine zeittypische Erscheinung der spätklassischen und frühhellenistischen Demokratie Athens sind auch Ehrendekrete für verdiente Mitbürger und Ausländer. Sie werden insgesamt zahlreicher als zuvor im 5. und frühen 4. Jh. und bieten auch in vielen Fällen eine beachtliche Ausführlichkeit in der Erzählung der vorbildlichen *Vita* und der Aufzählung der Verdienste der Geehrten. Diese Texte sollten sicherlich u.a. der Erziehung der Jugend der Polis dienen. Das Stratoklesdekret für Lykurg selbst gilt als ein historisch bedeutendes Beispiel.[54]

Die Erziehung der nachfolgenden Bürgergenerationen stand als eines der zentralen Anliegen neben der Stärkung der finanziellen und militärischen Ressourcen, der Belebung eines religiös begründeten, kampfbereiten Patriotismus und der institutionellen Weiterentwicklung der Demokratie im Zentrum des lykurgischen Programms. Lykurg engagierte sich selbst als Antragsteller oder Förderer für wichtige Reformen, z.B. die Ephebiereform, den Ausbau der städtischen Gymnasionanlagen, sowie die sorgfältige Erstellung von 'Staatsexemplaren' mit den Werken der großen Tragiker, die zur Unterhaltung und Belehrung der Bürgerschaft im aufwendig ausgebauten Dionysostheater aufgeführt wurden.

Für Lykurg typisch und weniger gut nachweisbar bei anderen Mitgliedern der damaligen athenischen Elite ist die schon in par. 10 erwähnte und in der ganzen Rede deutliche Vorstellung, die Erziehung der Jugend und der gesamten Bürgerschaft zu einer extrem opferbereiten Form des Patriotismus sei auch durch das Erziehungsmittel häufiger 'Schauprozesse' mit drastischen Verurteilungen von angeblichen Verrätern oder sonstigen schlechten Mitbürgern zu befördern. Die Eisangeliaanklage gegen Leokrates ist hierfür ein deutliches Beispiel. In diesem patriotisch motivierten Mißbrauch des Gerichtswesens zu Erziehungszwecken der Bürgerschaft ist Lykurg aber um 330 v. Chr. die Mehrheit der Athener offenbar nicht mehr gefolgt, wie der knappe Freispruch des Leokrates zeigt.

---

[53] Vgl. zum Topos des Beispiels und Vorbildes der Vorfahren bei den attischen Rednern Jost 1936, Tischler 1940 und ausführlich Nouhaud 1982.

[54] Vgl. zum Stratoklesdekret ausführlich Prauscello 1999 mit weiterer Literatur; zu Ehrenbeschlüssen für Athener und Ausländer aus der Zeit des lykurgischen Athen siehe Lambert 2004 und 2006; Errington 2005 diskutiert als eines der frühesten Beispiele für biographisch aussagekräftige Inschriften die Ehrung für Herakleides aus Salamis vom Jahre 325/4 kurz vor Lykurgs Tod (IG II² 360 + Add. = Schwenk Nr. 68). Vgl. zur Sprache der öffentlichen Anerkennung in Athen in Reden und Dokumenten auch Whitehead 1993.

Par. 11: Des freien Bürgers freies Recht der Rede im politischen Bereich (*isegoria, parrhesia*) galt als eines der Kennzeichen der athenischen Demokratie und ihrer freiheitlichen Lebensweise. Im politischen Bereich, im sozialen und kulturellen Leben, schließlich auch vor Gericht waren aber die Grenzen zwischen der freien Rede und der Verleumdung fließend. Alle athenischen Redner setzten persönliche Beleidigungen, Verleumdungen, Unterstellungen und unbeweisbare Andeutungen schlechter Eigenschaften und Handlungen ihrer Prozeßgegner in einem für moderne Leser unerhörten Umfange ein. Dies wird in der rhetorischen Thorie als *ephodos* oder *insinuatio* bezeichnet. Das Ausmaß der *diabole* (Verleumdung) vor Gericht ist wohl nur verständlich in einer agonal orientierten Kultur der freien Rede auch in anderen, außergerichtlichen Bereichen, z.B. in der Volksversammlung oder auf der Bühne.[55] Nur wenige exakt definierte Verleumdungen und Beschimpfungen insbesondere mit bestimmten verbotenen Ausdrücken (*aporrheta*), an öffentlichen Plätzen oder in Heiligtümern, wurden durch die *dike kakegorias* und ähnliche Klageformen wegen *kakos legein, loidoria* usw. bedroht, die ungefähr Klagen wegen übler Nachrede entsprechen.[56] Lykurg vermeidet zwar in seiner *diabole* bestimmte 'verbotene' Ausdrücke gegen Leokrates, scheut aber ansonsten vor keiner Beleidigung und Unterstellung gegen ihn zurück. Dabei wendet Lykurg sich zugleich (z.B. hier im Prooimion auch in par. 13 und erneut im Epilog par. 149) gegen die Berechtigung der *diabole* vor Gericht und behauptet, er bringe im Unterschied zu anderen Anklägern keine dunklen Punkte aus dem sonstigen Leben des Leokrates zur Sprache, die nichts mit dieser Anklage zu tun hätten. Es fehlte eben in Athen ein professioneller, juristisch ausgebildeter Richter als Leiter der Verhandlung, der grobe Verleumdungen sowie allzu weitläufige Tiraden der Parteien mit seiner Amtsautorität hätte beenden können. Ebenfalls fehlten professionelle Anwälte, die gegen nicht zur Sache gehörige Ausführungen einer Prozeßpartei in der mündlichen Verhandlung hätten Einspruch erheben können.

Die Redezeit der Prozeßparteien vor Gericht war je nach der Art und der Bedeutung der Fälle durch eine Wasseruhr (Klepshydra) beschränkt. Jeder Partei wurde eine bestimmte Anzahl von Einheiten des Flüssigmaßes eines *Chus* Wasser (à 3,2 Liter) zugestanden. Einige Beispiele aus dem Gerichtswesen Athens gibt etwa zur Zeit des Leokratesverfahrens Aristoteles in der *Athenaion Politeia* (Aristot. AP 67,2-4). Leider ist dort aber keine konkrete Angabe über das Zeitkontingent in Eisangeliaverfahren überliefert.

---

[55] Siehe zu beliebten Techniken der *diabole* (incriminatio) bereits Volkmann 1885, ferner Voegelin 1943 (nicht nur zu Lysias wichtig), Burke 1972, zu Versuchen, die Jury mit rhetorischen Tricks zu täuschen, auch Hesk 2000. Allgemein zu den vor Gericht im antiken Griechenland eingesetzten rhetorischen Techniken vgl. Lausberg 1990 und Martin 1974. Zur Isegoria siehe wertvolle Beiträge in Sluiter - Rosen 2004.
[56] Zur *dike kakegorias* und den Grenzen der Redefreiheit vgl. Halliwell 1991 und Wallace 1994.

Angesichts der drohenden Todesstrafe muß es hoch gewesen sein, und die vorliegende Rede *gegen Leokrates* mit ihren 150 Paragraphen wird (je nach Redetempo) wohl deutlich über zwei Stunden gedauert haben.

Zudem mußte ein Redner, der *diabole* als rhetorische Waffe einsetzte, auch immer die Reaktion der Jury beachten. Reagierte diese auf drastische Verleumdungen oder längere Exkurse ungehalten, so war es ratsam, möglichst schnell wieder die Aufmerksamkeit und das Wohlwollen der Richter zu erlangen. In der Anklagerede Lykurgs überraschen weniger die Schärfe und Häufigkeit seiner *diabole*, als eher politisch umstrittene Auffassungen (wie das Lob des Areopages oder der Spartaner) und das Aufgreifen brisanter Themen (Niederlage von Chaironeia). Hinzu kommen die weitläufigen und zahlreichen historisch-poetischen Exkurse und der dozierende Tonfall einiger Stellen, die den Unmut der Jury provoziert haben könnten. Der knappe Freispruch des Leokrates infolge der Stimmengleichheit der Richterstimmen könnte (neben der Schwäche des juristischen Fundamentes der Anklage) mit dieser riskanten Redenstrategie des Lykurg erklärt werden, der den eigenen Einfluß vor Gericht überschätzt hat.

Par. 12-13: Lykurg geht hier bewußt ein Risiko ein, einen Teil der Zuhörer seiner Rede zu verstimmen, wenn er ein nachdrückliches Lob des Areopages als bestem und angesehensten Gerichtshof Athens und sogar ganz Griechenlands in sein Prooimion aufnimmt (vgl. auch erneut zum Areopag als "größter Rettung" für die Polis in der Krise von 338 par. 52). Im Rat vom Areopag versammelten sich als Mitglieder auf Lebenszeit die ehemaligen Archonten nach dem Ende ihrer einjährigen regulären Amtszeit und dem Abschluß ihrer Rechenschaftsverfahren. Nachdem dieser Rat in der Verfassungsgeschichte Athens während der archaischen Epoche und auch noch in der Phase der Formierung der direkten Demokratie zwischen den Reformen des Kleisthenes und des Ephialtes und Perikles eine zentrale Rolle gespielt hatte, waren ihm nach den Verfassungsreformen um das Jahr 462/1 v. Chr. wesentliche Kompetenzen (u.a. in den Rechenschaftsverfahren der Amtsträger und im Gerichtswesen) genommen und an die Volksversammlung, den Rat der 500 und die Dikasterien übertragen worden. Verblieben waren dem Areopag insbesondere Kompetenzen im Rahmen der Blutgerichtsbarkeit und in sakralrechtlichen Angelegenheiten. Doch in der spätklassischen Demokratie Athens in den Jahren 355-322, die sich mit dem Wirken des Eubulos und des Lykurg verbinden, erlebte der Areopag eine spürbare Steigerung seines Ansehens und seiner Machtstellung. Es wurden ihm auf Antrag des Demosthenes und mit Unterstützung durch führende weitere Rhetoren der Stadt wie Eubulos, Hypereides, Lykurg oder Phokion, zusätzliche politisch-juristische Kompetenzen übertragen. Auch einflußreiche Publizisten wie Isokrates befürworteten ein stärkeres Gewicht des Areopags im Geflecht der athenischen Verfassungsinstanzen (vgl. die *Areopagrede*). Denn der Areopag war das einzige Verfassungsorgan Athens, in dem über Jahre eine gewisse personale Kontinuität sich mit einer durch die frühere Tätigkeit aller Areopagiten als Archonten größeren Amtskompetenz in politisch-juristischen Fragen verband, als man sie im Rat der 500 oder unter den amtierenden Jahresmagistraten fand. Daher war im Areopag leichter als in der Ekklesia oder im Rat der 500 eine ruhige Beratung und gründliche Untersuchung heikler Angelegenheiten möglich. Zum formal wichtigsten neuartigen Instrument des Einflusses des Areopages in Athen wurden politische und juristische Gutachten (*apophaseis*), die der Areopag im Auftrag der Volksversammlung, aber auch aus eigener Initiative vorlegte.[57]

Lykurg betont in der Leokratesrede vor allem den exzellenten Ruf des Areopages in ganz Griechenland als Gerichtshof. In jüngerer Vergangenheit hatte der Areopag vor allem in der Krise nach Chaironeia 338/7 als Sondergerichtshof gegen Verräter auch Todesurteile gefällt. Lykurg selbst hatte dort Anklagen vertreten. Im Verlauf der Leokratesrede zitiert er später Beispiele, die er als Präzedenzfälle für die Anklage gegen Leokrates gewertet wissen möchte. In den Jahren 324/23 wirkte der Areopag als Untersuchungsausschuß maßgeblich mit bei der gerichtlichen Untersuchung und Abwicklung der sogenannten Harpalosaffäre,[58] einem Skandal um Alexanders nach Athen geflohenen Schatzmeister und Bestechungsgelder, in den Demosthenes und weitere Mitglieder der Elite Athens als Angeklagte verwickelt waren, während vor allem Hypereides und Deinarch auf der Seite der Ankläger standen (daher erklärt sich auch das Lob des Deinarch. 1,1; 1,5 und 1,112; vgl. aber auch Demosth. 23,65-66).

Obwohl der Machtaufstieg des Areopages mit Billigung der Mehrheit der Volksversammlung und aktiver Unterstützung durch führende Rhetoren verlief, liegt in diesem ausdrücklichen Lob als bestem Gerichtshof Athens, den sich demokratische Dikasterien Athens zum Vorbild nehmen sollten, also eine bewußte Provokation durch Lykurg. Denn er mußte damit rechnen, zumindest einen Teil der Richter gleich zu Beginn der Rede zu verstimmen. Man darf daher annehmen, daß Lykurg hier bei vollem Risiko aus eigener Überzeugung spricht.

Par. 14-15: Die Paragraphen 14-15, mit denen das Prooimion endet und die zur *diegesis* (narratio) als dem nächsten Teil der Gerichtsrede überleiten, bieten Beispiele für die rhetorische Technik der pathetisch-dramatischen Übertreibung, die Lykurg in der gesamten Rede in einem bereits für antike Stilkritiker anstößigen Ausmaß einsetzt. Lykurg nimmt in par. 14 (vgl. ebenfalls par. 31 und 59) eine zu erwartende Verteidigung des Leokrates vorweg, er sei nur ein einfacher Bürger, ein Kaufmann und Privatmann (*idiotes*), der von einflußreichen Rhetoren wie Lykurg als Opfer vor Gericht gezerrt werde. Dies war ein häufig in Anklage- wie Verteidigungsreden verwendeter Topos. Die 'Hilflosigkeit' des *idiotes* in einer gerichtlichen Auseinandersetzung gegen versierte Rhetoren und gierige Sykophanten betont

---

[57] Siehe zum Areopag zwischen 355 und 322 de Bruyn 1989 und 1995, Engels 1988b, Wallace 1989 und jüngst zu Demosthenes und dem Areopag Sullivan 2003.
[58] Zur Harpalosaffäre siehe Worthingon 1986 und Engels 1993, 308-313.

aus prozeßtaktischen Gründen etwa zur Zeit des Leokratesprozesses besonders deutlich Hypereides in den Verteidigungsreden *für Lykophron* und *für Euxenippos* (Hyp. or. 2,20 col. XVI; Hyp. 3,13 col. XXVII, 3,27 col. XXXVII und 3,30 col. XL).[59]

In drastischer Übertreibung nennt Lykurg an dieser Stelle die Eisangelia gegen Leokrates ein Gerichtsverfahren, auf das ganz Griechenland seinen Blick richte. Aus der Zeit zwischen dem Philokratesfrieden 346 und der Niederlage Athens im Lamischen Krieg 322 v. Chr. dürften vermutlich kaum eine Handvoll Gerichtsverfahren über Athen hinaus oder gar in ganz Griechenland Beachtung gefunden haben. Hierzu gehörten die Prozesse, die Gegenstände oder Themen betrafen, welche auch für andere Poleis direkt relevant waren, etwa der *Gesandtschaftsprozeß* 343 über die Bewertung des Philokratesfriedens von 346 oder andere Verfahren, in denen sich in Athen als Ankläger und als Angeklagte (bzw. deren *synegoroi*) erstrangige Rhetoren gegenüberstanden. In diesen Fällen galt der Ausgang des Verfahrens immer auch als eine Art des Plebiszites und ein sicheres Indiz für die aktuelle jeweilige politische Unterstützung der prominenten Rhetoren und Politiker im Demos. Zu solchen auch über Athen hinaus beachteten Verfahren rechneten wohl der *Kranzprozeß* 330 und die *Harpalosprozesse* 323.

Wie in allen Epochen vor der weltweiten Verbreitung von elektronischen Massenkommunikationsmitteln waren Hafen- und Handelsplätze mit den dort verkehrenden Kaufleuten, z.B. der athenische Piräus oder der rhodische Handelshafen, auch in der griechischen Antike selbstverständliche Zentren der Sammlung und Übermittlung von Nachrichten, die ähnlich bedeutend waren wie die überregionalen Heiligtümer und panhellenische Wettkampf- und Festspielorte.[60] Die Flucht des Leokrates 338 nach Rhodos und seine dramatischen Berichte über die verzweifelte Lage Athens waren nach Meinung Lykurgs bereits deshalb schärfstens zu verurteilen, weil rhodische Kaufleute als Multiplikatoren mit ihren über die gesamte Mittelmeeroikumene gespannten Handelsbeziehungen diese für Athen so schädlichen, zudem auch noch unzutreffenden Nachrichten weiter verbreiten würden. Die Informationen im Schlußteil des Prooimions und in der Diegesis über Rhodos als Fluchtort des Leokrates sowie die Meinung Lykurgs über Rhodos als neues aufstrebendes Handelszentrum der Ägäis und die bedeutende Rolle der rhodischen Kaufleute bieten zugleich ein interessantes Zeugnis für die um 330 einsetzenden Verschiebungen in den Handelsströmen und den ökonomischen Gewichten zwischen alten Handelszentren, wie Korinth und Athen, und den

---

[59] Zahlreiche Belege für *idiotes* findet man in Welskopf Bd. 1, 1985, 996-1010 sowie bei Gigon 1981.

[60] Vgl. zu den *emporia*, den Hafen- und Handelszentren interessante Quellen in Roulliard 1993, zum antiken Nachrichtenwesen und zur Rolle von Neuigkeiten in der griechischen Gesellschaft allgemein Kolb 2000 und Lewis 1996.

neuen Zentren der späten Alexanderzeit und der hellenistischen Ära wie Rhodos[61] oder Alexandria.

Diegesis: 'Erzählung' des juristisch relevanten Sachverhaltes des Falles:

Par. 16-18: Es folgt ab par. 16 der nächste Teil der Gerichtsrede, die *Diegesis*, d.h. die 'Erzählung' des juristisch relevanten Sachverhaltes im Sinne der Anklage (par. 16-27).[62] Formal betrachtet ist der Kern der *Diegesis* (par. 16-18) mit nur drei Paragraphen von 150 im Verhältnis zu der insgesamt langen Anklagerede *gegen Leokrates* besonders wichtig. Der Ankläger Lykurg sollte hier durch präzise Fakten, eine glaubwürdige Darstellung und schlüssige Argumente aufzeigen, daß Leokrates durch sein Verhalten im Jahre 338 tatsächlich Verrat begangen hat. Die damaligen Ereignisse in Athen und die Handlungen des Leokrates werden aber von Lykurg offenbar aus Mangel an stichhaltigen Beweisen in diesem entscheidenden Abschnitt der Rede nur in undeutlichen Formulierungen und mit einer ungenauen Chronologie referiert. Es fehlt diesem Teil der Rede also an seinen wichtigsten Eigenschaften aus Sicht der Handbücher der Rhetorik: der Klarheit und Glaubwürdigkeit. Seinen tendenziösen Bericht garniert Lykurg mit juristisch unwichtigen Details, die Leokrates als schlechten Bürger und Verräter in Mißkredit bringen sollen. Weder in par. 16-18 noch an irgend einer anderen Stelle der Anklagerede (z.B. in par. 36-41) wird eindeutig bewiesen, daß Leokrates Athen erst verlassen hatte, nachdem 338 das Notstandspsephisma des Hypereides beschlossen und verkündet worden war, und daß Leokrates zum Zeitpunkt seiner Flucht bzw. Abreise bereits von diesem Volksbeschluß Kenntnis hatte.

Zunächst ergab sich für den Ankläger Lykurg die psychologisch schwierige Aufgabe, die Richter an die bittere Niederlage von Chaironeia 338 v. Chr. zu erinnern. Dies war ein traumatisches Ereignis für die gesamte Polis gewesen, das die anwesenden Richter selbst erlebt hatten. So sehr athenische Richter enkomiastische Erinnerungen an Athens ruhmvolle Vergangenheit schätzten, so heikel war die Erinnerung an die schwersten Niederlagen der Stadt im 5. und 4. Jh., vor allem an die Seeschlacht bei Aigospotamoi 405, die Niederlage im Peloponnesischen Krieg 404 mitsamt der Terrorherrschaft der Dreißig 404/3 (vgl. Lys. 13,43 und 31,8) und aus jüngerer Vergangenheit im lykurgischen Athen an die Schlacht von Chaironeia 338 v. Chr. Redner, die diese traumatischen Daten näher behandeln mußten, sprechen diese Punkte äußerst vorsichtig an, z.B. Aischines im *Kranzprozeß* (Aisch. 3,252) mit dem Ausdruck vom Unglück der Polis (*atychia*) und Demosthenes im *Epitaphios* auf die Gefallenen des Kriegsjahres von Chaironeia (Demosth. or. 60) oder mehrfach in der *Kranzrede* (Demosth. 18). Auch Lykurg sichert sich hier zuerst durch eine Bitte an die Richter um wohlwollendes Gehör ab, bevor er an die bedrohliche Lage der Stadt 338 erinnert.

---

[61] Siehe zur Geschichte von Rhodos in spätklassischer und hellenistischer Zeit van Gelder 1900, Berthold 1984 sowie Wiemer 2001 und 2002.

[62] Siehe zur *diegesis* bzw. *narratio* jüngst Knape 2003 mit weiterer Literatur.

In par. 16 (und später in par. 36-37) spricht Lykurg über das Psephisma auf Antrag des Hypereides zur Verteidigung der Polis gegen einen nach der Niederlage von Chaironeia unmittelbar befürchteten Angriff der Makedonen. Die Details der damals beschlossenen, aber dann mit allen Konsequenzen (z.b. der Befreiung der mitkämpfenden Sklaven) wegen der raschen Entwicklung hin zum Demadesfrieden nicht mehr komplett umgesetzten Notstandsbeschlüsse, lassen sich aus verschiedenen Quellen zusammentragen (Lykurg. par. 16-18, 36-41; ps.-Plut. Mor. 848f-849a; Hyp. Fr. 27-39 Jensen; zu Initiativen des Demosthenes siehe Demosth. 18,247f; Aischin. 3,236; Deinarch. 1,78). Das gesamte Paket der Notstandsbeschlüsse umfaßte folgende, zum Teil radikale Maßnahmen:[63] die Evakuierung der Zivilisten aus Attika nach Athen-Piräus, die Besetzung der Verteidigungsanlagen und einen improvisierten Ausbau der Mauern, die Mobilisierung aller verteidigungsfähigen Bürger, einschließlich des 'Landsturmes' der bereits über Fünfzigjährigen, außerordentliche Maßnahmen zur Sicherung der Getreideversorgung, Hilfsgesuche an befreundete Staaten und die Kleruchien, die Verlegung des Amtssitzes des Rates der 500 in den Piräus mit Sondervollmachten für den Rat als Regierung zu unmittelbaren Beschlüssen zum Schutz Athens, seiner Bürger und seiner Demokratie ohne weitere Entscheidung in der Volksversammlung, Sonderkompetenzen für den Areopag als Gerichtshof sowie als radikalsten Beschluß das Versprechen der Freiheit für alle Sklaven und des Bürgerrechtes für die Fremden, die für Athen kämpfen würden, eine Amnestie und die Wiedereinsetzung in ihre bürgerlichen Rechte für alle zuvor verbannten Mitbürger. Lykurg hebt rhetorisch geschickt die Punkte hervor, mit denen konkrete Verhaltensweisen des Leokrates angeblich in direktem Widerspruch standen: erstens Frauen und Kinder in die Festung Athen-Piräus zu evakuieren, während Leokrates mit seiner Hetäre und Sklaven nach Rhodos floh, und zweitens den Strategen alle Vollmacht zu geben, jeden athenischen Bürger und andere Einwohner der Stadt mit einer Aufgabe bei der Verteidigung zu betrauen, während Leokrates infolge seiner Flucht damals für keine einzige Aufgabe bereitstand.

Par. 17: Die Schilderung der Einzelheiten der überstürzten und zugleich heimlichen Flucht des Leokrates bedient Vorurteile der Jury und soll Leokrates als Verräter ohne Vaterlandsliebe beschreiben. Sprachlich erfüllt diese Stelle die Anforderungen der *enargeia*, der bildhaften Anschaulichkeit, besonders gut. Leokrates packte in aller Eile einige Wertsachen zusammen, nahm einen Teil seiner Sklaven und seine Hetäre Eirenis auf die Flucht mit (nicht etwa seine Ehefrau und Kinder, vielleicht ein indirekter Hinweis darauf, daß Leokrates 338 unverheiratet und kinderlos war, oder andernfalls ein weiteres Indiz dafür, ein wie schlechter Bürger Leokrates sei). Leokrates floh dann durch ein Nebentor der Stadtfestung, das zur *Akte* hinführte, einem vorspringenden Küstenstreifen am Südwestrand der Halbinsel des Piräus. Die *Akte* war einem der Strategen Athens speziell unterstellt und wurde damals

---

[63] Zum Inhalt und der Bedeutung der Beschlüsse siehe ausführlich Engels 1993, 99-114 und Will 1983, 8-11.

von einer Abteilung der Epheben bewacht (Aristot. AP 42,3 und 61,1; Harpokration s.v. *akte* A 64 Keaney; Deinarch. 3,13). Man darf sich den Fluchtpunkt des Leokrates vielleicht unweit des heutigen sogenannten 'Grabes des Themistokles' vorstellen. Mit einem kleinen Kahn steuerte Leokrates ein Fluchtschiff an, das an der Küste bereits vorbereitet vor Anker lag. Er reiste also nicht aus dem großen Piräushafen Athens selbst und von den üblichen Ablegestellen für zivile Schiffe mit Kaufleuten und Reisenden ab (vgl. par. 55).

Lykurg zielt mit weiteren bildhaften Details auf die patriotischen Gefühle der Richter. Leokrates habe die Häfen der Stadt, ihre Mauern sowie ihre Heiligtümer als sichtbare Symbole ihrer Macht und ihres religiösen Zusammenhaltes bedenkenlos im Stich gelassen, welche er noch aus einiger Entfernung bei der Flucht erkennen konnte. Selbstverständlich wird hier die Akropolis erwähnt. Geschickt sind ferner die Hinweise auf zwei andere Heiligtümer, die man aus Athen abfahrend noch aus Entfernung erkennen konnte, die Tempel des Zeus Soter im Piräusgebiet und der Athena Soteira außerhalb der Stadt am Meer gelegen (siehe zu diesen Heiligtümern auch Strab. Geog. 9,1,15 C. 395-396; IG II/III² 1035,15 und 1669 ein Beschluß über Bauarbeiten am Tempel des Zeus Soter im 4. Jh; zum Fest der *Diisoteiria* in Athen Paus. 1,1,3; vgl. par. 136). Leokrates verrät also genau die Gottheiten und sieht ihre Heiligtümer bei seiner Flucht zuletzt, die für die Rettung und Bewahrung (*soteria*) Athens in der Krise 338 von besonderer Bedeutung waren.[64]

Par. 18: Auf Rhodos angelangt verbreitete Leokrates Schreckensgeschichten über die Lage Athens: Das Stadtzentrum (*asty*) sei bereits vor seiner Flucht eingenommen worden, der Piräus werde belagert, er selbst habe sich nur mit Mühe (*molis*) retten können. Die rhodischen Behörden schenkten ihm zunächst Glauben und ergriffen drastische Maßnahmen. Sie setzten die rhodische Marine in Verteidigungsbereitschaft und sicherten die Handelsschiffe im Hafen. Alle Kaufleute und Reeder, die Schiffsladungen an Getreide und anderen Waren für Athen als Zielhafen geladen hatten, luden damals diese wieder aus. Mit seiner Greuelpropaganda hatte also Leokrates die Versorgung der Polis mit Getreide und anderen Gütern, ein vitales Interesse des Demos, im Angesicht einer drohenden Belagerung gravierend gefährdet. Aus Lykurgs Sicht war auch dies ein Akt des Hochverrats.

Par. 19-20: Für die Wahrheit seiner Berichte über die Aussagen des Leokrates auf Rhodos, die Lykurg nicht selbst gehört haben konnte, will er glaubwürdige Zeugen aufbieten. Dem Verfahren vor attischen Gerichten entsprechend, gibt es in diesem Prozeß gegen Leokrates keine Möglichkeit

---

[64] Zum Piräus und seinen vielen Heiligtümer und Kulten siehe Garland 1987, insb. 137-138 zu Zeus Soter und Athene Soteira mit einer Liste epigraphischer Quellen zu Zeus Soter 239-240, ferner Travlos 1988, 340-363 sowie von Eickstedt 1991, insb. 18-33 zur Akte.

zum Kreuzverhör von Zeugen oder Angeklagten. Die Aussagen der Zeugen (*martyriai*) wurden vor einem Magistrat vor Prozeßbeginn schriftlich als zulässige Beweismittel deponiert und dann während des Verfahrens von einem Gerichtsdiener verlesen. Die Zeugen erscheinen im Verfahren persönlich nur noch, um die Korrektheit der verlesenen Aussagen zu bestätigen. *Martyriai* gehören neben öffentlichen und privaten Urkunden, Gesetzen, Sklavenaussagen und Eiden zu den wichtigsten Beweismitteln des attischen Prozesses. Lykurg läßt in der Leokratesrede mehrfach *martyriai* verlesen. Durch ihre Verlesung (oder diejenige von *nomoi* und *psephismata*, Gesetzen und Volksbeschlüssen) wurde die dem Redner zustehende Redezeit nicht vermindert, weil die Wasseruhr für diesen Zeitraum angehalten wurde.

Unter den aufgebotenen Zeugen befindet sich auch ein athenischer Bürger namens Phyrkinos, der offenbar im Jahre 338 zusammen mit anderen Bürgern, darunter Leokrates selbst (siehe par. 58), als Pächter des Hafenzolles der athenischen Polis von 2 % auf alle in den Piräus ein- und ausgeführten Waren (*pentekoste* scil. *moira* genannt, vgl. Ps.-Demosth. 59,27)[65] gegen eine Pauschalsumme tätig gewesen war. Er war durch die Greuelgeschichten des Leokrates auf Rhodos und die kurzfristigen rhodischen Handelsbeschränkungen mit Athen unmittelbar geschädigt worden und hatte den Leokrates nach Lykurgs Worten deswegen bereits zuvor angeklagt (wann und mit welchem Ergebnis bleibt leider unklar). Lykurg zeigt sich über den Bereich der Verpachtung der Zölle der Polis präzise informiert, wie dies für den Dioiketen der Polis in diesen Jahren auch zu erwarten war. Man beachte auch sein detailverliebtes Interesse und seine Kenntnisse über die finanziellen Regelungen, die Leokrates zum Transfer seines Vermögens nach Megara getroffen hat (par. 22-23).

Lykurg erörtert und kritisiert die Praxis, daß Zeugen sich für eine Aussage (oder zu ihrer Vermeidung) bestechen oder durch Freundschaftspflichten bewegen ließen. Außerdem bezieht er sich hier auf die Möglichkeit der *exomosia* (des Freischwörens), mit der Zeugen - "mit ihren Händen am Altar und die heiligen Gegenstände umfassend"- sich außergerichtlich als nichts von der Sache Wissende mit einem feierlichen Eid losschwören konnten (z.B. auch erwähnt in Demosth. 19,176; ps.-Demosth. 45,60; ps.-Demosth. 57,59).[66]

In seiner Anklagerede läßt Lykurg zahlreiche Zeugenaussagen, Volksbeschlüsse, Namenslisten, sogar auch ein Gesetz der Spartaner verlesen. Alle diese Texte sind (mit Ausnahme der Version des Eides von Plataiai, s.u.) in den Handschriften der Rede nicht überliefert worden.

Par. 21-27: Nach seinem Aufenthalt in Rhodos nahm Leokrates seinen Wohnsitz in der westlichen Nachbarpolis Athens in Megara, das auch im 4.

---

[65] Zur *pentekoste* und ihrer Verpachtung in Athen siehe knapp Schmitz 2000a.

[66] Siehe zur *exomosia* vor athenischen Gerichten Harrison, Vol. II 1971, 139-140 und insbesondere Carey 1995.

Jh. als eine wichtige Handelspolis bekannt war (Hauptexportprodukte waren Wolle und Textilien).[67] In der Ära des Eubulos und Lykurg - anders als zeitweise im 5. Jh. - bestanden zwischen den Nachbarstädten Athen und Megara friedliche Beziehungen. Noch 343 hatten die Athener den Megarern geholfen, einen Versuch des Makedonenkönigs Philipps II. abzuwehren, sich Megaras als Stützpunkt für seinen Einfluß auf die Peloponnes zu bemächtigen. Seit 338/7 waren Athen und Megara beide Mitglieder des Korinthischen Bundes und Alliierte Philipps II. und später Alexanders des Großen. In Megara betrieb Leokrates als Metoike (*metoikos*), also als ein dauerhaft ansässiger Ausländer mit geschütztem Rechtsstatus, und mit Hilfe eines megarischen Bürgers als *prostates* (rechtlichem Vertreter) Handelsgeschäfte. Die günstige Lage Megaras, das in lykurgischer Zeit wieder durch Mauern mit seinem Hafenort Nisaia verbunden war, in der Nähe der Handelsplätze Korinth und Athen mag Leokrates zur Wahl seines neuen Wohn- und Geschäftsortes bewogen haben. Vielleicht spielte auch die enge Nachbarschaft zu Athen eine Rolle, welche die wirtschaftlichen Transaktionen des Leokrates erleichterte, die Lykurg beschreibt. Anders als zuvor in Athen, wo er als Besitzer einiger Sklaven vor allem im Handwerksgeschäft tätig gewesen war, wechselte Leokrates spätestens in Megara zum Getreidehandel.

Für die Datierung der Leokratesrede und die Rekonstruktion der Vorgeschichte des Falles sind die Fragen wesentlich, wann genau Leokrates aus Rhodos nach Megara übersiedelte und wie lange er dann dort als Kaufmann lebte, bevor er wieder nach Athen zurückkehrte, wo ihn Lykurg anklagte. Lykurg stellt es so dar, daß Leokrates Rhodos nach kurzer Zeit, also wohl noch 338/7 v. Chr. verlassen habe, sobald sich seine Greuelgeschichten über die Lage in Athen nach Chaironeia als falsch herausstellten. Danach habe er mehr als fünf Jahre in Megara gelebt, also mindestens bis 333/2. Andererseits sagt Lykurg par. 45 explizit, Leokrates habe erst im achten Jahre, also sieben Jahre nach 338, wieder sein altes Vaterland Athen betreten. Diese Angabe würde auf das späte Jahr 331 führen. Nach par. 58 schließlich wäre Leokrates sechs Jahre ohne Unterbrechung außer Landes gewesen, was wieder eher auf 332 führt. Nach par. 145 dauerte sein Aufenthalt in Megara mehr als fünf oder sechs Jahre. Es ist erstaunlich, wie wenig sich Lykurg in seiner Darstellung der Biographie des Angeklagten um eine präzise oder doch zumindest innerhalb seiner Rede in sich stimmige Chronologie bemüht.

Lykurg wirft Leokrates vor, Athen als sein Vaterland nach der Niederlage von Chaironeia endgültig aufgegeben zu haben. Einen Umzug in ein neues Heimatland (Rhodos, Megara) aus ökonomischen oder rein persönlichen Motiven, wie sie Leokrates für sich reklamiert haben dürfte, will der Ankläger nicht anerkennen. Doch einer solchen Handlungsweise und den damit zusammenhängenden Vermögensregelungen des Leokrates stand kein athenisches Gesetz entgegen. Leokrates nahm in Megara jedenfalls nicht

---

[67] Vgl. über die politische Geschichte, aber auch die wirtschaftliche Bedeutung Megaras Legon 1981.

lediglich die Stellung eines asylsuchenden Kriegsflüchtlings oder Fremden mit kurzzeitigem Aufenthalt ein, sondern er genoß den privilegierten Status eines Metoiken.[68]

Par. 22-23: Diese Paragraphen der Rede enthalten - neben den spärlichen Informationen über den verstorbenen und in Attika beerdigten Vater des Leokrates par. 136-137 und möglicherweise einem Hinweis auf den ledigen Familienstand des Leokrates in par. 16-18 - auch die meisten Hinweise über die Familienverhältnisse, athenische Bekannte und das Vermögen des Leokrates (vgl. Traill PAA Nr. 605195, S. 97-98; Osborne - Byrne, LGPN vol. II, S. 282 s.v. Leokrates 3). In par. 22-23 hören wir, daß Leokrates mindestens zwei Schwestern hatte. Die ältere Schwester war mit dem Athener Amyntas, die jüngere mit Timochares aus dem Demos Acharnai verheiratet.

Der in Athen damals seltene, dagegen in Makedonien sehr populäre Name des Amyntas, die Getreidegeschäfte des Leokrates mit Königin Kleopatra (par. 26) sowie eine undeutliche Stelle in Theophrasts *Charakteren* (Theophr. Char. 23,3-4 aus der Beschreibung des *Prahlers*) über einen nicht namentlich benannten athenischen Kaufmann mit guten Beziehungen zu dem Makedonen Antipater, Alexanders damaligen Strategen für Europa, haben Tritle[69] zu der wenig überzeugenden Vermutung veranlaßt, die Anklage Lykurgs gegen Leokrates wegen Verrats könne vielleicht ihren Grund auch in guten Verbindungen des Leokrates nach Makedonien gehabt oder gar im Verdacht bestanden haben, Leokrates habe für die Makedonen als athenischer Kaufmann getarnt spioniert. Für eine solche Hypothese spricht aber kein überzeugendes Argument.

Par. 23-24: Leokrates löste wohl in der Mitte der 330er Jahre seinen Besitz in Athen auf und transferierte den Ertrag nach Megara. Diese für einen jahrelang in Megara tätigen Kaufmann ökonomisch sinnvolle Handlungsweise wirft ihm Lykurg als ein Schuldeingeständnis seines Verrates an Athen vor. Juristisch ist dies haltlos, aber als *diabole* waren diese Passagen der Rede für Leokrates trotzdem gefährlich. Lykurg kann keine Beweise oder Zeugen dafür vorbringen, daß etwas an den Geschäftsvorgängen illegal gewesen war. Bei den finanziellen Transaktionen zur Begleichung der bestehenden Verbindlichkeiten des Leokrates sowie der Auflösung und Übertragung seines athenischen Vermögens nach Megara waren mehrere Personen involviert. Sie werden von Lykurg namentlich erwähnt: die beiden Schwager Amyntas und Timochares und ein Freund des Leokrates namens Antigenes aus Xypete. Der Schwager Amyntas übernahm das Haus und die Sklaven des Leokrates in Athen für ein Talent (6000 Drachmen) und verkaufte diese Vermögenswerte

---

[68] Vgl. zum Status dieser sogenannten 'Umwohner' oder 'Mitbewohner' (Metoiken), die in vielen Hafen- und Handelspoleis regelrechte Immigrantengemeinschaften bildeten, Whitehead 1984; zu der im allgemeinen besonders patriotischen Einstellung athenischer Metoiken und ihrem Einsatz für Athen siehe Whitehead 1977.

[69] Vgl. Tritle 1999.

dann in Athen. Er beglich damit die noch bestehenden allgemeinen Schulden (*opheilemata*) und die *eranoi* des Leokrates, unverzinsliche Darlehen aus Sammelvermögen.[70] Die ehemaligen Sklaven des Leokrates kaufte der andere Schwager Timochares für 35 Minen (3500 Drachmen). Um diesen Kaufpreis in bar aufbringen zu können, schloß er einen Schuldvertrag ab, der bei dem Bankier Lysikles hinterlegt wurde (vielleicht ist dies Lysikles von Leukonoe, der bei Hyp. 5,9 erwähnt wird). Die Textüberlieferung über die Höhe des Zinssatzes scheint problematisch. Eine Mine (pro Monat gerechnet) führt auf im 4. Jh. ungewöhnlich hohe ca. 34 % Zinsen, eine halbe Mine auf realistischere ca. 17 % Zinsen pro Jahr.[71]

Aus dem 5.-4. Jh. v. Chr. sind uns sehr unterschiedliche Preise für Häuser (mit Grundstücken) und für Sklaven in Athen überliefert.[72] In den Quellen bezeugte Hauspreise schwanken je nach Objekt von ca. 3-120 Minen. Die Sklaven des Leokrates waren handwerklich ausgebildete Erzschmiede (*chalkotypoi* par. 58), aber auch die Preise für Sklaven schwankten natürlich erheblich nach Geschlecht, Alter, besonderen Qualifikationen usw. Vielleicht könnte man in diesem Falle bei ausgebildeten Handwerkern ca. 3 Minen pro Sklaven ansetzen. Dann hätte Leokrates etwa 10-12 Sklaven besessen. Trotz der Dürftigkeit der Informationen ergibt sich das grobe Bild, daß das Gesamtvermögen des Leokrates zwar nicht gering war, er aber andererseits keinesfalls zu den Besitzern großer Handwerksmanufakturen, den Großgrundbesitzern und Minenpächtern Attikas oder den Großkaufleuten zählte. Beispielsweise besaßen der Vater und Bruder des Redners Lysias neben anderem Vermögen alleine 120 Sklaven, die Waffen herstellten, oder der Vater des Demosthenes 30 Messerschmiede und 20 Tischler. Lykurg verzichtet daher auch darauf, die üblichen Neidgefühle der Richter gegen reiche Angeklagte in der Rede gegen Leokrates zu bedienen, die z.B. wohl bei der Anklage des Minenpächters Diphilos durch Lykurg (Ps.-Plut. Mor. 843d) und seiner Verurteilung eine Rolle spielten. Aus dem konfiszierten Vermögen des Diphilos von 160 Talenten erhielt jeder Bürger Athens (einschließlich der Richter seines Falles) 50 Drachmen ausgezahlt.

Auch die Tatsache, daß Philomelos aus Cholargos (LGPN II Philomelos 10 S. 457 und APF 14671 mit IG II² 1623a,66 und 1623b,314) und Menelaos (aus Myrrhine? siehe APF 9963 und IG II² 1628c,412 und 1629d,932), der früher

---

[70] Zur rechtlichen Konstruktion des sogenannten *eranos* in Athen siehe knapp Thür 1998.

[71] Vgl. mit reichem Quellenmaterial über Zinssätze aus der griechisch-römischen Antike bereits Billeter 1898 und knapp zusammenfassend Andreau 2002, insb. 813 zum 4. Jh. und zu Athen. 12-15 % Zinsen pro Jahr wäre für solche Darlehen wie das des Timochares im 4. Jh. in Athen ein üblicher Zinssatz gewesen.

[72] vgl. *Nomisma*. Datenbank an der Universität Bremen zu Löhnen und Preisen in der griechischen Antike. Finanzdaten aus der archaischen und klassischen Zeit http://nomisma.geschichte.uni-bremen.de; zu athenischen Löhnen im Vergleich zu Preisen bestimmter Güter siehe insb. Loomis 1998.

einmal als Gesandter Athens vielleicht in der Gesandtschaft des Ephialtes 340 beim Perserkönig Artaxerxes III. gewesen war,[73] von Amyntas 40 Minen erhalten hatten (zur Begleichung von alten Schulden des Leokrates?), steht in keinem ersichtlich relevanten Zusammenhang mit der Anklage wegen Verrat.

Par. 25: Weil Leokrates auch die *hiera patroa* aus Athen nach Megara bringen läßt, wirft Lykurg ihm *asebeia* und eine gewaltsame Entführung oder 'Vaterlandsberaubung' der *theoi ephestioi* oder *mychioi*, der in seiner Familie über Generationen verehrten Hausgottheiten und Kultgegenstände vor (z.B. Götterbilder, Statuen). Neben anderen Gottheiten dürfte in der Familie des Leokrates der Kultus des Zeus Soter von Bedeutung gewesen sein, worauf eine Weihung des Vaters deutet (par. 136-137). Der Paragraph 25 ist mit den die gesamte Rede beherrschenden Stilmitteln der *auxesis* und *deinosis* überfrachtet. Er hat mit der Eisangeliaklage streng genommen nichts zu tun, doch soll der Vorwurf der Gottlosigkeit das Zerrbild des Verräters Leokrates abrunden. Lykurg versteht *asebeia* in einem weiten Sinne als Verletzung aller wesentlichen sozialen und religiösen Beziehungen eines Bürgers zu den Göttern und zu den Mitbürgern. Daher rückt er in dieser Rede *asebeia* eng an *prodosia* heran. Für Lykurg selbst mag eine Translatio der Familienkultgegenstände und Hausgottheiten (vgl. par. 38) wegen seiner priesterlichen Stellung tatsächlich geradezu kriminell gewesen sein. Nach athenischem Volksglauben war ja auch ihr Kult an einen bestimmten Ort und ein Haus gebunden.[74] Wenn Leokrates aber nun offenbar beabsichtigte, für längere Zeit in Megara zu leben, war seine Handlungsweise aus seiner Sicht auch als religiös korrekt zu rechtfertigen, damit er dort bestimmte Kulthandlungen fortführen konnte.

Par. 26-27: Lykurg beschuldigt Leokrates, durch seine Handelsgeschäfte von Megara aus athenische Getreidehandelsgesetze gebrochen zu haben. Auch dieser Vorwurf hat mit dem Kern der Verratsklage nichts zu tun. Doch reagierte der Demos in allen Fragen, die die Sicherheit seiner Getreideversorgung betrafen, sehr sensibel. Auch während der Jahre des lykurgischen Athen blieb die Getreideversorgung z.B. ein fester Tagungsordnungspunkt jeder regulären Volksversammlung.[75] Es bleibt unter Wirtschafts- und Rechtshistorikern sehr fraglich, ob Leokrates als athenischer Bürger überhaupt athenische Getreidegesetze verletzt hatte, während er als Metoike und Kaufmann in Megara lebte und von dort aus mit epirotischem Getreide handelte. Dieses hatte er von Königin Kleopatra, der Schwester

---

[73] vgl. zu diesem Menelaos Hofstetter 1978, Nr. 217, S. 128.

[74] Vgl. zu verbreiteten religiösen Überzeugungen in Athen Mikalson 1983 und ders. 1998, insb. 11-45 mit ausführlichen Interpretationen zur Leokratesrede mit Blick auf die Religionsgeschichte Athens.

[75] Vgl. über die athenischen Getreidegesetze im allgemeinen und über die Versorgung Athens mit Getreide im 4. Jh., die auch während bestimmter Jahre zwischen 338 und 323 gefährdet war: Stroud 1998, Engels 2000, Pazdera 2006, insb. 241-247 zu der *sitodeia* von 338 v. Chr. in Athen und Moreno 2007.

Alexanders des Großen und Regentin für ihren Mann, König Alexander von Epeiros, angekauft, um es dann nach Leukas und Korinth zu verschiffen. Der Feldzug Alexanders des Molossers dauerte von 334-331/30. Aber man kann aus der Erwähnung der Kleopatra keinen exakten Datierungshinweis gewinnen, da dieses Getreidegeschäft irgendwann während ihrer gesamten Regentschaft und des mehrjährigen Aufenthaltes des Leokrates in Megara stattfand.

Unter den athenischen Gesetzen zu Wirtschafts- und Handelsfragen regelten auffällig zahlreiche und strikte Bestimmungen den Handel mit Getreide. Dieser Sektor erweist sich als der am strengsten von der Polis durch Gesetze und eigene Magistrate kontrollierte Bereich. Unsere annähernd zum Leokratesfall zeitgenössischen Hauptquellen hierüber sind Stellen in zwei Demosthenesreden, *gegen Phormion* und *gegen Lakritos* (siehe Demosth. 34,37 und 35,50-51).[76] Wie bereits in der juristischen Kernfrage der Anklage, der präzisen Abfolge der Ereignisse und Handlungen des Leokrates nach Chaironeia, bleibt Lykurg auch zum Getreidehandel des Leokrates etwas ungenau und vermeidet auch hier, eines oder mehrere der athenischen Getreidegesetze wörtlich verlesen zu lassen. Formal wäre bei einem Bruch der athenischen Getreidehandelsgesetze übrigens eher eine Anklage gegen Leokrates in der Form der *phasis* angezeigt gewesen als eine *eisangelia*.

Par. 28-35: Aussagen (*martyriai*) von Sklaven waren vor athenischen Gerichten als Beweismaterial nur verwertbar, wenn diese Aussagen unter der Folter aufgenommen worden waren. Folter gegen athenische Bürger vor Gericht war üblicherweise verboten und ist nur in sehr seltenen Ausnahmefällen bezeugt.[77] Als Lykurg den Leokrates mit einer formellen *proklesis* (Aufforderung) bereits im Vorverfahren vor dem zuständigen Gerichtsmagistraten aufforderte, seine Sklaven und Sklavinnen zur Befragung als Zeugen unter der Folter zur Verfügung zu stellen, weigerte sich Leokrates, dieses grausame Verfahren anwenden zu lassen. Lykurg insistiert darauf, daß bereits diese Weigerung ein deutliches und hinreichendes Eingeständnis der Schuld des Leokrates sei. Er lobt das Verhör von Sklaven unter der Folter als ein besonders zuverlässiges Mittel der Wahrheitsfindung, als gerecht und demokratisch.

Dieser Aspekt des attischen Prozeßverfahrens der spätklassischen Epoche, als in der Philosophie oder auf der Bühne zivilisatorisch hochstehende Bürger- und Menschenbilder entworfen wurden, wirkt auf moderne Betrachter zu Recht abstoßend. Allerdings war die Anwendung der Folter als Instrument des Gerichtsverfahrens und zur Erlangung von Informationen (bzw. um

---

[76] Vgl. zur Interpretation dieser Stellen und zu der Rede *gegen Phormion* bereits Ziebarth 1936 sowie zur Rede *gegen Lakritos* Albini - Aprosio 1987.

[77] Vgl. zur Rechtsfähigkeit bestimmter Personengruppen, zu juristisch verwertbaren Aussagen und zu Zeugen vor Gericht Todd 1990 sowie einführend zum Verfahren vor athenischen Gerichten Harris, Vol. II, 1971.

Geständnisse zu erzwingen) von der Antike bis in die Neuzeit in ganz unterschiedlichen, auch in christlichen Staaten und Rechtssystemen verbreitet. Dabei wurde sie besonders oft gegen Unfreie oder soziale Randgruppen eingesetzt.[78] Bei der theoretischen Begründung des Einsatzes der Folter in der Antike spielten irrtümliche damalige Ansichten über die menschliche Psychologie, die Auswirkungen körperlicher Schmerzen und die Willens- und Entscheidungsfreiheit des Menschen eine unrühmliche Rolle. Die Sklaverei als gesellschaftlich im antiken Griechenland und Rom allgemein institutionalisiertes Gewaltphänomen und eine alltägliche leidvolle Vertrautheit in allen Schichten der Bevölkerung der Antike mit körperlichen Schmerzen sind ebenfalls zu bedenken, wenn man sich aus heutiger Sicht zu erklären versucht, wie selten die Folter gegen Sklaven vor Gericht in der Antike kritisiert wurde. Die meisten Athener in der Ära des Lykurg hielten jedenfalls einschließlich ihrer Bildungselite aus Rhetoren und Philosophen juristisch eingesetzte Folter für ein legitimes Mittel der Wahrheitsfindung. Eine selten nachweisbare Gegenposition zu Lykurgs Meinung vertritt der Rhetor Antiphon (Antiph. 5,32). Er betont, ein Gefolterter werde wohl alles gestehen, was der Folterer zu hören wünsche, und daher seien solche Aussagen wertlos. Doch z.B. Isaios (Isaios 8,12) stimmt wiederum Lykurgs Meinung zu.

Moderne Rechtshistoriker haben die wichtige Frage aufgeworfen, wie häufig dieses grausame Verfahren, das Lykurg hier ausdrücklich lobt und empfiehlt, tatsächlich vor athenischen Gerichten des 4. Jh. angewandt wurde. Denn in den Quellen ist zwar die *proklesis* zur Folter nicht selten bezeugt, aber sichere Belege dafür, daß ein solches Verhör dann auch tatsächlich durchgeführt worden ist, sind rar. Denn die Prozeßpartei, deren Sklaven man zur peinlichen Befragung anforderte, hatte selbstverständlich im Regelfall kein Interesse daran, auf dieses Verfahren einzugehen. Aber auch für die Seite, welche die Sklaven des Gegners anforderte, lag ein gewisses Risiko in der tatsächlichen Durchführung des Verfahrens. Denn im Falle eines Freispruchs des Beklagten war Schadensersatz wegen der Beschädigung des menschlichen 'Besitztums' (der Sklaven) infolge der Folterverhöre an den Besitzer zu leisten, und Aussagen zugunsten eines beschuldigten Herren selbst unter der Folter konnten prozeßentscheidend werden. Thür hält daher die *proklesis* zur Folterung primär für eine gerne ausgespielte prozeßtaktische Trumpfkarte beider Parteien. Dabei habe z.B. in diesem Falle der Ankläger Lykurg bereits antizipiert, daß die Gegenseite die *proklesis* nicht akzeptieren würde. Die Befragung von Sklaven unter Folter war andererseits keineswegs lediglich eine juristische Fiktion oder ein reines rhetorisches Mittel, um den Aussagen eines Anklägers wie des Lykurg mehr Glaubwürdigkeit zu verleihen. Sie ist tatsächlich durchgeführt worden, worauf nachdrücklich mit Belegen Mirhardy hinwies.[79]

---

[78] Vgl. zur Folter vor Gericht in der Antike allgemein Thür 1972, insb. 101-104 zu Griechenland; zur Folter von Sklaven vor Gericht in Rom vgl. Schumacher 1982.

[79] Vgl. die Kontroverse zwischen Thür 1977 und Mirhardy 1991; siehe danach erneut

Das ausführliche Insistieren des Anklägers Lykurg über mehrere Paragraphen seiner Rede auf diesem Thema mitsamt seiner Einschätzung in par. 29, dieses Verfahren sei besonders zuverlässig, gerecht und demokratisch (die Superlativform besonders demokratisch - *demotikotaton* - in einigen Ausgaben der Rede wie z.b. bei Conomis ist allerdings eine Konjektur Ernestis), wirft auf seine Persönlichkeit ein düsteres Licht. Diese Paragraphen der Leokratesrede machen zudem schlaglichtartig die völlig prekären Lebensverhältnisse Unfreier sowie das übliche Maß von Gewaltanwendung gegenüber Sklaven im klassischen Athen deutlich.[80]

Das Ende von par. 28 ist in der handschriftlichen Überlieferung offenbar korrupt. Vgl. den Apparat bei Conomis 1970, 43 sowie die Notizen bei Durrbach 1956, 43 und Malcovati 1966, 80.

Par. 36-41: Nachdem Lykurg bereits in den par. 16-18 den Richtern die gefährliche Krisensituation der Polis nach der Niederlage bei Chaironeia im August 338 v. Chr. in Erinnerung gerufen hatte, um die hochverräterischen Handlungen des Leokrates anzuprangern, kommt der Ankläger in den par. 36-41 erneut und diesmal sogar ausführlicher auf dieses für seine Persuasionsstrategie riskante und sensible Thema zurück. Diesmal läßt er das Notstandsdekret des Hypereides vorlesen. Die par. 36-41 bringen jedoch keine im Sinne der Anklage juristisch entscheidenden, zusätzlichen Informationen. Sie bieten vielmehr eine mit bildkräftigen Details durchsetzte Schilderung (*ekphrasis*) der existenzbedrohlichen Lage der Polis (par. 36 spricht von "wie große Gefahren"), der sich Leokrates durch seine feige Flucht entzogen habe.

In par. 37 betont Lykurg, daß selbst die Mitglieder des Rates der 500, obwohl sie während ihrer Amtszeit wie die Archonten von allem Militärpflichten eines Bürgers befreit waren (*ataktoi*), sich in die Reihen der Kämpfer einreihten. Bestimmte Amtsträger und Gruppen von Bürgern waren von der üblichen militärischen Dienstpflicht aller Bürger freigestellt oder konnten unter Umständen freigestellt werden. Eben dies bedeutete allerdings in diesem speziellen Falle auch ein gewisses Risiko für Lykurg. Denn wir finden in anderen Quellen des 4. Jh. Hinweise darauf, daß auch die Pächter der Staatseinnahmen aus Zöllen (*telonai* Ps.-Demosth. 59,27 zur *pentekoste*) und sogar Seehandel treibende Geschäftsleute (Aristoph. Ekkles. 1027 und Plut. 904) sowie auch Bürger, die in einem Festchor der Stadt mitwirkten (Demosth. 21,15 und 39,16) jedenfalls in bestimmten Kriegsjahren von ihrer militärischen Dienstpflicht befreit worden sind.[81] Ob diese Befreiungsmöglichkeiten aber auch nach dem Notstandspsephisma des Hypereides 338 noch galten, können wir nicht mehr entscheiden. In par. 39-40

Thür 1996, Gagarin 1996 und noch einmal Mirhardy 2000.

[80] Vgl. zu Sklaven vor Gericht und den kaum beschränkten Möglichkeiten der Bestrafung und Züchtigung durch ihre Herren im Alltag Hunter 1992 und dieselbe 1994.

[81] Vgl. zu diesen Belegen bereits Frohberger 1868, 1 Anm. 4.

lobt Lykurg den tapferen Einsatz der bereits über fünfzigjährigen Bürger. Die allgemeine Wehrpflicht reichte in Athen von 18-59 Jahre. Die Achtzehn- und Neunzehnjährigen dienten zwei Jahre lang als Epheben, aus den Jahrgängen der Zwanzig- bis Fünzigjährigen rekrutierte sich phylenweise geordnet das reguläre Heer Athens, während die Älteren nur noch in militärischen Notlagen als 'Landsturm' für die Verteidigung der Festung Athen-Piräus eingesetzt wurden.[82]

Die Aufhebung der üblichen bürgerlichen Lebensverhältnisse und Verhaltensweisen in der existentiellen Krise der Polis im Jahre 338 verdeutlicht Lykurg den Zuhörern drastisch durch seine Bemerkungen über die alten Männer und die bürgerlichen Frauen: Obwohl bereits körperlich hinfällig und im Elend umherziehend auf dem Weg ihres Alters - eine pathetische Ausdrucksweise - patrollierten damals die alten Bürger (die über Fünfzigjährigen)[83] wieder bewaffnet und in militärischer Kleidung durch die Stadt (das doppelt geschlagene Himation wie eine Chlamys getragen, den üblichen Kriegsmantel). Dies habe einen beklagenswerten Anblick geboten. In par. 40 könnte Lykurg auch einen homerischen Ausdruck *epi geraos udoi* (Hom. Il. 22,60; 24,487; Od. 15,348) verwendet haben, vgl. Conomis 1970, 47 und Durrbach 1956, 46 Anm. 2: "an der Schwelle des Grabes".

Für Lykurg selbst und für die meisten athenischen Bürger dürfte es noch schockierender gewesen sein, daß damals viele bürgerliche Frauen an den Türen ihrer Häuser standen und besorgt wildfremde Passanten nach dem Schicksal ihrer männlichen Angehörigen ausfragten. Lykurg beklagt heftig, daß solche Szenen dieser Frauen aus bürgerlichen Familien und der Polis Athen unwürdig gewesen seien. Denn nach dem Ideal eines konservativen Atheners wie Lykurg sollten 'ehrbare' bürgerliche Athenerinnen zurückgezogen in der Sphäre ihrer Häuser und Familien leben.[84]
In einer Klimax schließt Lykurg die schmerzhaften Erinnerungen an 338 mit dem radikalsten Punkt des Notstandspsephismas des Hypereides über die

---

[82] Zur militärischen Dienstpflicht der Bürger und zum Heerwesen Athens siehe Burckhardt 1995 und ausführlich ders. 1996, allgemeiner zum griechischen Kriegswesen des 4. Jh. Pritchett Vol. 1-5, 1971-1991, zur Ephebie im lykurgischen Athen siehe die Kommentare und Literaturhinweise zu par. 75-79.

[83] Zur ambivalenten Einschätzung des Alters und der alten Menschen im demokratischen Athen siehe Hübner 2005 (vor allem zum 5. Jh., aber ihre Ergebnisse sind zum Teil auch für das 4. Jh. weiterhin gültig), allgemein zu Altersbildern und einer Geschichte des Alterns in der Antike Garland 1990, Brandt 2002 und Gutsfeld - Schmitz 2003.

[84] Zur Trennung der Lebenssphären von Männer und Frauen und zu den Geschlechterrollen in Athen im Spiegel von Redenquellen siehe Vial 1985, allgemein und auf breiter literarischer, epigraphischer und archäologisch-kunstgeschichtlicher Quellenbasis vgl. zum politischen, sozialen und juristischen Status bürgerlicher Frauen in Athen, ihrem sozialen Raum und der realen Bewegungsfreiheit Cohen 1989, Just 1989, Loraux 1993, Reeder 1995, Schnur-Redford 1996 und Hartmann 2002.

Sklaven, Fremden und die Atimoi unter den Bürgern, die nun 'in extremis' auch zur Verteidigung der Polis aufgerufen wurden. Für die Mobilisierung von Sklaven als Kämpfer auf Seiten Athens gab es jedoch durchaus historische Vorbilder aus der von Lykurg glorifizierten athenischen Geschichte des 5. Jh. Bei Marathon 490 v. Chr. sollen auch zum ersten Male Sklaven für Athen mitgekämpft haben (Paus. 1,32,3; 7,15,7; 10,20,2). In der Arginusenschlacht 406 mitkämpfenden Sklaven wurde die Freiheit versprochen (Aristoph. *Frösche* 693 und Schol. zu 694). Generell sind wohl das Patrokleidespsephisma vor Aigospotamoi 405 und das Thrasybulosdekret mit dem Freiheitsversprechen für die unfreien Mitkämpfer auf der Seite der Demokraten 'aus dem Piräus' bei den Kämpfen um die Wiedererrichtung der Demokratie 403 (Aristot. AP 40,2) die wichtigsten historischen Vorbilder des Hypereidespsephismas.[85]

Das Lob der Autochthonie der Athener (vgl. par. 100, Vers 8 aus Euripides' Tragödie *Erechtheus*) fiel dem traditionsbewußten Lykurg leicht. Um die juristischen Schwächen seiner Anklage zu überdecken, legt Lykurg in den folgenden Teilen seiner Rede zahlreiche historisch-mythologische Exkurse ein. Er zitiert - in einer Gerichtsrede - auffällig häufig und ausführlich Passagen aus Dichtungen Homers, des Tyrtaios und des Euripides und bedient zahlreiche Topoi der Gerichtsrhetorik sowie unter Athenern beliebte Auffassungen, mit denen er die Richter gewinnen will. Hierzu gehört es auch, den Mythos von der Autochthonie der Ionier in Attika aufzurufen (vgl. bereits Hdt. 1,56,2, Thuk. 1,2,5), nach dem diese Attika bereits seit Urzeiten (als 'Erdgeborene') bewohnt hätten und von den frühen Wanderungsbewegungen und der Vermischung der Bevölkerungsgruppen im griechischen Raum nicht betroffen gewesen seien. Über die aus der Autochthonie abgeleitete 'Reinheit' und Dignität der attischen Bürgerbevölkerung stärkte dieser Mythos ideologisch die Demokratie des 5. und 4. Jh. Nach außen in Hellas wurde er vor allem argumentativ zur Begründung des Vorranges Athens als Metropolis aller Ionier und als Führungsmacht in polisübergreifenden Verbünden und Symmachien eingesetzt.[86] Lykurg verwendet auch mehrfach sonst in dieser Rede eine organische politische Metaphorik, z.B. wenn er sein Mitleid mit den *symphorai* und *metabolai* des Polis wie mit den Schicksalsschlägen und Wechselfällen im Leben eines Individuums ausdrückt, aber auch die Eroberung und Zerstörung einer Polis als Analogon zum Tod eines Individuums thematisiert (siehe par. 62 zu den Beispielen Troja und Messene).

Par. 42: Die athenische Demokratie des 5. und 4. Jh. v. Chr. stilisierte sich in ihrer Propaganda gerne zur Vorkämpferin für die Freiheit (*eleutheria*) der Hellenen. Man vergleiche aus einer Vielzahl von Quellen der klassischen

---

[85] Siehe Engels 1993, 107-108 mit Anm. 195 und allgemein zu Unfreien im Kriegsdienst in Athen und Sparta Welwei 1974.

[86] Vgl. mit allen zahlreichen Parallelquellen zur Autochthonie Loraux 1979, dieselbe 1993 und nochmals 1996, ferner Montanari 1981.

Epoche als annähernd zeitgenössische Reden zur Leokratesrede nur z.B. den
Panathenaikos des Isokrates 338 und die *Kranzrede* des Demosthenes 330.
Auch Lykurg kontrastiert wirkungsvoll die außenpolitische herrschende
Position und die aktive, helfende Rolle Athens in der Vergangenheit mit der
Schwäche und Hilfsbedürftigkeit in der Lage unmittelbar nach Chaironeia.
Mit dem Hinweis auf die frühere Herrschaft Athens über weite Gebiete der
Barbaren bezieht sich Lykurg auf die direkte Herrschaft in der Ägäiswelt
durch Begründung von Kleruchien (Bürgersiedlungen außerhalb Attikas) und
auf die indirekte Herrschaft und maritime Machtprojektion als Vormacht eines
ägäischen Seereiches in den beiden hegemonialen Symmachien (Seebünden)
des 5. und 4. Jh. Indirekt werden in par. 42 durch den Gedankengang Lykurgs
die Makedonen unter Philipp II. als 'Barbaren' bezeichnet.

Nach dem patriotischen Geschichtsbild Lykurgs und seiner Mitbürger hatten
die Spartaner mindestens dreimal in politisch-militärischen Krisenlagen
athenische Hilfe erbeten und erhalten: zuerst durch die Entsendung des
Tyrtaios aus Athen nach Sparta im Zweiten Messenischen Krieg im späten 7.
Jh. v. Chr. (vgl. par. 106), dann unter dem athenischen Strategen Kimon nach
dem großen Erdbeben in Sparta ca. 464 und im folgenden Aufstand der
Heloten, dem Dritten Messenischen Krieg (Thuk. 1,101-103)[87] sowie noch in
die Lebenszeit vieler Hörer der Rede des Lykurg *gegen Leokrates* fallend
gegen die thebanische Hegemonialmacht und ihre Verbündeten vor der
Schlacht von Mantineia 362 v. Chr. (zu dieser vgl. Xen. Hell. 7,5,20-27, Diod.
15,84,7, Pol. 9,8,2-12, Plut. Ages. 35,1-2).[88]

Ferner erinnert Lykurg daran, daß einst auch die Griechen Kleinasiens die
Athener um Hilfe anriefen. Damit bezieht er sich auf die Unterstützung
Athens und Eretrias für die ionischen Poleis im sogenannten Ionischen
Aufstand[89] nach 499 v. Chr. sowie auch auf die energische Fortführung des
Kampfes gegen das Achaimenidenreich nach 478 durch Athen als Vormacht
des Delisch-Attischen Seebundes bis zum Kalliasfrieden von 449 v. Chr.[90]

Im krassen Gegensatz zu diesen glorreichen Traditionen der athenischen
Außenpolitik mußten die Athener nach der Niederlage von Chaironeia nun
selbst sogar bei politisch-militärisch schwachen, kleinen Kykladeninseln wie
Andros und Keos und bei Poleis der Argolis wie Troizen und Epidauros

---

[87] Vgl. hierzu die ausführlichen Kommentare von Hornblower, Vol. I 1991, 156-161,
ferner Cartledge 1979, 216-222 und zusammenfassend zur Ereignisgeschichte Lewis
1992a, insb. 108-110.

[88] Vgl. zum ereignisgeschichtlichen Hintergrund der spartanisch-athenischen
Beziehungen vor der Schlacht von Mantineia Munn 1997, insb. 92-94 und Buckler
2003, 342-350.

[89] Vgl. hierüber zusammenfassend Murray 1988 und Balcer 1995.

[90] Vgl. zu diesem Bündnis einführend Meiggs 1972, Schuller 1974 und Rhodes 1985,
sowie zu der von Lykurg gerühmten Rolle Athens als Vormacht im Kampf gegen das
Achaimenidenreich Lewis 1992a.

diplomatisch um Hilfe ersuchen (Aischin. 3,159, Deinarch. 1,79-80, Ps.-Plut. Mor. 846a und ev. Hyp. Fr. 117). Mit Troizen blieb Athen auch nach 338 eng verbunden, als man troizenische antimakedonische und demokratische Flüchtlinge aufnahm (Hyp. 5,31f).

Par. 43-44: bietet ein weiteres Beispiel für das extreme Pathos in der Rede Lykurgs, das den Rahmen der in einer Gerichtsrede damals üblichen Stilmittel überschreitet. Anders als der 'Verräter' und Flüchtling Leokrates stellten selbst das Land Attika (das hier wie ein Mitkämpfer personifiziert wird) das Holz seiner Bäume als Baumaterial für Schanzwerke, die attischen Gräber Steine und Bauteile zum improvisierten Ausbau der Befestigungen und die Tempel die dort deponierten geweihten Waffen (Schilde, Speere) der Verteidigung zur Verfügung. Die Verwendung von Baumaterial aus Grabanlagen des Kerameikos bei der Ausbesserung der Stadtmauern ist für 338 auch bei Aischines im Kranzprozeß des gleichen Jahres 330 v. Chr. bezeugt (Aischin. 3,236) und im archäologischen Befund nachweisbar.[91] Selbst ein so tief religiöser Bürger wie Lykurg billigt es, daß in extremer Notlage das Überlebensrecht der Bürger Athens den Vorrang hat vor der Grabruhe der Toten. Er kritisiert diesen Eingriff in die Kerameikosnekropole daher nicht als Sakrileg. Erinnert sei auch an den improvisierten, eiligen Bau der 'Mauer des Themistokles' in Athen 478 v. Chr. (Thuk. 1,93,1-2), für die ebenfalls Baumaterial aus Grabanlagen verwendet wurde.

Par. 45-51: Diese Paragraphen bilden einen von vielen Exkursen (*parekbaseis*). Wir lesen hier eine *eulogia*, ein feierliches Lob, für die bei Chaironeia 338 gefallenen Athener. *Eulogia* ist ein noch stärkerer und seltenerer Begriff als der übliche Ausdruck *enkomion* (Lobrede). Das Lob des Lykurg in dieser Gerichtsrede erinnert in den Themen und Topoi bis in einzelne Redewendungen an die zeitgenössische Epitaphiensprache und Passagen in panegyrischen Reden. Es dient *e contrario* als ein Zeugnis für den völlig verdorbenen Charakter des Leokrates. Der Exkurs trägt also im Sinne der Anklage zur *ethopoiia* (Charakterdarstellung) bzw. zur *diabole* des Angeklagten bei. Jedoch räumt Lykurg in par. 46 selbst ein, daß ein so langes und extremes Lob, ein Epitaphios *in nuce*, in einer Gerichtsrede ein fremdes Element (*allotrion*) sei. Enge Berührungen ergeben sich mit den beiden zeitlich der Leokratesrede nächsten athenischen Epitaphien, Demosthenes or. 60, der Leichenrede auf die Gefallenen des Kriegsjahres von Chaironeia von Anfang 337, und Hypereides or. 6, dem Epitaphios des Frühjahres 322 auf die Gefallenen des Lamischen oder Hellenischen Krieges (vgl. z.B. par. 50 mit Demosth. 60,23 und Hyp. 6,42 col. VIII).[92] Die Epitaphienrhetorik wird hier

---

[91] Siehe dazu den Führer durch Ausgrabungen und Geschichte des Kerameikos von Knigge 1988, 40-41.
[92] Siehe zu sprachlichen und gedanklichen Berührungen bereits Maas 1928 und Pohlenz 1948, insb. 50-54; zu den beiden als späteste Reden ihrer Gattung gehaltenen Epitaphien des Demosthenes und des Hypereides siehe aus jüngerer Zeit Worthington 2006 zur Rede des Demosthenes und Engels 1993, 373-384 sowie Coppola 1996 zur

von Lykurg in einer absichtlichen Überschreitung der Gattungsgrenzen in einer Gerichtsrede eingesetzt. Dies macht z.b. auch ein Vergleich mit dem lysianischen Epitaphios (Lys. or. 2) aus dem frühen 4. Jh. und mit den Regeln für Leichenreden in antiken rhetorischen Handbüchern deutlich.[93]

Die Gefallenen von Chaironeia selbst und ihre Gräber im Bereich des *demosion sema* (des athenischen Staatsgrabes) bei der Kerameikosnekropole klagen Leokrates an. Leokrates sei jedoch so verdorben und ohne jegliche Frömmigkeit, daß nicht einmal der Anblick der Gräber der Gefallenen mit den Grabepigrammen in ihm Schamgefühle wecken konnte, als er nach Jahren der Flucht wieder nach Athen zurückkehrte (par. 45). Lykurg selbst (par. 142) und auch andere Quellen (Demosth. 18,264, Diod. 16,88,2, Ps.-Demad. 9) nennen eine gerundete Zahl von 1000 athenischen Gefallenen bei Chaironeia. Wir hören auch von einem Grabepigramm zu ihren Ehren (Demosth. 18,289; GV Peek 29).[94] Das *demosion sema*, das athenische 'Staatsgrab', und seine Ausstattung mit Monumenten[95] gehörte seit Generationen zu den besonders symbolträchtigen Orten der Demokratie. In Kriegszeiten fand dort jährlich eine aufwendige staatliche Begräbnisfeier und Totenehrung statt. Eine grobe Verletzung der Bürgerpflichten sieht Lykurg darin, daß Leokrates nicht an der feierlichen Prozession (*ekphora*) und der staatlichen Beisetzungsfeier der athenischen Demokratie für die Gefallenen des Kriegsjahres von Chaironeia gemäß dem überlieferten Brauch (*patrios nomos*) teilgenommen und die Gräber der Gefallenen dabei nicht mit Ehrengaben für die Toten geschmückt hat (Blumen, Opferspenden). Den Höhepunkt dieser Feiern bildeten jeweils die Leichenreden durch den führenden Demagogen der Polis.[96]

Mit der berühmten, kühnen Sentenz in par. 50, daß zugleich mit den athenischen Helden bei Chaironeia die Freiheit von ganz Hellas gefallen sei, erreicht das Pathos des Lykurg einen weiteren Höhepunkt. Der Satz wurde

---

Rede des Hypereides.

[93] Zum lysianischen *Epitaphios* siehe jüngst die ausführlichen Kommentare von Kartes 2000 und Todd 2007; über die Regeln der antiken Schulrhetorik für Leichenreden, vor allem die autoritativen Ausführungen Menanders, siehe Soffel 1974; zu den Epitaphien als einer besonders eng mit der athenischen Demokratie der klassischen Epoche verbundenen Gattung von Reden und ihrer ideologischen Bedeutung vgl. Loraux 2006.

[94] Vgl. zu dem Chaironeiaepigramm GV Peek 29 Wankel 1976b.

[95] Siehe zum *demosion sema* ausführlich Czech-Schneider 1994, zur Ausstattung auch bereits treffende Bemerkungen bei Hölscher 1973, 104-108.

[96] Siehe zu der gesamten Feier Thuk. 2,34 und vgl. die thukydideische Stilisierung der wohl berühmtesten athenischen Leichenrede des Perikles (Thuk. 2,35-46) mit den ausführlichen Kommentaren von Gomme, Vol. II, 1956, 94-144 und Hornblower, Vol. I: 1991, 292-316; zu dem gesamten 'väterlichen Brauch' (*patrios nomos*) der staatlichen Begräbnisfeierlichkeiten bleibt immer noch grundlegend Jacoby 1944, 37-66 = 1956, 260-315, siehe auch im größeren Kontext des griechischen Kriegswesens Pritchett, Vol. IV, 1985, 106-124.

häufig von späteren griechischen Rhetoren und sogar auch noch von lateinischen Historikern zitiert. Kühn wirkt ebenfalls das extreme Paradox in par. 49, wie Lykurg selbst einräumt, daß die athenischen Gefallenen von Chaironeia die eigentlichen, wahren Sieger jener Kämpfe seien. Aus der Sicht heutiger Historiker verlor Athen nach 338 vor allem seine außen- und militärpolitische Handlungsfreiheit, während die Demokratie als Verfassungsform zumindest bis 322 nicht nur erhalten blieb, sondern sich sogar in dieser letzten Phase der klassischen Epoche noch weiterentwickelte. Die Bedeutung des Jahres 338 als Epochenjahr für die athenische und die griechische Geschichte wird in der jüngeren Forschung rege diskutiert. Dabei werden insbesondere die Zäsuren der Niederlagen Athens im Peloponnesischen Krieg 404, im Lamischen oder Hellenischen Krieg 322 und im Chremonideischen Krieg 262/1 und deren jeweilige Konsequenzen mit der Bedeutung der Niederlage von 338 bei Chaironeia verglichen. Es deutet sich an, daß jene drei Zäsuren für die athenische Geschichte eine größere Bedeutung gehabt haben als das Jahr 338. Die klassische Demokratie Athens endete jedenfalls nach meiner Ansicht erst 322.[97]

Par. 51: Nach den bei Chaironeia gefallenen Mitbürgern lobt Lykurg als Gegenbeispiele zu Leokrates auch die herausragenden Strategen Athens, deren Statuen auf der athenischen Agora und an anderen prominenten Stellen der Polis aufgestellt worden waren. Die Statuenehrung im öffentlichen Raum und auf Kosten der Gemeinde gehörte in Athen zusammen mit der sogenannten *sitesis* und der *prohedria* zu den höchsten Ehrungen (*megistai timai*). Auf der Agora hatten bis ins frühe 4. Jh. lediglich die Statuen der Tyrannentöter Harmodios und Aristogeiton als der demokratischen Nationalhelden gestanden.[98] Diese hatten 514 v. Chr. ein Attentat auf Hipparchos, einen der Söhne des Peisistratos und den Bruder des damals herrschenden Tyrannen Hippias verübt. Nach dem Sturz der Peisistratiden 510 errichteten die Athener den 'Tyrannentötern' Harmodios und Aristogeiton eine Statuengruppe. Nachdem diese in den Perserkriegen von den Persern als Beute verschleppt worden war, stellte man eine neue Statuengruppe für die beiden Helden auf der Agora auf. Mit der Statuenehrung für den Strategen Konon als Ehrung für den Seesieg bei Knidos 394 v. Chr. zusammen mit dem zyprischen König Euagoras (Demosth. 20,70 und Isokr. 9,56-57) sowie einer weiteren Statuenehrung für Konon zusammen mit seinem Sohn Timotheos begann eine Enwicklung zu häufigeren Statuenehrungen für Strategen (für Timotheos, Iphikrates und Chabrias: Aischin. 3,243), sodaß sich der

---

[97] Vgl. zu der Diskussion darüber, wann die klassische athenische Demokratie endete, Dreyer 2001 mit reichen Literaturangaben. Er plädiert selbst für das Ende des Chremonideischen Krieges 262/1 als Zäsur.

[98] Zu dieser Statuengruppe der 'Tyrannentöter' siehe Fehr 1984, zur Ausgestaltung der Agora mit Monumenten siehe die ausführlich illustrierten Führer und Monographien von Camp 1989 (in deutscher Sprache) und jüngst ders. 2005 (in englischer Sprache) sowie Christopoulou 2004.

öffentliche Raum Athens bis in die lykurgische Ära bereits mit Ehrenstatuen zu füllen begann, wie es auch Lykurg hier andeutet.

Während bis in die Epoche des lykurgischen Athen die athenische Demokratie öffentliche Statuenehrungen nur für Strategen vornahm (vgl. Aischin. 2,80), war als außergewöhnliche Ehrung für Demades in Anerkennung seiner Verdienste um den Demadesfrieden 338/7 mit Makedonien und vor allem seiner diplomatischen Tätigkeit zur Bereinigung makedonischer Vorwürfe gegen Athen im Zusammenhang mit dem Aufstand Thebens 335 erstmals auch eine Ehrung für einen Rhetor beschlossen worden (Deinarch. 1,101). Diese wurde aber (erfolglos) noch vor Gericht angefochten. Vielleicht spielt Lykurg mit seinem expliziten Lob der Statuenehrung für Strategen auch auf diese umstrittene Ehrung für Demades an. Diese Entwicklung zu häufigen Statuenehrungen schritt dann schnell voran. Erinnert sei an die angeblich über 300 Ehrenstatuen für Demetrios von Phaleron zwischen 317 und 307 (Diog. Laert. 5,75 und 77; Strab. Geog. 9,1,20 C. 398) und die postumen Ehrenstatuen für Lykurg und Demosthenes nach 307 v. Chr. Als Pausanias in der Kaiserzeit die Agora Athens besuchte und beschrieb (Paus. 1,3,2), hatte sich das bürgerliche Zentrum der Polis schon lange teilweise in ein Freilichtmuseum verwandelt.[99]

Par. 52-54: Hier erinnert Lykurg die Richter an die Verurteilung des Autolykos zum Tode durch ein Sondergericht des Areopages oder wahrscheinlicher nach dem Wortlaut von par. 53 ("ihr selbst habt ... verurteilt") ebenfalls durch ein *dikasterion*, wie es im Leokratesverfahren verhandelte, unmittelbar nach Chaironeia 338/7 (Hansen 1975, Fall Nr. 113, S. 104). Der Ankläger möchte die Richter dazu drängen, die Verurteilungen des Autolykos (und des Strategen Lysikles, der nicht namentlich genannt wird) als Präzedenzfälle für die Eisangelia gegen Leokrates anzusehen, obwohl hierzu nach dem attischem Recht kein zwingender Grund bestand. Autolykos habe sein Vaterland durch Flucht im Stich gelassen und den Feinden schutzlos überlassen. Lykurg hatte auch in diesem Falle die Anklage geführt (Lykurg. or. III Conomis mit T 1-3 und F 1-3, S. 96-97). Autolykos hatte lediglich seine Söhne und seine Frau aus Athen evakuiert, während er selbst als Mitglied des Areopages sich seinen militärischen und sonstigen Bürgerpflichten stellte. Dennoch seien er und andere Männer vom Areopag als 'größter Rettung' (*megiste soteria*) der Polis und der Demokratie in dieser Krise zu Recht hingerichtet worden. Erneut ist sich Lykurg bewußt, mit diesem extremen Lob für den Areopag einige Zuhörer zu verärgern, die bereits unruhig und unwillig wurden. Dies ist eine interessante Belegstelle für spontane Reaktionen der Zuhörer während des Vortrages einer Gerichtsrede, deren Bedeutung und Intensität in unserer Quellenüberlieferung nur schwer abzuschätzen sind (par. 52).[100] Über Sonderkompetenzen des Areopages als

---

[99] Zu Bildnissen griechischer Herrscher und Staatsmänner der klassischen Epoche und Ehrenstatuen siehe Krumeich 1997, insb. 207-212 zum 4. Jh.

[100] Vgl. zu diesen Reaktionen der Zuhörer auf Gerichtsreden wichtige andere Quellen

Gerichtshof in dieser Notlage siehe oben die Kommentare zu par. 16-18. Historische Parallelen für Sondergerichte finden sich in der athenischen Geschichte im Umfeld der Schlachten von Salamis 480 und von Aigospotamoi 405 (Lys. 12,69). Einige 'Verräter' wurden in der Krise nach Chaironeia allerdings auch von regulären Dikasterien in Apagoge- und Eisangeliaverfahren verurteilt.

Aus den Testimonien und Fragmenten der Anklage Lykurgs gegen Autolykos, die sich bei Pseudo-Plutarch, Harpokration, Suda und in den Demosthenes-Scholien erhalten haben, erfahren wir noch wenige weitere interessante Details. Lykurg scheint in der Anklage gegen Autolykos die Richter mit dem Vorwurf beeindruckt zu haben, Autolykos habe (als Areopagit!) durch sein feiges Verhalten die Polis Athen zu einer Schafsweide machen wollen (Fr. 2). Dies erinnerte bewußt an den schrecklichen Vorschlag des Thebaners Erianthos, nach einer athenischen Niederlage im Peloponnesischen Kriege die Stadt zu zerstören und das Gebiet als Weideland zu verwenden (Plut. Lys. 15,2; Xen. hell. 2,2,19; Paus. 10,9,9) und damit an das Trauma der Niederlage der Athener im Peloponnesischen Krieg, die symbolträchtige Niederlegung der Festungsmauern Athens und die Herrschaft der Dreißig (siehe par. 61). Ähnlich wie im Leokratesprozeß hat Lykurg auch gegen Autolykos auf die Gräber (*eria / taphoi*, Fr. 3) der athenischen Vorfahren verwiesen. Die Verurteilung des Autolykos ist vor allem durch die aufgereizte Atmosphäre unmittelbar nach der Niederlage gegen Philipp II. zu erklären. Es wird auch eine Rolle gespielt haben, daß man von einem Areopagiten damals ein vorbildliches patriotisches Verhalten erwartete. Das angebliche Vergehen des Autolykos unterscheidet sich selbst im Bericht des Anklägers Lykurg deutlich vom Verhalten des Leokrates. Lykurg argumentiert jedoch, wenn Autolykos damals für geringere Vergehen hingerichtet wurde, sei die Verurteilung des Leokrates für viel schlimmere Verbrechen jetzt nur konsequent und im Sinne der Gerechtigkeit notwendig.

In die Serie von Prozessen nach Chaironeia gehört auch die Eisangeliaanklage des Lykurg gegen Lysikles (Hansen 1975, Fall Nr. 112, S. 103-104), einen der athenischen Strategen des Feldzuges, der zu Chaironeia führte (Lykurg. or. XII Conomis mit T 1-2 und Fr. 1-3; Ps.-Plut. Mor. 843d). Offenbar entlud sich in dieser Anklage und der Verurteilung dieses einen Strategen (von insgesamt zehn athenischen Strategen dieses Amtsjahres) zum Tode die Wut der Athener über ihre Niederlage, für die man unter den Strategen des Jahres 338/7 vor allem Lysikles als Sündenbock verantwortlich machte.[101] Das Schicksal des Lysikles und weitere Prozesse gegen prominente Feldherren zwischen 403 und 322 v. Chr. unterstützen die Vermutung, daß die Strategen als militärische Elite der Demokratie im Falle eines Mißerfolges ein höheres Risiko eingingen, vom Volk in verschiedenen Prozeßformen und unter

---

bei Bers 1985.

[101] Vgl. zu den athenischen Strategen der Schlacht bei Chaironeia Wankel 1984 und zum Verfahren gegen Lysikles auch Engels 1993, 132-134.

unterschiedlichen Anklagen verurteilt zu werden, als die zivile Elite der
Rhetoren.[102] Die Eisangelia war wegen des drohenden Strafmaßes der
Todesstrafe davon die gefährlichste.

Diodor (Diod. 16,88,1-2) knüpft an die Eisangelia gegen Lysikles seine
Einschätzung von Lykurg als einem gefürchteten und besonders scharfen
Ankläger (*pikrotatos kategoros*). Welche Gefahr es für einen Angeklagten wie
Leokrates bedeutete, wenn Lykurg nicht nur als Synegoros der Anklage
auftrat, sondern selbst die Hauptanklagerede hielt, klingt noch aus einer Notiz
der Vita Lykurgs heraus (Mor. 841e-f): Lykurg habe die Feder, mit der er die
Anklagereden schrieb, nicht in Tinte getaucht, sondern mit dem Tod getränkt.
Diodor zitiert ein wörtliches längeres Fragment aus Lykurgs Anklagerede (Fr.
1 Conomis), das bestens zu dem pathetischen Stil und rigorosen Patriotismus
der Leokratesrede paßt. Lykurg wirft dem Strategen Lysikles hierin vor, daß
er es angesichts der Niederlage von Chaironeia und 1000 Gefallener sowie
2000 damals gefangen genommener Mitbürger überhaupt noch wage, als
Befehlshaber am Leben zu bleiben, das Licht der Sonne zu erblicken und den
Fuß auf die Agora Athens zu setzen. Lysikles sei ein personifiziertes Denkmal
der Schande für die Polis geworden. Formal war auch diese Anklage
wahrscheinlich eine Eisangelia unter dem Vorwurf des Hochverrates
(*prodosia*), oder sie resultierte aus einer formellen Anklage, die sich an die
Rechenschaftsablegung (*euthyne*) des Lysikles als Stratege und damit
militärischer Amtsträger anschloß.

**Kommentare zur Leokratesrede par. 55-74: Vorweggenommene
Widerlegung des Gegners (*elenchos / refutatio*)**

Obwohl Lykurg den Leokrates seit dem Beginn der Rede (par. 1) immer
wieder des Verrates beschuldigt hat, hat er bisher noch an keiner Stelle einen
eindeutigen Beweis hierfür vorgetragen. Dennoch setzt Lykurg ab nun in
seiner Rede den Verrat im Sinne der Eisangeliaklage als in allen Punkten klar
bewiesen voraus. Im folgenden Abschnitt der Rede par. 55-74 geht er daher
über zu einer Widerlegung vorweggenommener Argumente und Positionen
der Verteidigung des Leokrates und seiner Synegoroi. Nach dem
schulmäßigen Schema erfolgt dies im Rahmen des dritten Teiles der
Gerichtsrede, der Beweisführung (*pistis, argumentatio*):[103]
a) par. 55-58: Die Fahrt 338 nach Rhodos und die anschließende längere
Abwesenheit von Athen erfolgten lediglich im Rahmen der Tätigkeit des
Leokrates als *emporos*, Im- und Exportkaufmann, und damit aus ehrenwerten

---

[102] Siehe zur militärischen Elite der Strategen in Athen im 4. Jh. und zu den
zahlreichen Gerichtsverfahren gegen diese Generäle ausführlich Pritchett Vol. II, 1974,
4-33, ferner Hamel 1995 und 1998.

[103] Zur rhetorischen Theorie über den dritten Teil einer Gerichtsrede, die
argumentatio, siehe ausführlich Veit 1992, zur vorweggenommenen Widerlegung des
Gegners (*lysis, elenchos, refutatio*) siehe Staab 2005.

Motiven; es handelte sich weder um eine überstürzte Flucht noch ein Verbrechen.

b) par. 59-62: Leokrates als *idiotes* und *emporos* kann sich formal im Sinne des Eisangeliagesetzes gar nicht des Verrates, der *prodosia*, schuldig gemacht haben, weil sich dieses Gesetz und diese Klage gegen militärische und zivile Amtsträger Athens richtet.

c) par. 63-67: Ein einzelner Bürger wie Leokrates kann alleine die ungeheuerlich großen Verbrechen, derer Lykurg ihn anklagt, gar nicht begangen haben. Falls es überhaupt irgendein Fehlverhalten des Leokrates gab, dann übertreibt Lykurg sein Vergehen maßlos.

d) par. 68-74: Die Stadt Athen zeitweise in Kriegszeiten zu verlassen oder gar aufzugeben, bedeutet noch nicht in jedem Falle Verrat im Sinne einer strafbaren Handlung, wie das Beispiel der Athener vor der Schlacht von Salamis 480 v. Chr. lehrt.

Da Lykurg diese vier als wahrscheinlich vorweggenommenen Punkte der Verteidigung nicht mit unwiderleglichen Argumenten zurückweisen kann, verlegt er sich auf Wahrscheinlichkeitsargumente, sophistische Tricks, Appelle an die staatsbürgerliche Moral sowie Exkurse über Athens Vergangenheit.

Par. 55-58: Wenn Leokrates behauptete, daß er 338 aus rein kaufmännischen Motiven die Fahrt nach Rhodos antrat, und möglicherweise noch dazu ausführte, er habe mit der Handelsreise doch gerade zur Sicherung der Versorgung Athens beitragen wollen, so war es unter Berücksichtigung der unklaren Chronologie der Abreise im Verhältnis zum Notstandsdekret des Hypereides kaum noch möglich, Leokrates bereits wegen dieser Reise nach Rhodos als Verräter zu verurteilen. Eine Abwesenheit auf Handelsgeschäften im Ausland erklärte auch, daß er damals nicht zur Erfüllung der Dienstpflichten in Athen zur Verfügung stand.[104] Lykurg versucht gegen diese antizipierte Linie der Verteidigung vorzugehen, indem er die für einen Kaufmann und eine Handelsreise völlig untypischen Umstände der Abreise des Leokrates hervorhebt. Zudem habe Leokrates vor 338 auch noch gar nicht im Im- und Exportgeschäft als *emporos* gearbeitet, sondern Handwerkssklaven (*chalkotypoi*: Erzschläger, Former) besessen. Immerhin gehörte Leokrates aber doch 338/7 schon zu den Pächtern der Pentekoste im Piräus, was auf ein Interesse auch an Handelsgeschäften deutet (vgl. par. 19).

Par. 59-62: Auch die zweite vorweggenommene Linie der Verteidigung war für Lykurg nicht ungefährlich. Leokrates als *idiotes* könne sich formal nach dem Eisangeliagesetz gar nicht des Verrates schuldig gemacht haben, weil sich dieses Gesetz und diese Anklageform gegen militärische und zivile

---

[104] Durrbach 1956, 51 Anm. 1 und Malcovati 1966, 97 Anm. 1 nehmen an, daß die *emporoi* Athens sogar auch 338 in der Krise nach Chaironeia von der militärischen Dienstpflicht der Bürger ähnlich wie Zollpächter, Archonten oder Buleuten ausgenommen worden seien. Die Formulierung Lykurgs in par. 57 und der allgemeine Aufbau der Anklagerede *gegen Leokrates* sprechen aber gegen eine solche Vermutung.

Amtsträger Athens richte. Lykurg versucht dem Argument auszuweichen, indem er das Verbrechen des Leokrates als noch ungeheuerlicher darstellt als frühere Verratsfälle durch militärische oder zivile Amtsträger. Daher greift Lykurg typische Fälle von Verrat durch Amtsträger in Kriegszeiten heraus, vor denen man in Athen besondere Angst hatte: den Verrat der Schiffshäuser und Werften, der Stadttore oder des Heerlagers. Nach unserer heutigen Kenntnis richtete sich der Eisangelianomos tatsächlich vor allem gegen Rhetoren und Strategen (vgl. par. 1-2). Aber auch die Einleitung von Eisangeliaanklagen gegen 'einfache Bürger' ohne Amtsstatus und außerhalb der Elite der Rhetoren und Strategen wurde in der Ära des Eubulos und des Lykurg mehrfach zugelassen. Trotzdem durfte Leokrates darauf hoffen, daß viele Richter in der Eisangeliaklage gegen ihn einen Mißbrauch des Gesetzes durch Lykurg zu politisch-pädagogischen Zwecken sehen und daher für Freispruch plädieren würden.

Lykurg bedient mit seinem Vergleich zwischen dem Tod eines Menschen und der Eroberung und Zerstörung einer Stadt sowie den Bemerkungen zu Athens zweimaligem 'Wiederaufstieg' aus bedrängtester Lage patriotische Geschichtsbilder der Richter, um von dem Kern des zweiten Verteidigungsarguments abzulenken. Er erinnert zuerst an die Zeit der Unterdrückung und Unfreiheit Athens unter der Peisistratidentyrannis zwischen 560 bzw. 546 und 510 v. Chr. Aus der Sicht der heutigen althistorischen und archäologischen Forschung wird diese Epoche der athenischen Geschichte dagegen wesentlich differenzierter und unter bestimmten Aspekten positiver betrachtet.[105] Dann folgt die Erwähnung der Schreckensperiode der athenischen Geschichte schlechthin, der Terrorherrschaft der Dreißig Tyrannen von 404/403,[106] und die Erinnerung an die symbolträchtige Zerstörung der Stadtmauern am Ende des Peloponnesischen Krieges im Rahmen der Kapitulationsbedingungen vom Frühjahr 404 v. Chr.[107] Von diesen dunklen Perioden seiner Geschichte habe sich Athen jedoch schnell wieder erholt. Athen sei von den Griechen im 5. Jh. als *prostates* der *eudaimonia*, Schutzmacht der allgemeinen Wohlfahrt in der griechischen Staatenwelt anerkannt worden. Auch dies ist eine sehr patriotische Sicht der Rolle Athens als Vormacht des Delisch-Attischen Seebundes.

Lykurg erwähnt Troja und Messene als zwei vor langer Zeit zerstörte Poleis und ihre weitere Geschichte. Der Untergang Trojas nach der Eroberung durch

---

[105] Vgl. zur Bau-, Religions- und Kulturpolitik der Peisistratiden Kolb 1977 und Shapiro 1989, zur sozialen und politischen Situation in Athen Stein-Hölkeskamp 1989, 139-153, Lavelle 1993 und de Libero 1996, sowie zum Versuch einer Bilanz aus verschiedenen Perspektiven der Forschung die Beiträge in Sancisi-Weerdenburgh 2000.

[106] Zur Herrschaft der Dreißig siehe Krentz 1982, Lehmann 1997 und jüngst als Zusammenfassung mehrerer älterer Studien Németh 2006.

[107] Vgl. zur Endphase des Peloponnesischen Krieges Kagan 1987, 376-412 und Bleckmann 1998, 572-614.

das Heer der vereinigten Griechen unter Agamemnon markierte einem im 4. Jh. weit verbreiteten Geschichtsbild zufolge das erste bedeutende Ereignis des *spatium historicum* und einen zentralen Fixpunkt in der frühen Geschichte der griechischen Staatenwelt. Daß Troja seitdem bis in die Zeit des lykurgischen Athen ein unbewohnter (*aoiketos*), verwüsteter Ort geblieben sei, entsprach nicht ganz der historischen Wahrheit, da sich nahe bei dem alten Burgberg als Nachfolgesiedlung das griechische Ilion[108] befand. Kurz vor dem Leokratesprozeß hatte Alexander der Große 334 v. Chr. die zuvor im 5. und 4. Jh. noch unbedeutende Siedlung Ilion und die berühmten Erinnerungsorte an den Trojanischen Krieg besichtigt und demonstrativ geehrt. Ob allerdings die weitreichenden Pläne, die Alexander damals angeblich für Troja / Ilion in Aussicht stellte, bis 330 bereits zu sichtbaren Ergebnissen im Siedlungsbild Ilions und zu laufenden Bauvorhaben am Athena-Heiligtum geführt hatten, muß trotz einer Notiz Strabons offen bleiben (Strab. Geog. 13,1,26 C. 593). Es mag sein, daß Lykurg aus rhetorischen Gründen die ihm zum Zeitpunkt des Leokratesprozesses damals bereits bekannten und sichtbaren Anzeichen eines Wiederaufstiegs von Ilion / Troja ausblendete, falls tatsächlich das um die Athena von Ilion organisierte *koinon* bereits in der Alexanderzeit und nicht erst gegen Ende des 4. Jh. gegründet wurde.[109] Das hellenistische Ilion erlebte dann eine Blütezeit bis zur erneuten Zerstörung dieser Stadt durch den römischen Feldherren Flavius Fimbria 85 v. Chr.

Messene ist das zweite Beispiel Lykurgs und ein weiterer Beleg für seine großzügige Art des Umganges mit der Chronologie und mit historischen Fakten. Nach der Niederlage Spartas bei Leuktra 371 wurde Messene[110] ab 369 als städtischer Zentralort des wiederbegründeten Staates Messenien in großem Maßstab und mit bedeutenden Wehranlagen aufgebaut. Gemäß Lykurgs Chronologie wurde die ältere Siedlung Ithome 500 Jahre zuvor, also im 9. Jh. v. Chr. zerstört. Die heutige Forschung datiert die Zerstörung dieser Polis jedoch deutlich später in den Kontext des Zweiten Messenischen Krieges ca. 640-600 v. Chr.[111] Selbst wenn sich Lykurg aber auf den Ersten Messenischen Krieg beziehen sollte, so würde dies nach heutiger Datierung lediglich auf ca. 700-670 v. Chr. führen. Deinarch rechnet in seiner Anklagerede *gegen Demosthenes* in den Harpalosprozessen im Jahre 323 von der Zerstörung zur Wiederbegründung Messenes ca. 400 Jahre (Deinarch. 1,73, ebenso Isokr. 6,27), Ephoros in seinem Geschichtswerk schätzt

---

[108] Zu Ilion oder Troja VIII in der Terminologie der Archäologen für die Siedlungsschichten Trojas vgl. Blegen 1958, Cook 1973 und mit Bezug auf par. 62 Erskine 2001, 226-234, insb. 231.

[109] Für ein frühes Datum der Begründung des *koinon* - und damit des Wiederaufstieges Ilions - spricht sich nach der Analyse eines Ehrendekretes für Malousios von Gargara Verkinderen 1987 aus, der dieses Dekret in das erste Jahr des Alexanderzuges 334 v. Chr. datiert.

[110] Vgl. zum Siedlungszentrum von Messene Themelis 1998 und jüngst Müth 2007.

[111] Vgl. zur Datierung des Zweiten Messenischen Krieges Parker 1991 und Meier 1998, 91-99.

annähernd 300 Jahre (überliefert bei Diod. 15,81,3), ähnlich später und wohl bereits unter Verwertung auch messenischer Geschichtstraditionen Pausanias (Paus. 4,27,9-11), der 287 Jahre nach der Einnahme von Eira bzw. ca. 300 Jahre nennt. Plutarch (Plut. Mor. 194b) und Ailian (Ail. VH 13,42) überliefern 230 Jahre. Die selbst unter den Rednern des 4. Jh. weit voneinander abweichenden Angaben erklären sich daraus, daß sie sich auf den Ersten oder auf den Zweiten Messenischen Krieg beziehen und zudem mit unterschiedlichen Daten für den Beginn und das Ende dieser Kriege rechnen. Aus der Bemerkung Lykurgs, das neue Messene sei von *ton tychonton anthropon* gegründet worden, spricht eine gewisse Überheblichkeit als Athener und Aristokrat gegenüber den Bewohnern des neuen Messene, vor allem ehemaligen messenischen Heloten und nach 369 aus Naupaktos, Unteritalien und Sizilien wieder nach Messene zurückgekehrten Bewohnern messenischer Abstammung, vielleicht aber auch Neid auf die gute Entwicklung der neuen Siedlung zu einem städtischen Zentrum auf der Peloponnes zwischen 369 und 330 v. Chr.[112]

Par. 63-67: Ein einzelner, machtloser Bürger wie Leokrates könne die ungeheuerlich großen Verbrechen, derer Lykurg ihn anklagt, alleine gar nicht begangen haben. Lykurg übertreibe daher maßlos. Da Lykurg sich selbst darüber im klaren sein mußte, daß sein zur *deinosis* und *auxesis* drängender Stil manche Richter ärgern könnte, lenkt er auch hier geschickt ab, indem er lobend auf die rigorose Strenge der alten Gesetzgeber (*archaioi nomothetai*) verweist. Sie hätten auf kleine wie auf große Vergehen zur Abschreckung und Erziehung der Bürger gleichermaßen die Todesstrafe vorgeschrieben. Für athenische Hörer war dies eine klare Anspielung auf die notorisch strengen Gesetze Drakons von ca. 621/20 v. Chr. nach der traditionellen Datierung (vgl. zur Strenge der alten athenischen Gesetze auch Demosth. 24,113 über ein angeblich solonisches Gesetz, Isokr. 20,6ff Todesstrafe auf Tempelraub und Diebstahl, Aristot. Probl. 29,16 953a 3-9 Todesstrafe auch auf Diebstahl, aber ohne explizite Nennung Drakons). Abgesehen von seinen Neuregelungen bei Tötungsdelikten zur Einschränkung der Blutrache bleibt aber das übrige Wirken des Drakon als Gesetzgeber in Athen aufgrund der Quellenlage undeutlich. Die verallgemeinernde Aussage Lykurgs über die Todesstrafe für die meisten auch leichteren Vergehen dürfte kaum zutreffen.[113] Viel häufiger als auf Drakon spielten athenische Redner der Zeit Lykurgs auf Solon als bedeutendsten alten Gesetzgeber Athens, Reformer des Staatswesens und sogar als einen der Stammväter der Demokratie an.

---

[112] Vgl. zur Formung einer messenischen Identität und den Legenden um Aristomenes: Ogden 2004, Luraghi 2002 und Luraghi - Alcock 2003.

[113] Siehe zur Gesetzgebung Drakons und der Überlieferung über die Härte der archaischen Gesetzgebung Gagarin 1981, Humphreys 1991 und Carawan 1998; zu anderen frühen Gesetzgebern der griechischen Welt außerhalb Athens siehe Hölkeskamp 1999.

Par. 66: Die athenische Demokratie stellte Gesetze, Volksbeschlüsse oder Verträge nicht nur in inschriftlicher Form öffentlich auf, sondern bewahrte die Originale (*autographa*) dieser Urkunden auch im alten Rathaus (*buleuterion*) auf der Agora auf (meist als Papyrusurkunden). Nachdem der Rat der 500 in das Neue Rathaus (*neon buleuterion*) umgezogen war, verblieb das athenische Staatsarchiv im alten Rathaus, das mit einer Statue der Göttermutter aus der Hand des Pheidias geschmückt auch als Tempel der Rhea Kybele diente, woher sich der Name des Gebäudes Metroon (Tempel der Göttermutter) herleitet. Dieses athenische Staatsarchiv[114] stand jedem Bürger zur Verfügung. Diebstähle von Originaldokumenten oder ein Eindringen, um ein einzelnes Gesetz im Archiv sozusagen 'auszuradieren' (*exaleipsein*), wie dies Lykurg in der vorliegenden Redenstelle ausmalt, dürften so gut wie niemals vorgekommen sein.

Par. 67: Hier ist in der Manuskriptüberlieferung offenbar hinter dem Wort *pragma* mindestens ein Verb ausgefallen. Frohberger hat *apoblepsete* vorgeschlagen, was hier übernommen wurde. Siehe aber die Alternativvorschläge bei Conomis 1971, 56 im kritischen Apparat *ad locum*.

Par. 68-74: Die vierte vorweggenommene Verteidigungsstrategie empfindet der Ankläger als eine offene Beleidigung seiner patriotischen Gefühle und der athenischen Vorfahren. Die Stadt Athen zeitweise in Kriegszeiten zu verlassen (oder sogar die Stadt aus strategischen Gründen einer völligen Zerstörung preiszugeben), bedeute noch nicht in jedem Falle den Tatbestand des Verrats (*prodosia*) im Sinne der athenischen Gesetze, wie das Beispiel der Athener im 5. Jh. vor der Schlacht von Salamis lehre. Eine solche Verteidigung wurde dadurch erleichtert, daß athenische Gesetze üblicherweise einen justiziablen Tatbestand wie die *prodosia* (Verrat) nicht allgemein definierten, sondern exemplarisch einzelne Handlungsweisen aufführten, die als Verrat galten. Sie hatten juristisch gesprochen eine 'open texture'.[115]

Lykurg verschafft sich mit der 'Widerlegung' dieses Einwandes die erwünschte Gelegenheit, einmal mehr die Heldentaten der Vorfahren bei Salamis zu beschwören, an ihre beispielhafte Strenge gegenüber 'Verrätern' zu erinnern und die ruhmreiche Rolle und die großen Erfolge der Athener des 5. Jh. v. Chr. in der Pentekontaetie zu feiern. Bei einigen Namen, Daten und Fakten, die Lykurg in der Rede *gegen Leokrates* aus der athenischen Geschichte des 5. Jh. hervorhebt, ergeben sich auffällige Widersprüche zu den seinen damaligen Zuhörern gut bekannten 'Meistererzählungen' von Herodot und Thukydides über die athenische Geschichte dieser Epoche. Diese Widersprüche in der rhetorischen Verwendung der eigenen, athenischen Geschichte sind aus Sicht der heutigen Forschung entweder als Fehler oder als

---

[114] Vgl. zum Metroon und anderen Archiven in Athen im 4. Jh. West 1989, Shear 1995 und Sickinger 1999.
[115] Vgl. zu dieser Eigenart der 'open texture' athenischer Gesetze Harris 2000, insb. 67-75.

absichtliche Verzerrungen Lykurgs zu erklären. Offenbar haben sie aber weder den Redner Lykurg selbst gestört noch die Mehrheit seiner Zuhörer, solange nur der patriotisch-enkomiastische Tenor gewahrt blieb.

Zunächst verwahrt sich Lykurg gegen die Ungeheuerlichkeit eines unangemessenen Vergleiches der Handlungsweisen der Athener vor der Schlacht von Salamis[116] 480 v. Chr. und des Leokrates nach Chaironeia. Im Bericht Lykurgs gibt es zwei Fehler, wenn man ihn mit unserer zuverlässigen Hauptquelle über diese Ereignisse vergleicht, Herodots *Historien* (vgl. Hdt. 8,49-82, 136 und 140-143).[117] Der spartanische Befehlshaber hieß damals Eurybiades. Ein Spartaner namens Eteonikos ist dagegen als prominenter Gegner Athens gegen Ende des Peloponnesischen Krieges (Thuk. 8,23,4) und im Korinthischen Krieg bekannt. Zweitens haben Herodot zufolge die Aigineten und die Megarer gerade die athenische Politik vor Salamis unterstützt (Hdt. 8,74). Diese Überlieferung ist auch plausibel, da der Rückzug auf die Verteidigungslinie am Isthmos von Korinth die Insel Aigina schutzlos preisgegeben hätte. Auch die Position und die Rolle des Adeimantos und der Korinther werden von Lykurg verzerrt.

Par. 71: Ähnlich ungenau erinnert Lykurg an die Rolle und das Schicksal Alexanders I. von Makedonien mit dem Beinamen *Philhellenos*.[118] Herodot zufolge (Hdt. 8,136 und 140-143) war dieser Alexander I. eigentlich ein Staatsfreund der Athener (*proxenos, euergetes*), der nur gezwungenermaßen auf der persischen Seite gestanden hatte. In der heutigen Forschung wird seine zweideutige Politik gegenüber dem Perserreich und den Griechenstaaten differenziert betrachtet. Nach Salamis besuchte Alexander 479 Athen, um Friedensbedingungen anzubieten. Er wurde damals in Athen keineswegs beinahe gesteinigt, sondern lediglich wieder zurückgeschickt, ohne daß die Athener die Vorschläge annahmen. Lykurg unterstellt Alexander bei dieser Gelegenheit die bereits zuvor und von anderen Gesandten überbrachte ausdrückliche Forderung des Dareios nach symbolischer Unterwerfung Athens durch Übersenden von 'Erde und Wasser', welche diese Gesandten infolge des Zornes der Athener das Leben gekostet hatte. Tatsächlich wurden aber nach Herodot (Hdt. 9,5)[119] ein gewisser Lykides mitsamt seiner Frau und seinen Kindern gesteinigt, weil dieser athenische Ratsherr Lykides zu einem Unterwerfungsfrieden mit Persien geraten hatte, nach Demosthenes dagegen (Demosth. 18,204) ein Athener namens Kyrsilos.

---

[116] Vgl. Nouhaud 1982, 155-161 zur Schlacht von Salamis als historischem Exempel in attischen Reden. Die Redner beziehen sich oft ohne sorgfältige Beachtung der Details der historiographischen Tradition auf diese Schlacht.

[117] Siehe die ausführlichen Kommentare zum Buch VIII der *Historien* Herodots von Masaracchia 1996.

[118] Vgl. Nouhaud 1982, 190-193 und Badian 1994.

[119] Siehe zu Buch IX der *Historien* Herodots den Kommentar von Masaracchia 1995.

Par. 72-74: Aus heutiger Sicht schwer nachvollziehbar ist auch die stolze Behauptung Lykurgs in par. 72, Athen habe nach dem Sieg in den Perserkriegen neunzig Jahre lang die Hegemonie über die Hellenen innegehabt. Es sind daher von den Editoren und Kommentatoren der Leokratesrede verschiedene Vorschläge gemacht worden, diese in den Handschriften eindeutig überlieferte Jahreszahl zu emendieren. Z.B. änderte Conomis den überlieferten Text in siebzig Jahre mit Bezug auf eine Angabe bei Isokrates (Isokr. 4,106). Es gibt aber meines Erachtens angesichts der chronologischen Ungenauigkeiten der attischen Redner mit solchen Daten keinen hinreichenden Grund für eine solche Änderung. Der Endpunkt jeder solchen Berechnung mußte zur Zeit des Leokratesprozesses die Niederlage der Athener bei Aigospotamoi 405 und danach die Kapitulation im Peloponnesischen Krieg 404 v. Chr. sein. Das Anfangsdatum schwankte jedoch bei antiken Autoren, die daher auch die Länge dieser Hegemonie sehr unterschiedlich berechneten. Lykurgs Chronologie führt allerdings bis etwa in die Zeit des Ionischen Aufstandes und damit noch vor die Siege von Marathon und Salamis hinauf. Damit steht er alleine unter den bekannten Rhetoren. Andokides (And. 3,38) berechnet zum Beispiel 85 Jahre von Marathon bis Aigospotamoi, Demosthenes (Demosth. 9,23) nimmt 73 Jahre an (und an der gleichen Stelle 29 Jahre für die spartanische Hegemonie vor Leuktra), Isokrates einmal 70 (Isokr. 4,106), ein andermal (Isokr. 12,56) dagegen nur 65 Jahre. Da die Hegemonialstellung Athens im 5. Jh. mit der Vormachtstellung im Delisch-Attischen Seebund engstens verbunden war, konnte man eigentlich kaum vor dessen Begründung 478/7 zurückgehen und bereits den Sieg von Marathon 490 v. Chr. als Ausgangsdatum wählen. Zudem ist zu bedenken, daß Zeitgenossen des 4. Jh. von einer vollständigen *hegemonia* über die hellenische Welt nur dann ausgingen, wenn diese Vormachtstellung zugleich zur See und zu Lande ausgeübt wurde (wie z.B. durch die Spartaner kaum zehn Jahre lang zwischen dem Sieg im Peloponnesischen Krieg 404 und der Seeschlacht von Knidos 394 v. Chr. nach Isok. 12,56).[120] Von einer vergleichbaren Hegemonie der Athener auch zu Lande über die Hellenen kann aber jedenfalls aus Sicht der heutigen Forschung im 5. Jh. nur schwerlich über längere Zeit geredet werden.

Aus der Geschichte des Delisch-Attischen Seebundes zwischen seiner Begründung und dem sogenannten Kalliasfrieden 449 v. Chr. greift Lykurg nur wenige Ereignisse heraus, die stellvertretend für jene gesamte glorreiche Phase stehen sollen: die Siege Kimons im Seekrieg vor Zypern im Jahre 451 (oder 450, vgl. Thuk. 1,112,2-4),[121] die siegreiche Doppelschlacht am Eurymedon ca. 467 oder 466 (Thuk. 1,100,1; vgl. Diod. 11,62, eine in ihrem Quellenwert bedenkliche Stelle der *Historischen Bibliothek*; für einen besseren Bericht siehe Plut. Kim. 12-13)[122] und die Übereinkunft mit dem

---

[120] Zum Begriff der vollständigen *hegemonia* in der klassischen griechischen Geschichte als einer Vorherrschaft zur See und zu Lande siehe Wickersham 1994.

[121] Siehe dazu die Kommentare von Hornblower, Vol. I, 1991, 179-181.

[122] Vgl. Hornblower 1991, 153-154.

Achaimenidenreich von ca. 449 im sogenannten Kalliasfrieden, der in seiner Historizität jedoch bis heute umstritten ist (s.u.). Lykurg übertreibt die Größe der athenischen Erfolge. Zudem zieht er die beiden, nach heutigen Rekonstruktionen des plausiblen Ablaufs der Ereignisse[123] tatsächlich über ein Jahrzehnt voneinander getrennten athenischen Siege bei Eurymedon und Zypern zusammen.

Während unsere Hauptquelle Thukydides über einen formalen Friedensschluß zwischen Athen als Vormacht des Delisch-Attischen Seebundes und dem Achaimenidenreich unter König Artaxerxes I. im Jahr 449 nichts sagt, berufen sich seit dem 4. Jh. Redner und Historiker (erkennbar in der späteren historiographischen Tradition bei Diod. 12,4,5) mehrfach auf diesen Frieden, den sie zum Teil als Höhepunkt athenischer Machtstellung mit dem für Hellas wenig ruhmvollen Königsfrieden von 386 v. Chr. vergleichen. Bis heute ist in der Forschung jedoch strittig, ob es überhaupt einen formalen Friedensschluß gegeben hat (und was dann die genauen Vertragsbedingungen waren) oder ob nach 449 die offenen militärischen Aggressionen des Seebundes gegen das Achaimenidenreich einfach vorerst aufhörten.[124] Die Zahl der eroberten bzw. vernichteten Schiffe der Feinde in der Doppelschlacht von Eurymedon gibt Thukydides (Thuk. 1,100,1) mit 200 an, Lykurg seltsamerweise hier trotz seiner Vorliebe für die Glorifizierung der Erfolge der Vorfahren nur mit der Hälfte davon, also 100. Die Verwüstung von Phönikien und Kilikien und angebliche Umfahrung ganz Kleinasiens in den 460er und 450er Jahren durch Seebundsflotten ist rhetorisch übertrieben. Die Zusicherung der Autonomia für alle asiatischen Griechen im Kalliasfrieden ist unhistorisch, während die bei Lykurg genannten geographischen Demarkationslinien sich grob mit den bei anderen zeitgenössischen Rednern genannten Grenzpunkten decken (vgl. Demosth. 19,273 und Isokr. 12,59; ähnlich später bei Diodor). Mit den *Kyaneai Petrai* sind Felseninseln bei Byzanz gemeint, Phaselis ist eine bedeutende Polis an der Grenze von Lykien und Pamphylien im Pamphylischen Golf. Insgesamt fällt bei Lykurgs Bemerkungen über das athenische Seereich des 5. Jh. auf, daß er diese Epoche idealisiert, aber angesichts der machtpolitischen Realitäten nach Chaironeia 338 und des durch König Philipp II. oktroyierten Endes des Zweiten Attischen Seebundes in dieser Rede schon als eine fernere Vergangenheit betrachtet.[125]

---

[123] Vgl. zusammenfassend zur Ereignisgeschichte bis 449 Rhodes 1992; die chronologischen Probleme der genauen Rekonstruktion der Abfolge der Ereignisse von 478/7 bis 449 bleiben erheblich, vgl. hierzu vor allem Badian 1993, 73-107.

[124] Vgl. zu allen antiken Quellen über den Kalliasfrieden Schrader 1976; für die Historizität plädiert u.a. Badian 1987 und 1993, 1-72, dagegen z.B. Meister 1982; vgl. auch Lewis 1992b, insb. 121-126.

[125] Vgl. zu dieser Stelle und Ansichten von Autoren insbesondere der ersten Hälfte des 4. Jh. über das Seereich des 5. Jh. Chambers 1975; zum nachhaltigen Einfluß des 'ghost of empire' auf Athens Außenpolitik in der ersten Hälfte des 4. Jh. und einem 'Periclean revival' in der Ära des lykurgischen Athens siehe auch Badian 1995.

Par. 75-145: Mit par. 75 beginnt ein langer Teil der Rede, der bis par. 145 und unmittelbar vor den kurzen Epilog (par. 146-150) reicht, in dem Lykurg mehrfach an die ruhmvolle athenische Vergangenheit erinnert und Beispiele von opferbereitem Patriotismus beschwört. Lykurg verlegt sich aus Mangel an eindeutigen Beweisen für den 'Verrat' des Leokrates darauf, den Gegensatz zwischen den athenischen Vorfahren einerseits und Leokrates andererseits aufzubauschen. Die langen Exkurse und Dichtungszitate dienen jeweils einem der drei klassischen rhetorischen Ziele des *docere*, *delectare* oder *movere*, also der Belehrung, Unterhaltung oder Erregung von Emotionen bei den Hörern. Die rhetorische Theorie forderte bei einem Exkurs (*parekbasis*, *digressio*) stets eine möglichst elegante Einbindung in den Hauptgedankengang und die Beweisführung der Rede.[126] Außerdem riet man zur Beschränkung in der Anzahl und der Länge der Exkurse, um die Aufmerksamkeit der Hörer nicht zu überfordern. In diesen beiden Punkten strapaziert Lykurg mit voller Absicht die Geduld der Richter. Allerdings lassen sich in der lykurgischen Ära 338-322 v. Chr. in Athen auf verschiedenen Ebenen retrospektive Tendenzen beobachten, an die Lykurg mit den Beispielen und Exkursen seiner Rede anknüpfen konnte.[127] Dennoch bleibt seine rhetorische Strategie in dieser Rede ungewöhnlich. Sie stützt sich in großem Maße auf die Autorität der Person des Anklägers als Priester, Dioiket und Rhetor in Athen.

Par. 75-79: Lykurg beginnt seine Reihe von Exkursen mit dem Eid der Epheben und Bürger. Das Bürgerideal der athenischen Demokratie fand einen symbolträchtigen und konzisen Ausdruck in dem allgemeinen Bürger- und Soldateneid. Alle jungen Bürger Athens wurden bei Erreichen des 18. Lebensjahres nach einer Prüfung ihrer bürgerlichen Abstammung in ihren jeweiligen Demen beim Demarchos vor Zeugen in die dort geführten Bürgerlisten eingeschrieben (*lexiarchikon grammateion*; Aristot. AP 42, 1-5). Danach traten in den 330er Jahren pro Jahr ca. 500 junge Bürger (bei einer geschätzten Anzahl von ca. 30000 erwachsenen männlichen Vollbürgern Athens) als 'Epheben' im Alter von 18 Jahren ihre zweijährige militärische und allgemeine staatsbürgerliche Ausbildungszeit an, die Ephebie. Diese war kurz vor dem Leokratesprozeß gerade unter maßgeblicher Beteiligung Lykurgs durch das Gesetz des Epikrates 336/5 (Harpokration s.v. *Epikrates* E 101 Keaney = Lykurg. Fr. 3 Conomis aus der or. V. *Peri tes Dioikeseos*) reformiert und erheblich strenger als zuvor in Athen im 5. und frühen 4. Jh. üblich worden. So leisteten alle Epheben einen Eid (s.u.), sie wurden auf bestimmte Orte und Festungen Athens und Attikas verteilt, trugen bestimmte Mäntel als Uniformen, unterstanden auch in Friedenszeiten eigenen Ausbildungsoffizieren, durchliefen ein verbessertes militärisches Trainings- und Ausbildungsprogramm, und wurden zusätzlich in ihre politischen und religiösen Pflichten als Bürger Athens eingeführt. Die Ephebiereform war unter militärischen wie staatsbürgerlichen Aspekten ein Kernbestandteil des

---

[126] Vgl. zur rhetorischen Theorie über den Exkurs Matuschek 1996.
[127] Vgl. zu retrospektiven Tendenzen im Athen der Lykurgära Hintzen-Bohlen 1996 und dieselbe 1997.

lykurgischen Programms.[128] Lykurg wirft dem Leokrates vor, er habe entweder den Eid der Epheben durch sein Verhalten nach Chaironeia offen gebrochen und sich damit des Meineides und des Frevels gegen die Gottheit (der *asebeia*) schuldig gemacht, oder er habe diesen Eid gar nicht geleistet, weil er sich seinem Ephebendienst mit Tricks entzogen habe. In diesem Falle sei er bereits deswegen ein schlechter Bürger.

Die neuen Jahrgänge der Epheben traten ihren Dienst mit einem feierlichen Eid an, der beim ehrwürdigen Heiligtum der Aglauros, der Tochter des Kekrops, am Fuße der Nordseite der Akropolis geleistet wurde (Hdt. 8,53; Demosth. 19,303). Die Eidesformel selbst fehlt in der Handschriftenüberlieferung der Leokratesrede. Sie ist wie üblich in den führenden Ausgaben auch in dieser Ausgabe der Rede nach einer im Demos Acharnai gefundenen Inschrift aus dem 4. Jh. ergänzt.[129] Auch in literarischen Quellen ist der Eid bei Pollux und Stobaios überliefert (Poll. Onom. 8, 105f und Stob. Anth. 4,1,48 Hense). Kleine, aber aufschlußreiche Unterschiede im Wortlaut des Eides in diesen Versionen und in der Inschrift (Rhodes - Osborne 2003, 445-446) deuten wohl auf eine Veränderung der Eidesformel im Rahmen der Vollendung der demokratischen Verfassungsentwicklung hin, weil als Quelle der Gesetzesautorität in den literarischen Fassungen bereits *to plethos*, die Mehrheit der Bürger bzw. der demokratische 'Souverän', statt des archaischen Ausdruckes *krainontes*, die Amtsträger der Polis, in der inschriftlichen Fassung genannt wird. Lykurg zitiert selbst nur einige Teile des Bürgereides der Epheben, die ihm in seine Redenstrategie zur Anklage des Leokrates passen, bevor er den Eid vom Gerichtssekretär verlesen läßt. Daher ist es methodisch leider nicht möglich, den authentischen Wortlaut des Eides um 330 aus den Worten Lykurgs zu rekonstruieren. Auch eine Stelle in der *Gesandtschaftsrede* des Demosthenes (Demosth. 19,303), an der er daran erinnert, daß Aischines den Ephebeneid zuvor 348 in einer Rede ebenfalls erwähnt habe, hilft nicht weiter. Meines Erachtens darf man aber mit Sicherheit annehmen, daß die inschriftliche Textfassung vor der Ephebiereform im lykurgischen Athen und dem Leokratesverfahren aufgeschrieben wurde.

In den für die Hörer Lykurgs im Jahre 330 altehrwürdig klingenden Wortlaut der Eidesformel der Epheben nach der Inschrift aus Acharnai fällt besonders

---

[128] Siehe zur Geschichte der athenischen Ephebie und zu dieser Ephebiereform Pélékidis 1962, Reinmuth 1971 (insb. zu Inschriften als Quellen), Burckhardt 1996, 26-75 und allgemein zum militärischen Training in griechischen Poleis Pritchett, Vol. II, 1974, 208-231. Zu ähnlichen Einrichtungen der 'Ephebie' in anderen griechischen Poleis bis in die römische Kaiserzeit vgl. Kennell 2006; zu weiterer Literatur über die Ephebie im Rahmen des gesamten lykurgischen Programms siehe das Einleitungskapitel 26-28.

[129] Rhodes - Osborne GHI 2003, Nr. 88, Z. 5-21, S. 440-448 bieten den Text, eine englische Übersetzung und wertvolle Kommentare, deutsche Übersetzung in Brodersen HGIÜ I 1992, Nr. 40, S. 22-24. Die hier gebotene Textfassung folgt Conomis in seiner Ausgabe von 1970.

am Ende die lange Liste der als Zeugen angerufenen Schwurgötter, vergöttlichten Personen und Kräfte auf: Aglauros, Hestia (Herdgöttin), Enyo (eine Kriegsgottheit), Enyalios (ein Beiname des Ares oder wahrscheinlicher ein anderer Kriegsgott), Ares, Athena Areia, Zeus, Thallo ('Wachstum', eine der Horen), Auxo und Hegemone ('Mehrerin' und 'Führerin', zwei der Chariten), Herakles, dazu die Grenzen und die wichtigen Produkte des Landes Attika (Weizen, Gerste, Wein, Oliven und Feigen). Stobaios läßt die Liste der Gottheiten in seiner Fassung weg, und Pollux bietet nur eine kürzere Liste als in der Inschrift. Im athenischen Buleuteneid findet sich zum Vergleich eine leicht abweichende Reihe von Schwurgottheiten und dazu die religiöse Absicherungsformel von "allen anderen Göttern und Göttinnen".

Im par. 79 lobt Lykurg den Eid der jungen Bürger in seinem für die Leokratesrede an mehreren Stellen typischen autoritativen, dozierenden Tonfall als Fundament der athenischen demokratischen Verfassungsordnung (*politeia*). Denn er betraf alle drei wichtigen Gruppen der Bürgerschaft: die Amtsträger (Archonten, Ratsherren), die Richter und auch einfache Privatbürger (*idiotai*). Der allgemeine Eid beim Eintritt in die Ephebie band jeden athenischen Bürger sogar über diese zwei Jahre hinaus für die Dauer seiner militärischen Dienstpflicht (18-59 Jahre), während die speziellen Diensteide der Archonten (Poll. 8,86, aber nicht der vollständige Wortlaut), der Strategen, Ratsherren (Philochoros FGrHist 328 F 140 ebenfalls nicht im vollen Wortlaut) und Richter (Demosth. 24,148-151) jeweils für ihre Amtszeit galten. Man vergleiche mit diesem par. 79 auch den Exkurs Lykurgs im Prooimion in par. 3-4 über die Gesetzesordnung, die Urteilsgewalt der Richter und die Ankläger als drei Säulen der Demokratie Athens. Vereinfacht findet sich der Gedanke auch in einer Demosthenesrede mit dem Lob der Gerichtshöfe, welche die athenische Demokratie tragen und zusammenhalten (Demosth. 24,2, ähnlich Aristot. AP 41,2).

Par. 80-82: Der athenische Epheben- und Bürgereid bot Lykurg einen willkommenen Ausgangspunkt für die folgende Erinnerung an den sogenannten 'Eid von Plataiai' vom Jahre 479 v. Chr., der angeblich nach dem Vorbild des athenischen Eides formuliert worden sei. Die Ähnlichkeit der beiden Eide ist jedoch nur sehr oberflächlich und allgemein. Die angeblichen Worte der Eidesformel der verbündeten Griechen, die unter dem Kommando des Spartaners Pausanias die persischen Truppen unter Mardonios besiegten, sind in einer etwas kürzeren Fassung auch bei Diodor überliefert (Diod. 11,29,3) und ebenfalls in genau derjenigen Inschrift aus Acharnai[130] aus dem 4. Jh., die auch eine Fassung des Ephebeneides nennt (vgl. auch Diod. 11,3,3 und Hdt. 7,132 zu einem früheren Eid der Griechen gegen Xerxes).

---

[130] Zuerst steht in der Inschrift der Ephebeneid, darauf folgt der Eid von Plataiai, siehe erneut Rhodes - Osborne GHI 2003, Nr. 88, Z. 22-51, S. 440-448 Text, englische Übersetzung und wertvolle Kommentare, deutsche Übersetzung in Brodersen HGIÜ I 1992, Nr. 40, S. 22-24.

Bereits die Historizität dieses 'Eides von Plataiai' an sich und dann der
ausführliche Wortlaut in der literarischen und in der inschriftlichen
Textüberlieferung (Rhodes - Osborne GHI 2003 No. 88) sind in der modernen
Forschung intensiv und kontrovers diskutiert worden. Denn es ist im
spätklassischen Athen und auch in den Reden z.b. des Aischines und des
Lykurg eine deutliche Tendenz beobachtet worden, "to elaborate texts around
known historical circumstances, and to elaborate historical circumstances
around texts".[131] Während der 'Eid von Plataiai' lange Zeit meist daher als ein
Produkt der Rhetoren oder der patriotisch inspirierten athenischen
Historiographie des 4. Jh. angesehen wurde, haben sich in jüngster Zeit auch
wieder bedenkenswerte Beiträge für seine Historizität ausgesprochen.[132]
Unsere Hauptquelle über die Lage vor der Schlacht von Plataiai, Herodots
Historien (Hdt. 9,19), berichtet nichts über einen solchen Eid. Theopomp aus
Chios, ein bekannter Historiker des 4. Jh., erklärt im 25. Buch seiner
Philippika den 'Eid von Plataiai' etwa zur Zeit Lykurgs rundheraus für eine
athenische propagandistische Erfindung (Theop. FGrHist 115 F 153 und
ebenso den Kalliasfrieden F 154). Der in der Inschrift des 4. Jh. gebotene
Wortlaut paßt deutlich besser zum frühen 5. Jh. v. Chr. als die bei Lykurg
gebotene literarische Fassung. Die bei Lykurg vorgetragene Fassung spiegelt
vor allem die Art und Weise, wie die athenische Propaganda des 4. Jh.
altehrwürdige Texte instrumentalisierte.

Auffällig ist in der Eidesformel die Drohung des *dekateuein* (des 'Zehnten')
gegenüber allen Poleis in Hellas, die auf der Seite der Perser gekämpft hatten
und sich damit des Verrates und *medismos* schuldig gemacht hatten (wie z.B.
Theben, aber auch weitere Staaten, siehe Diod. 11,3,3). Diese Poleis sollten
zerstört und der zehnte Teil der Einkünfte aus der Kriegsbeute dem Heiligtum
in Delphi geweiht werden (daher *dekateuein*). Problematisch und viel
diskutiert ist die in der inschriftlichen wie der literarischen Fassung
ausdrücklich bekräftigte Verpflichtung, die von den Persern zerstörten
Heiligtümer in Hellas nicht wieder aufzubauen, sondern die Ruinen als
'Mahnmale' an die Zeit der Perserkriege und die *asebeia* der Feinde zu
belassen. Denn z.B. die Hörer Lykurgs konnten ja mit einem Blick auf die
Akropolis und über ihre Stadt Athen sehen, daß diese Klausel des Eides nicht
erfüllt worden war, sofern sie wirklich 479 beschworen worden sein sollte.

Par. 84-88: Lykurg erinnert hier an den Opfertod des athenischen Königs
Kodros[133] für sein Vaterland. Dem Mythos nach wurde Kodros, Sohn des
Melanthos, vom letzten Nachkommen des Theseus in Athen zum König

---

[131] Zitat Rhodes - Osborne 2003, 445.

[132] Siehe zum Gang der Forschung z.B. die Beiträge von Habicht 1961, Siewert 1972,
dann Rhodes - Osborne 2003, 442-448 und jüngst van Wees 2006 mit weiterer
Literatur, der sich wiederum für die Historizität und Authentizität eines solchen Eides
ausspricht.

[133] Zu Kodros siehe Kearns 1989, 178; knapp zusammenfassend auch Graf 1999.

gemacht. Seine bedeutendste Leistung war sein Opfertod für die Polis, als die dorischen Peloponnesier Athen angriffen und belagerten. Ein delphisches Orakel (Parke - Wormel, Vol. 2: 1956, Nr. 215, S. 89) hatte den Feinden geweissagt, daß sie Athen erobern würden, sofern sie den König Kodros nicht töteten. Kodros schlich sich daher als Bettler verkleidet aus der Stadt und provozierte beim Brennholzsammeln zwei Feinde. Einen von ihnen tötete Kodros mit einer Sichel. Darauf erstach ihn der andere feindliche Soldat sofort. Als die Feinde dann von den Athenern die wirkliche Identität des Kodros erfuhren, zogen sie ab, da die Stadt nach dem Tod des Königs nicht mehr einzunehmen sei. Die Version in der Leokratesrede ist die ausführlichste uns noch erhaltene Fassung dieser gesamten Geschichte (abgesehen von kurzen Notizen bei den Mythographen Pherekydes von Athen FGrHist 3 F 154 und Hellanikos von Lesbos FGrHist 4 F 125 = Schol. zu Plat. Symp. 208d). Kodros wurde in Athen im Neleion, dem Heiligtum seines Sohnes Neleus, der als Gründer Milets galt und in Didyma bestattet sein sollte (Paus. 7,6,2), als ein Heros verehrt (IG I^3 84), sein angebliches Grab wurde am Fuße der Akropolis gezeigt (IG II^2 4258 überliefert eine Grabinschrift für Kodros aus späterer Zeit). Zwar taucht der Name des Kodros (anders als Erechtheus, Kekrops oder Aigeus) nicht unter den Eponymen der zehn attischen Phylen auf. Das Ansehen des Kodros in Athen blieb aber sehr hoch, wie man schon an der verbreiteten Redewendung 'vornehmer als Kodros' sehen kann. Lykurg erwähnt par. 87-88 außergewöhnliche Ehren in Athen für den Delphier Kleomantis, der den Athenern den Inhalt des an die Peloponnesier gegebenen Orakels berichtet hatte und dafür mit der öffentlichen Speisung (*sitesis*) im athenischen Prytaneion für ihn und seine Nachkommen auf Kosten der Polis geehrt wurde. Hierzu paßt die ergänzende Nachricht des Pausanias, daß in Delphi eine Statue des Kodros von der Hand des Pheidias stand (Paus. 10,10,1).

Über die Nachfolge des Kodros und seine Stellung in der attischen Königsliste gibt es verschiedene Überlieferungen. Hellanikos zufolge (F 125) übernahm Kodros' ältester Sohn Medon das Königtum und begründete die folgende Dynastie der Medontiden. Ein jüngerer Sohn des Kodros, Neleus, wanderte im Streit mit Medon aus Athen aus und gründete mit geflohenen Pyliern und weiteren Brüdern die ionischen Poleis Kleinasiens. Pherekydes (F 154) nennt jedoch als wichtigsten Gründer dieser Poleis einen weiteren Sohn namens Androkles. Diese Versionen sollen Athens Rang als Metropolis der Ionier legitimieren. Eine andere Variante des Mythos (faßbar bei Aristot. AP 3,3 und Paus. 4,5,10) ließ Kodros kinderlos sterben. Darauf sei das Königtum in Athen zum Ende gekommen und die Archonten, als neuartige Magistrate der Polis, seien die verfassungsgeschichtlichen Nachfolger des *basileus* geworden.

Par. 90-93: In diesen Paragraphen der Rede führt Lykurg den Gedanken der *theoblabeia* aus, eines Schadens durch die Götter, die jemandem den Verstand verwirren. Dies habe auch Leokrates getroffen, wie andere Übeltäter zuvor, z.B. eine Generation vor dem Leokratesprozeß den athenischen Strategen

Kallistratos von Aphidna. Dieser Gedanke, daß die Gottheit zuerst den Verstand eines Übeltäters verwirrt und er sich dann unvorsichtig seinem eigenen Untergang ausliefert bzw. daß 'Verbrecher' wie Leokrates und Kallistratos sich selbst ihrer gerechten Strafe durch die athenischen Richter zuführen, wurde in der populären griechischen Ethik[134] der archaischen und klassischen Periode oft bei Dichtern (Euripides, Sophokles, Aischylos), Philosophen oder Historikern (schon bei Hdt. 1,127 und 8,137) durch bekannte Geschichten illustriert. Bald nach Lykurgs Rede beschrieb Aischines im *Kranzprozeß* die thebanische Politik, die 335 zum gescheiterten Aufstand gegen Alexander und zum Untergang Thebens führte, mit der Vorstellung von der *theoblabeia* (Aischin. 3,133). Lykurg bekräftigt diesen volkstümlichen Gedanken mit einem Zitat aus einer nicht identifizierbaren Tragödie (Adespota Fr. 296 TGrF Kannicht - Snell) und dem Exempel des Kallistratos von Aphidna.

Kallistratos,[135] Sohn des Kallikrates aus dem Demos Aphidna, gehört zu den einflußreichsten Politikern und Strategen Athens in der ersten Hälfte des 4. Jh. v. Chr. und den Architekten des Zweiten Attischen Seebundes. Er wurde bereits erstmals ca. 366 nach außenpolitischen Mißerfolgen vor allem wegen des Verlustes von Oropos an Theben wegen Verrats angeklagt, konnte sich jedoch damals noch dank seiner glänzenden Redekunst erfolgreich verteidigen, die u.a. den jungen Demosthenes tief beeindruckte. Doch ca. 362/1 wurde er erneut wegen weiterer athenischer Mißerfolge in Thrakien und Makedonien mit einer Eisangelia angeklagt. Zunächst entzog er sich diesem Verfahren und wurde in Athen *in absentia* zum Tode verurteilt. Nach einigen Jahren im Exil kehrte er wohl 355 unvorsichtig nach Athen zurück und wurde hingerichtet, obwohl er am Altar der Zwölf Götter auf der Agora Asyl gesucht hatte (vgl. Hansen, Eisangelia, Fall Nr. 87, S. 94-95, Ps.-Demosth. 50,46-49, Hyp. 3,1 col. XVIII).

Par. 95-97: Lykurg erzählt die Sage vom *choros eusebon*, der 'Stelle der Frommen': So wie Lykurg zur Unterhaltung und moralischen Belehrung seiner Hörer gerne Dichterzitate in die Anklagerede einbaut, erzählt er hier eine erbaulich-fromme, sagenhafte Geschichte aus Sizilien, die mit der Eisangeliaklage nichts Näheres zu tun hat. In der Geschichte wird aber die Erfüllung der Pietätspflichten gegenüber den Eltern gelobt (so wie an anderen Stellen der Rede mehrfach die Erfüllung der Pflichten gegen die Polis und die Götter). Auf Leokrates soll indirekt ein schlechtes Licht fallen, und Lykurg wird ihn später zusammenfassend in par. 147 auch der *kakosis ton tokeon* (Schädigung der Eltern) beschuldigen. Der Abschnitt ist ein weiteres Beispiel dafür, wie stark religiöse Werte und Gedankengänge den Ankläger Lykurg in

---

[134] Vgl. zu in Athen verbreiteten Moralvorstellungen im 4. Jh. v. Chr. auch bereits Dover 1974.

[135] Über Kallistratos siehe Sealey 1956, Davies 1971 APF 8157, S. 277-282 und knapp informierend auch Schmitz 1999.

dieser Rede leiten.[136] Lykurgs Version dieser Geschichte von der 'Stelle der Frommen' ist unsere älteste von vielen anderen antiken Fassungen.[137] Sie bietet aber den einen Anstoß, daß Lykurg nur von einem frommen Sohn berichtet, der bei einem Vulkanausbruch seinen alten Vater rettet, der Name der 'Stelle der Frommen' aber eigentlich mehrere Fromme zu fordern scheint. So finden sich dann auch verbreitete jüngere Fassungen, die von der Rettung beider alten Elternteile durch zwei Brüder (names Amphinomos und Anapias) bei einer Bedrohung der Stadt Katane (Catania) durch einen Ausbruck des Ätna und Lavaströme berichten. Die Stelle wurde Reisenden noch in der Kaiserzeit nach Jahrhunderten gezeigt (Strab. Geog. 6,2,3 C. 269; Paus. 10,28,4).

Par. 98-100: Als Lykurg erneut zu einem ausführlichen Exkurs über die ruhmvolle athenische Vergangenheit und mythologische Themen ansetzte, scheinen einige Zuhörer aus der Jury nicht zum ersten Male während dieser Rede Unmut oder Langeweile gezeigt zu haben. Denn er insistiert fast schon eigensinnig darauf, daß er von den *palaia* (den Geschichten über alte Zeiten) nicht ablassen werde. Diese Entscheidung führt zu gewissen Längen im zweiten Teil der Leokratesrede, doch Rehdantz erklärte sie mit treffenden Worten so: "Lykurg lebt ja in der schönen und schöngefärbten Vergangenheit Athens (22mal braucht er *progonoi*, 18mal *pateres, patrios, patroos*), deren Gesinnung wieder lebendig werden muss, um das geliebte Vaterland (58mal kommt *patris* vor, 124mal *polis*, meist Athen, 19mal *politai*) zu retten und Leokrates zu verderben".[138] Ein persönliches Motiv dafür, die Geschichte über die Tochter des Erechtheus in dieser Rede zu erzählen, lag wohl auch darin, daß der Eteobutade Lykurg selbst als Priester des Poseidon Erechtheus amtierte.

Einige wenige Verse oder passende metrische Sprichwörter finden sich in allen antiken Redegattungen als Stilmittel, die zur Erzeugung von Pathos oder als Beweismittel *ex auctoritate* eingesetzt wurden.[139] Doch die Vielzahl und die große Länge der Dichterzitate, die Lykurg in diese Gerichtsrede *gegen Leokrates* einbaut, sind außergewöhnlich.[140] Lykurg leistet sich hier eine bewußte Verletzung der Schulregeln für die Komposition einer Gerichtsrede. Selbst in einer epideiktischen Rede (z.B. einem *enkomion* oder *panegyrikos logos*) des 4. Jh. wäre ein so massiver Einsatz von Versen, um Höhepunkte des Pathos zu markieren und die Hörer durch die eindringliche Wucht der

---

[136] Siehe zur Rede *gegen Leokrates* als reicher Quelle sowohl für Lykurgs eigene religiöse Auffassungen als auch für damals unter seinen Mitbürgern verbreitete Ideen Vielberg 1991 sowie mit zahlreichen Parallelen Mikalson 1998, 11-45.

[137] Siehe die ausführliche Sammlung der antiken Belegstellen bei Rehdantz 1876, 166-167.

[138] Zitat Rehdantz 1876, 70.

[139] Siehe zur antiken Theorie der rhetorischen Verwendung von Versen in Reden bereits Volkmann 1895, 238.

[140] Vgl. zu diesen Zitaten aus der Dichtung auch Spina 1980-81 und Allen 2000a.

Verse in eine bestimmte emotionale Stimmung zu versetzen, eine riskante rhetorische Strategie. Die ältesten kanonischen attischen Redner vermieden in ihren Gerichtsreden Dichterzitate völlig. Auch der politischen, symbuleutischen Rede ist dieses Stilmittel üblicherweise fremd. In Gerichtsreden setzten Zeitgenossen des Lykurg Dichterverse nur wohldosiert und vorsichtig ein (vgl. etwa zu Lysias Harpokr. s.v. *Karkinos* K 15 Keaney). Selbst der ehemalige Schauspieler Aischines, gewiß ein Fachmann für die Wirkung von Dichterversen in Reden, bleibt im Vergleich zu Lykurg zurückhaltend (vgl. Aischin. 1,128f mit Zitaten aus Euripides und Hesiod; 1,144f Homer; 2,158 Hesiod; 3,135 Hesiod). Demosthenes verwendet nur kurze Verse und zwar als ironische Replik auf den 'Schauspieler' Aischines (Demosth. 18,267 und 19,243f). Die rhetorische Theorie ist sich in der Antike immer des geschwisterlichen Verhältnisses von Dichtung und Rhetorik bewußt gewesen, aber kein maßgeblicher Theoretiker rät nachdrücklich zur häufigen Verwendung von längeren Verspassagen in Gerichtsreden. Doch Lykurg vertraut auf seine rhetorische Überzeugungskraft und die große Autorität seiner Person als Ankläger. Zudem wird er die Ideologie des Opfertodes für das Vaterland, die in der folgenden Geschichte und der langen Rhesis aus dem *Erechtheus* des Euripides verherrlicht wird, möglicherweise aus religiös begründetem, fanatischen Patriotismus selbst vertreten haben. Das beliebte Motiv der Autochthonie der Athener wird erneut hervorgehoben (vgl. Thuk. 2,36,1 oder Isokr. 4,24; auch Eur. Ion 278-293 erinnert an den Erechtheusmythos). Von der Nützlichkeit der großen Tragiker für die staatsbürgerliche Erziehung war Lykurg fest überzeugt. Dies wird deutlich illustriert durch die Anfertigung von Staatsexemplaren der Werke der drei großen Tragiker Aischylos, Sophokles und Euripides auf einen Antrag Lykurgs hin und durch den Ausbau des großen Dionysostheaters in Athen.

Erechtheus war ein mythischer König aus Athens Frühzeit, der nach seinem Tod auch als Heros verehrt wurde und der ersten der zehn attischen Phylen ihren Namen gab: Erechtheis.[141] Schon als 423 v. Chr. Euripides seine Tragödie *Erechtheus* schrieb und danach zur Zeit Lykurgs wurde nach der Hauptversion des Mythos zwischen Erechtheus und Erichthonios als zwei Personen unterschieden. Erechtheus sei ein direkter Nachkomme des erdgeborenen Erichthonios. Lykurg führt seine Zuhörer nun hier in der Gerichtsrede des Jahres 330 zurück in die mythische Vergangenheit Athens zur Zeit des Königs Erechtheus. Damals griff der Sage nach Eumolpos, der Herrscher über Eleusis, mit Hilfe seiner thrakischen Verbündeten Athen an. Dieser Streit zwischen Eleusis und Stadtathen, Eumolpos und Erechtheus, spiegelt auf der Ebene der Menschen den Streit des Poseidon und der Athene um Attika auf der Ebene der Götter wider. Erechtheus tötete nach einer Fassung des Mythos Eumolpos im Kampf und errang so den Sieg. Euripides und ihm folgend Lykurg schreiben dagegen der Opferung der Tochter des Erechtheus und der Praxithea vor der Schlacht den entscheidenden Anteil am

---

[141] Vgl. über Erechtheus Kron 1976, 32-83 und 249-259, sowie Kearns 1989, 113-115 sowie 160 und dieselbe 1998.

athenischen Sieg zu (siehe par. 98-99 und Euripides TGrF Fr. 360). Kannicht sammelt in seinen Notizen zu den Fragmenten des euripideischen *Erechtheus* (Fr. 349-370 in TGrF V,1, S. 391-418, insb. par. 100 = TGrF Fr. 360, S. 398-402) die antiken Parallelquellen über diesen Mythos, die sich in einigen Einzelheiten von der Version bei Lykurg unterscheiden oder diese ergänzen (vgl. z.B. Plut. Mor. 310d = Parall. Min. 20a, Ps.-Demaratos *Tragodoumena* FGrHist 42 F 4 und Apollod. Bibl. 3,15,4, nach dessen Version die jüngste Tochter geopfert wurde und sich daraufhin die übrigen Töchter selbst den Tod gaben).

Ein delphisches Orakel (Parke - Wormel 1956, Vol. 2, Nr. 195, S. 82) hatte dem athenischen Königspaar Erechtheus und Praxithea geweissagt, daß Athen im Krieg siegen werde, wenn der König vor der Schlacht seine Tochter für die Rettung des Vaterlandes opfern werde. Der König entschloß sich zusammen mit seiner Frau dazu, eine seiner Töchter zu opfern, und besiegte daraufhin die Feinde. Er opferte nicht sein eigenes Leben wie Kodros (der daher als Gegenbild zu dem Flüchtling und 'Verräter' Leokrates besser paßt), sondern das seines Kindes. Über die Anzahl der Kinder des Erechtheus, ihr Geschlecht und ihre Namen, gibt es verschiedene Varianten des Mythos. In der Rede der Praxithea, die Lykurg zitiert, betont die Königin, daß sie leider 'nur' Töchter (vermutlich drei), aber keine Söhne habe. Ein anderes überliefertes Fragment der Tragödie scheint aber eine Ansprache des Königs Erechtheus an einen Sohn zu enthalten. Der Name des Opfers wird bei Euripides nicht genannt, in anderen antiken Quellen werden unterschiedliche Namen erwähnt, z.B. Chthonia. Nach Ps.-Demaratos (FGrHist 42 F 4) erfolgte das Opfer für Persephone (Eleusis!), doch z.B. nach Hyginus (Fab. 46) für Poseidon. Lykurg dürfte zum gesamten Text der Tragödie *Erechtheus* Zugang gehabt haben, weil er die Anfertigung von 'Staatsexemplaren' der Werke der Tragiker beantragt hatte.

Die rituelle Opferung von Töchtern bzw. Jungfrauen vor einer Schlacht oder allgemeiner zur Sicherung des Sieges im Krieg wird mehrfach in der Antike berichtet.[142] Die lange Redenpartie der Königin und Mutter Praxithea verstört heutige Leser mit ihrem kalten, hyperpatriotischen Raisonnement über die Tötung ihrer Tochter, die sie nicht nur als eine grausame Bürgerpflicht akzeptiert, sondern sogar als einen Ruhmestitel für das Opfer und die Eltern deutet.[143] Der Gedanke, daß Kinder nicht allein den Eltern (geschweige denn sich selbst als autonome Individuen), sondern primär der Polis gehören, mit

---

[142] Siehe zu den anthropologischen und religionsgeschichtlichen Hintergründen Burkert 1983, 65-67 mit vielen Parallelen, allgemein über Menschenopfer im antiken Griechenland Hughes 1991, 73-75 zur Tochter des Erechtheus, zu Menschenopfern als Motiv in Tragödien des Euripides und ausführlich zum *Erechtheus* O'Connor-Visser 1987, 148-176.

[143] Siehe zur Figur der Praxithea im Kontext anderer Frauenrollen bei Euripides Harder 1993 und über die ganze Tragödie *Erechtheus* als Zeitzeugnis des Archidamischen Krieges Treu 1971.

deren Rettung oder Untergang sich auch ihr Schicksal entscheidet, findet sich in der antiken griechischen Rhetorik und Poesie jedoch oft. Als bekannteste Parallele zu dieser Geschichte der Opferung der Tochter aus dem *Erechtheus* des Euripides drängt sich im Werk dieses Tragikers die glücklicher ausgegangene Opfergeschichte in der *Iphigenie in Aulis* auf. Es sollte auch bedacht werden, daß die Tragödie *Erechtheus* im Peloponnesischen Krieg nach mehreren Jahren grausamer Kriegshandlungen zur Aufführung kam.

Par. 100: Der Text der Rhesis der Königin Praxithea selbst ist in der handschriftlichen Tradition der Leokratesrede mit vielen Varianten und textkritischen Problemen überliefert, die in diesem kurzen Kommentar nicht erörtert werden können. Man vergleiche hierzu die textkritischen Apparate und Notizen in den führenden Ausgaben dieses Fragmentes, vor allem von Conomis und Kannicht.[144]

Par. 101: Die Sentenz über die natürliche Liebe von Müttern zu ihren Kindern, die Praxithea aus Patriotismus überwunden habe, könnte ein weiteres verdecktes Zitat aus dem *Erechtheus* sein (vgl. Eur. Fr. 360a TGrF Kannicht).

Par. 102-103: Hier lobt Lykurg den erzieherischen Wert der Epen Homers, eines ernsthaften und ernst zu nehmenden Dichters (*spudaios poetes*). In der älteren griechischen Konzeption von Erziehung und Bildung (der *paideia*) war die Stellung Homers als des 'Erziehers der Griechen' ohnehin zentral. Die Kenntnis der Epen Homers blieb jedoch auch nach den Einflüssen von Sophistik, Rhetorik und Philosophie auf die höhere Bildung eines Bürgers in Athen in der Ära Lykurgs noch unverzichtbare Basis aller griechischen Bildung (Isokr. 4,159). Manche gebildete Zeitgenossen Lykurgs konnten Homers Epen komplett auswendig (vgl. Xen. Symp. 3,5). Darüber hinaus galt Homer auch als *protos heuretes* verschiedener Fachkenntnisse und Fachwissenschaften. Das Lob Homers als eines geradezu 'göttlichen' Dichters durchzieht alle Literaturgattungen und Epochen der griechischen Literatur. Wenn die attischen Redner überhaupt Dichterverse in ihre Reden einbauen, dann bevorzugen sie - sicherlich mit Blick auf den Geschmack des Publikums - Homer, Hesiod und Euripides.[145]

Lykurg erinnert an ein athenisches Gesetz, das die regelmäßige Rezitation der Epen Homers durch Rhapsoden, professionelle Rezitatoren meist epischer Dichtung, im Rahmen des reformierten Festprogramms des höchsten athenischen Staatsfestes, der alle vier Jahre gefeierten Panathenäen,

---

[144] Conomis 1970, 68-70 und Kannicht 2004, 398-402.

[145] Zahlreiche Belege über Homer als 'Erzieher der Griechen' bietet Verdenius 1970; siehe über Homer als angeblichen Begründer verschiedener Fachwissenschaften auch Mugler 1963 und allgemein zur Bildungskonzeption und den homerischen Epen als Inhalten der Schulbildung in der klassischen Epoche Athens Marrou 1977 und Baumgarten 2006.

vorschrieb.[146] In der Form, in der die Panathenäen in Lykurgs Zeit gefeiert wurden, gehen sie zurück auf Reformen, die dem Tyrannen Peisistratos zugeschrieben und auf 566/65 v. Chr. datiert werden. Während es bereits in seiner Epoche auch erste musikalische Wettkämpfe im Festprogramm gab, sind die institutionalisierten Homerrezitationen durch Rhapsoden erst durch Hipparchos, den Sohn des Peisistratos, zwischen 527 und 514 eingeführt worden (Ps.-Plat. Hipparch. 228b).[147] Lykurg erwähnt die Namen der beiden Tyrannen aus Rücksicht auf die Richter des demokratischen Gerichtshofes nicht, schließt sich aber auch nicht einer anderen antiken Version an (bei Diog. Laert. 1,57), die ein ähnliches Gesetz schon dem Solon zuschrieb.

Die peisistratidische Ära und die Homerrezitationen durch professionelle, herumziehende Rhapsoden (belegt als 'Berufsstand' bei Hdt. 5,67) spielten auch in der Geschichte der Fixierung und Tradierung des Textes der Epen Homers eine wichtige Rolle.[148] Das Zitat Lykurgs in par. 103 stammt aus Homers *Ilias* 15,494-499 und einer Ansprache Hektors. Im Vergleich mit dem später an dieser Stelle meist überlieferten Homertext fallen kleine Abweichungen in Lykurgs Zitat auf.[149]

Par. 105-107: Lykurg schließt sich in der Rede *gegen Leokrates* der patriotischen athenischen Überlieferung an, nach welcher der Dichter Tyrtaios ein Athener aus dem Demos Aphidna gewesen sei. Er sei zur Zeit des Zweiten Messenischen Krieges gegen Ende des 7. Jh. v. Chr. nach Sparta gegangen, nachdem die Spartaner einem Orakelspruch folgend von den Athenern einen Anführer im Krieg gegen die Messenier erbeten hatten. Dort habe er (vor allem dann mit seinen Gedichten) maßgeblich zum Sieg über die Messenier beigetragen. Lykurg zitiert darauf in par. 107 ein längeres Stück einer berühmten Elegie des Tyrtaios mit einer scharfen Kampfparänese.[150] Über die Biographie des Tyrtaios liegen fast keine gesicherten Informationen mehr vor.[151] Seine *akme* als Dichter und sein Wirken in Sparta fallen jedoch in die Jahrzehnte des Zweiten Messenischen Krieges nach 640 v. Chr. Bereits Platon (Plat. *Nomoi* 629a, vgl. auch Philochoros FGrHist 328 F 215) nennt ihn (wie Lykurg hier in der Rede) einen Athener, Pausanias ergänzt später das

---

[146] Zu diesem Staatsfest der Panathenäen siehe Neils 1992 und 1996.

[147] Siehe über die musischen Agone und Homerrezitationen bei den Panathenäen Kotsidu 1991 sowie Shapiro 1993.

[148] Vgl. hierzu aus jüngerer Zeit West 2000, insb. 29, Burkert 2001 sowie Graziosi 2002.

[149] Vgl. den kritischen Apparat bei Conomis 1970, vielleicht sind die geringen Abweichungen in Lykurgs Fassung zu erklären als Erinnerungsfehler oder durch antike Varianten in der Homerüberlieferung; siehe zur Homerrezeption und -kritik im 4. Jh. auch bereits Apfel 1938, insb. 257-258 zu Lykurg.

[150] Vgl. zu Kampfparänese, Kampfdarstellung und Kampfwirklichkeit bei Tyrtaios und anderen frühen Dichtern Latacz 1977.

[151] Vgl. über Leben und Werke des Tyrtaios knapp Bowie 2002 mit weiterführender Literatur, sowie zur Entstehung des späteren antiken Bildes von Tyrtaios Meier 2003.

unglaubwürdige Detail, Tyrtaios sei ein lahmer Schulmeister gewesen (Paus. 4,15,6). Doch die Suda (Suda s.v. *Tyrtaios* T 1205 und 1206 Adler) nennt ihn einen gebürtigen Spartaner oder einen Ionier aus Milet. Die teilweise noch erhaltenen Elegien und die nicht mehr erhaltenen *Kriegslieder* (*mele polemisteria*) des Tyrtaios spielten im Rahmen der spartanischen Staatserziehung (*agoge*) zum Bürgerhopliten eine wichtige Rolle.

Die von Lykurg in par. 107 zitierten 32 elegischen Verse sind nur in dieser Rede überliefert und als längstes bisher bekanntes Fragment des Dichters Tyrtaios besonders bedeutend (vgl. zur Textkonstitution auch die maßgebliche Ausgabe von West, Vol. II, 1992², Fr. 10, S. 174-175). Sie gehören zu den Kampfparänesen, die während der Feldzüge (wahrscheinlich aber nicht vollständig, wie Lykurg übertreibend behauptet) dem spartanischen Heer vor dem Zelt des Königs als Heerführer vorgetragen wurden. Sie waren ähnlich wirkungsvoll wie die Marschlieder des Tyrtaios. Entweder handelt es sich hier in der Leokratesrede um ein Zitat aus einer einzigen Dichtung des Tyrtaios, oder Lykurg hat zwei ursprünglich getrennte Passagen zusammengezogen. Die Verse bieten eine der radikalsten und schärfsten Artikulationen des spartanischen Hoplitenethos und der Verklärung des Heldentodes in der Schlacht unter den *promachoi* in der ersten Reihe der Hoplitenphalanx. Lykurg dürfte sich eine solche hier durch Tyrtaios verherrlichte Kampfmoral wohl auch für die Hopliten des athenischen Bürgerheeres gewünscht haben.

Par. 109: Aus dem patriotischen Geist der Bereitschaft zum Kampf und zum Opfertod für das Vaterland, den die Gedichte des Homer und des Tyrtaios nach Lykurgs Überzeugung in den Hörern bekräftigt haben, vollbrachen die Spartaner in den Perserkriegen ihre Heldentaten im Kampf bei den Thermopylen, und die Athener errangen ihren Sieg bei Marathon. An beide Kämpfe und ihre Gefallenen, die bereits seit Generationen zu Synonymen exemplarischen Heldentums[152] verklärt worden waren, erinnerten Monumente für die Gefallenen und Epigramme, die Lykurg zitierte. Bedenkt man, daß Lykurg an der Verabschiedung vieler Dekrete und Gesetze zwischen 338 und 324 beteiligt war, die dann später auch in inschriftlicher Form öffentlich aufgestellt wurden, so überraschen seine guten Kenntnisse über dokumentarische Quellen nicht.

Das berühmte epitymbische Epigramm auf die bei den Thermopylen 490 v. Chr. gefallenen Spartaner um Leonidas (par. 109 = Sim. XXIIb Page = Campbell 1991, 540-543) wird seit der Antike dem Dichter Simonides von Keos zugeschrieben, einem Zeitgenossen der Ereignisse.[153] Die Verse wurden (mit leicht anderem Wortlaut) bereits bei Herodot (Hdt. 7,228), danach

---

[152] Vgl. zum 'exemplarischen Heldentum' der Kämpfer bei den Thermopylen und der Rezeptionsgeschichte dieser Schlacht Albertz 2006; über Marathon und Plataiai als 'lieux de mémoire' im antiken Griechenland siehe jüngst Jung 2006; zur militärischen Geschichte der Perserkriege siehe Balcer 1995 und Cawkwell 2005.

[153] Vgl. knapp informierend über Simonides Robbins 2001 mit weiterer Literatur.

oftmals in der Antike zitiert und auch von Cicero ins Lateinische übersetzt (vgl. Diod. 11,33,2-4; Strab. Geog. 9,4,16 C. 429; Anth. Pal. 7, 249, Suda s.v. *Leonides* L 272 Adler; Cic. Tusc. 1,101).[154] Im Vergleich mit älteren Fassungen des Wortlautes versucht Lykurg (wie später auch Strabon), die Imperativform für sein Sprachempfinden zu normalisieren.

Das in der Rede *gegen Leokrates* unmittelbar folgende Epigramm auf die athenischen Kämpfer bei Marathon (Sim. XXI Page = Campbell 1991, 540-541) wird u.a. ebenfalls bei Ailios Aristeides (or. 28,63 aber mit einem anderen Ende des Textes) erwähnt. Dieses Epigramm fand sich vielleicht zusammen mit einer Liste der Gefallenen auf einer Stele beim athenischen Marathonmonument. Es wird allerdings noch von keiner antiken Quelle mit Sicherheit dem Dichter Simonides zugewiesen, sondern erst spät in der Sammlung der *Anthologia Palatina*. Die Forschung schreibt es daher heute nicht mehr dem Simonides zu. Eine etwas andere Textfassung eines Marathonepigramms, die in der zweiten Verszeile die unglaublich hohe Zahl von 200000 getöteten Medern (Persern) nennt, soll auf einem berühmten Gemälde der Schlacht von Marathon in der Stoa Poikile in Athen verzeichnet gewesen sein (Suda s.v. *poikile* P 3079 Adler). Es fällt auf, daß das Epigramm auf die Spartaner vor allem den Gehorsam und die Pflichterfüllung der Soldaten feiert, während das Marathonepigramm ruhmselig die Rolle der Athener als Vorkämpfer (*promachoi*) der Hellenen unterstreicht, explizit den Ort der Schlacht Marathon nennt und die Perser poetisch ausmalend wegen ihres Schmuckes und der Verzierung der Waffen als 'goldtragende Meder' bezeichnet.

Par. 110-127: In den par. 110-127 gibt Lykurg Beispiele aus dem 5. und 4. Jahrhundert für besondere Strenge des athenischen Demos und gegen 'Verräter' und Feinde der Demokratie verhängte Todesurteile. Sämtliche erwähnten *exempla severitatis* haben juristisch nichts mit dem Kern der Eisangeliaklage gegen Leokrates zu tun. Lykurg appelliert jedoch weiterhin mit allen rhetorisch-psychologischen Mitteln an den Patriotismus der Richter, um sie dazu zu veranlassen, den 'Verräter' Leokrates hinzurichten.

Par. 112-116: Lykurg beginnt mit dem Fall des Phrynichos. Dieser athenische Politiker und Stratege spielte im Peloponnesischen Krieg eine wichtige Rolle.[155] Als einer der athenischen Strategen widersetzte er sich 412 bei der Flotte der Rückkehr des Alkibiades, geriet in den Verdacht des Verrates und wurde als Stratege abgesetzt (Thuk. 8,48-51 und 8,54; Plut. Alkib. 25,6-13).

---

[154] Zur Interpretation dieses Epigramms siehe Molyneux 1992, 175-187 und jüngst mit reichen Literaturangaben zu der bis ins 20. Jh. reichenden intensiven Rezeptionsgeschichte der beiden Textzeilen dieses 'Königs der Kriegsepigramme' Petrovic 2007, 245-249 zu Epigramm 11 Petrovic.

[155] Vgl. über Phrynichos' Karriere und Ermordung ausführlich Grossi 1984, knapp Schmitz 2000b, Lehmann 1997, 40-45, Bleckmann 1998, 379-386, sowie über Phrynichos' Rolle in der Herrschaft der Vierhundert Heftner 2001.

Bald darauf beteiligte Phrynichos sich als einer der führenden Köpfe (Thuk. 8,68,3, Aristot. Pol. 5,6 1305b 27) am Sturz der Demokratie 411 in Athen und der Errichtung der oligarchischen Herrschaft der "Vierhundert" Ratsherren (*Tetrakosioi*). Diese wollten sich militärisch und sozial auf eine Hoplitenpoliteia mit künftig lediglich 5000 athenischen Bürgern stützen. Sie standen im Konflikt mit der nunmehr wieder radikal demokratisch eingestellten Flotte unter dem Kommando des zurückgekehrten Alkibiades. Die Vierhundert versuchten, mit Sparta schnell zu einem Verhandlungsfrieden zu kommen. Phrynichos selbst wurde in Athen im Herbst 411 nach seiner Rückkehr von erfolglosen Friedensverhandlungen in Sparta nachts bei dem Brunnen 'unter den Weiden' ermordet (par. 112, ähnlich Lys. 13,71). Nach Thukydides (Thuk. 8,92,2) erfolgte das Attentat dagegen sogar am hellen Tage auf der belebten Agora Athens. Die Vierhundert stürzten bald, und eine Interimsregierung auf der Basis der 5000 Bürger kam für kurze Zeit an die Macht, bevor 410 in Athen die Demokratie nach diesem oligarchischen Intermezzo wieder errichtet wurde.

Lykurg zufolge (par. 112) hießen die Attentäter Apollodoros (von Megara) und Thrasybulos (von Kalydon). Thukydides (Thuk. 8,92,2) nennt diese Namen nicht. Eine Reihe von weiteren Personen rühmte sich nach der Wiederherstellung der Demokratie, an der Ermordung des Phrynichos beteiligt gewesen zu sein. Vielleicht hat Lykurg die beiden Namen aus Ehrendekreten für diese Männer nach der Restaurierung der Demokratie oder einer bronzenen Stele mit den Dekreten gegen Phrynichos (vgl. Krateros FGrHist 342 F 17) entnommen. Die Attentäter wurden zunächst inhaftiert, dann wieder auf Druck des Volks freigelassen. Auf Antrag des Kritias, der später einer der Anführer der Dreißig Tyrannen in Athen 404/3 in der blutigen zweiten Phase der oligarchischen Machtergreifung wurde, wurde dann dem ermordeten Phrynichos sogar noch in Athen ein Schauprozeß wegen *prodosia* gemacht. Dies geschah noch unter der Herrschaft der 5000, während Lykurg den Eindruck erweckt, als habe der Phrynichosprozeß bereits wieder vor einem demokratischen Dikasterion stattgefunden. In diesem makabren Verfahren wurde Phrynichos schuldig gesprochen, seine Gebeine wurden daraufhin exhumiert und gemäß dem Verbot einer Bestattung von Verrätern in Attika außer Landes geschafft (Xen. Hell. 1,7,22), das Vermögen des Phrynichos konfisziert und sein Haus zerstört.

Zwei Bürger, die so unvorsichtig gewesen waren, für die Verteidigung des Phrynichos einzutreten, Aristarchos und Alexikles, wurden Lykurg zufolge damals ebenfalls hingerichtet. Ein solches Vorgehen hätte sich Lykurg wohl auch gegen die Verteidiger und Fürsprecher des Leokrates gewünscht. Ob dies aber der historischen Wahrheit entspricht, darf bezweifelt werden. Denn Thukydides berichtet, nach dem Sturz der Vierhundert sei Alexikles in das von den Spartanern besetzte Dekeleia geflohen, Aristarchos unter boiotischen Schutz in die Festung Oinoe. Beide seien dann in Athen *in absentia* zum Tode verurteilt worden, Aristarchos erst später gefangengenommen und hingerichtet worden (Thuk. 8,98; Xen. Hell. 1,7,28). Die Mörder des

Phrynichos wurden in Athen öffentlich als 'Tyrannentöter' und Retter der Demokratie geehrt. Der Mord an Phrynichos, seine juristische 'Aufarbeitung' und die folgenden Ehrenbeschlüsse werfen ein grelles Schlaglicht auf die gespannte innere Lage Athens im Dekeleisch-Ionischen Krieg.

Par. 117-119: Als nächstes Beispiel wählt Lykurg Hipparchos, Sohn des Charmos aus dem Demos Kollytos.[156] Die Handschriften der Rede *gegen Leokrates* nennen Hipparchos einen Sohn des Timarchos, aber dies ist ein offensichtlicher Schreibfehler. Verwandt mit der Familie des Tyrannen Peisistratos, aber trotzdem einige Jahre nach den kleisthenischen Reformen in Athen im Jahre 496/5 zum Archon gewählt, wurde Hipparchos in der konfliktgeladenen Atmosphäre der frühen 480er Jahre als erster Athener durch das Instrument des Ostrakismos 488/7 aus der Polis auf zehn Jahre verbannt. Zu den Quellen über Hipparchos und den Ostrakismos siehe Traill PAA 537705 und Davies APF 11793 IX, S. 451-452. Über den Ostrakismos des Hipparchos vgl. vor allem Arist. AP 22,4 = Siewert T 39 und Androtion FGrHist 324 F 6 = Siewert T 31[157], ferner auch Plut. Nik. 11,8 und Suda s.v. *Hipparchos* I 523. Lykurgs Rede ist die einzige antike Quelle, die von einer Verurteilung des Hipparchos zum Tode *in absentia* in einem Hochverratsverfahren, von der Zerstörung seiner Statue von der Akropolis und der schmachvollen Aufzeichnung seines Namens auf einer "Stele der Verfluchten und Verräter" berichtet. Der Prozeß müßte nach dem Ostrakismos des Hipparchos stattgefunden haben. Es wird aber nirgendwo ausdrücklich erwähnt, daß Hipparchos z.B. nach der Amnestie für Verbannte vom Frühsommer 480 wieder nach Athen zurückgekehrt ist. Die Statue dürfte eine Porträtstatue gewesen sein, weil Lykurg sie par. 117-119 *andrias* oder *eikon* nennt. Mit der Stele in par. 117 könnte in Lykurgs pathosgeladener und ungenauer Ausdrucksweise eine offizielle inschriftliche Liste der Ostrakisierten gemeint sein.[158]

Par. 120-121: Die scharfen Klauseln eines Psephismas während des Dekeleisch-Ionischen Krieges (413-404) gegen athenische Deserteure und Flüchtlinge in das nach 413 dauerhaft spartanisch besetzte Dekeleia sind Lykurgs drittes Beispiel. Die Flüchtlinge waren vor allem aus dem Laureionminengebiet Südattikas massenhaft entflohene Sklaven und Überläufer aus den Reihen der überzeugten Oligarchen und Lakonophilen. Sie wurden für vogelfrei erklärt und sollten im Falle ihrer Rückkehr nach Athen sofort verhaftet, den Behörden (den Thesmotheten) übergeben und ohne ein weiteres Gerichtsverfahren durch Hinabstürzen in das *orygma* (auch *barathron* genannt) hingerichtet werden. Lykurg nennt den öffentlichen

---

[156] Vgl. über Hipparchos Berti 2004 und insb. zu par. 117 Berti 2005.

[157] Siehe auch die ausführlichen Kommentare von Taeuber zu Siewert T 31 und 39 in: Siewert, Ostrakismos-Testimonien 2002; weitere ältere Literatur zum Ostrakismos als Verfahren in Forsdyke 2005.

[158] Vgl. Schreiner 1970. Zu der Porträtstatue des Hipparchos siehe Krumeich 1997, 63-64

Henker hier den Mann, der die "Aufsicht über das *orygma* hat". Dies war ein Abgrund vor der Stadt am westlichen Abhang des Nymphenhügels. Lykurg ist offenbar der einzige antike Autor, der dieses Psephisma explizit erwähnt.[159] Die permanente Besetzung Dekeleias[160] (Demos und Festung ca. 120 Stadien von Athen entfernt gelegen, beim heutigen Hügel von Palaikastro nahe Tatoï) mit der Kontrolle einer der Hauptverbindungen von Stadtathen nach Oropos und Boiotien bereitete den Athenern in den späten Jahren des Peloponnesischen Krieges dauerhaft militärische und logistische Schwierigkeiten (vgl. Thuk. 7,19,1-2).

Par. 122: Lykurg erwähnt die Hinrichtung eines athenischen Ratsherren durch den Rat der 500 nach der Schlacht bei Salamis 480, weil dieser dazu geraten hatte, das Friedensangebot des Mardonios anzunehmen (siehe oben par. 71). Dies bewertet Lykurg hier als Verrat "mit einer Rede". Die Ratsmitglieder hatten damals ihre Kränze als Amtsinsignien abgelegt und sich persönlich an der archaischen Form der Hinrichtung wegen *prodosia* durch Steinigung beteiligt (vgl. die unterschiedlichen Versionen bei Hdt. 9,4-5 und Dem. 18,204).[161]

Par. 124-125 und **127**: Bei der Paraphrasierung des Demophantosdekretes[162] in par. 124-125 und 127 begeht Lykurg einen groben chronologischen Fehler. Denn dieses strenge Verfassungsschutzgesetz der wiedererrichteten Demokratie (zum Text des Dekretes siehe And. 1,96-98; Demosth. 20,159) datiert nach heutiger Auffassung bereits vom Jahre 410 und ist als scharfe Reaktion auf den oligarchischen Putsch von 411 zu erklären. Lykurg dagegen datiert es erst nach der Herrschaft der 'Dreißig', also nach 403 v. Chr. Einmal mehr überrascht die Unbekümmertheit Lykurgs um Genauigkeit in der Datierung wichtiger Ereignisse oder Gesetze der jüngeren athenischen Vergangenheit. Denn das Demophantosdekret dürfte neben anderen Verfassungsschutzgesetzen auch zu seinen Lebzeiten weiterhin in Kraft gewesen sein. Die verschiedenen athenischen Gesetze zum Schutz der Demokratie erscheinen zunächst redundant, doch haben sie unterschiedliche Stoßrichtungen und antizipieren verschiedene Bedrohungsszenarien der Demokratie.[163] Zudem gab ein ganzes Bündel von Verfassungsschutzgesetzen im 4. Jh. den Athenern ein größeres Gefühl der Sicherheit vor oligarchischen Putschen wie 411 oder 404. Es sei in diesem Kontext auch an das berüchtigt

---

[159] Siehe Bleckmann 1998, 433-434 und Anm. 176.

[160] Zur Lage und Bedeutung von Dekeleia siehe Arvantopoulou 1958, Talbert 2000, Map 59: Attica compiled by J.S. Traill (1995), sowie Ober 1985, 141-142.

[161] Vgl. zur archaischen Form der Hinrichtung durch Steinigung Rosivach 1987. Herodot nennt das Opfer Lykides, dagegen Demosthenes Kyrsilos, und zudem datiert er das Ereignis vor die Schlacht (vgl. par. 71).

[162] Zum Antragsteller Demophantos siehe Traill PAA 320600.

[163] Siehe den Überblick zum Verfassungsschutz im demokratischen Athen von Bleicken 1984.

scharfe Kannonosdekret[164] erinnert, das bereits vor dem Arginusenprozeß von 406 erlassen worden war (Xen. 1,7,20; 1,7,34 und Aristoph. Ekkl. 1089) und aus der lykurgischen Ära an das Eukratesgesetz von 336 v. Chr.[165] Hinzu kam noch das Instrument der Eisangeliaklage, das Lykurg im Leokratesverfahren einsetzt.

Par. 128-130: Der folgende Abschnitt nennt Beispiele für spartanische Strenge: die Hinrichtung des Pausanias und ein Gesetz gegen Feigheit vor dem Feind. Der Kosmos Spartas galt vielen Griechen und Römern auch noch nach dem Niedergang der politisch-militärischen Macht Spartas infolge der Niederlagen von Leuktra 371 und Megalopolis 331 v. Chr. als ein Musterbild einer *polis eunomumene*, einer durch gute Gesetze geordneten Polis und Verfassungs- und Lebensordnung. Der Mythos Sparta blieb über die Antike hinaus noch bis in die Neuzeit hinein einflußreich, lange nachdem die militärische und politische Macht der Spartaner dahingegangen war.[166] Unter philosophischen, historischen und rhetorischen Autoren des 5. und 4. Jh. aus Athen gab es eine beachtlich große Gruppe von Lakonophilen. Lykurgs Bewunderung für Spartas Gesetzesordnung in diesem Abschnitt der Leokratesrede deckt sich mit ähnlichen Passsagen bei Thukydides, Platon oder Xenophon.

Dennoch barg der Einschub über Pausanias und die gute spartanische Gesetzgebung auch erneut rhetorische und prozeßtaktische Risiken für den Ankläger Lykurg. Denn überschwengliches Lob der spartanischen Eunomia konnte von demokratisch fühlenden Richtern als indirekte Kritik an der athenischen Isonomia (bzw. Demokratia) verstanden werden. Man vergleiche die geschicktere, ambivalente Behandlung Spartas durch Isokrates im *Panathenaikos[167]* von 338 v. Chr. Lykurg bittet daher in par. 128 (wie an mehreren ähnlich kritischen Stellen seiner Rede, z.B. in par. 16 oder 52) erneut um Geduld und die Aufmerksamkeit der Zuhörer. Auch war bei jeder lobenden Äußerung über Sparta im Leokratesprozeß zu beachten, daß Athen sich erst kurz zuvor offiziell gegen eine Beteiligung am Aufstand Spartas unter König Agis III. gegen Makedonien entschieden hatte.

Bei der Schilderung der Flucht des wegen *medismos* angeklagten Spartaners Pausanias, des Anführers der Griechen in der Schlacht von Plataiai 479 v. Chr., in das Asyl des Tempels der Athena Chalkioikos auf der spartanischen Akropolis und seines Todes (ca. 471/70 v. Chr. oder zu Anfang der 460er Jahre) unterläuft Lykurg wieder ein Fehler, obwohl der Kern der Geschichte zutreffend erzählt wird, wenn man damit die ausführlichste zeitgenössische

---

[164] Zum Kannonosdekret siehe Lavelle 1988; zu Kannonos selbst Traill PAA 563825.

[165] Zum Eukratesgesetz siehe Schwenk 1985, Nr. 6, Engels 1988b, sowie Rhodes - Osborne 2003, Nr. 79, S. 388-392.

[166] Siehe Tigerstedt 1965-1974 sowie Rawson 1969 zum Nachleben des 'Mythos Sparta' bis in die Neuzeit.

[167] Siehe hierzu den Kommentar von Roth 2003.

Quelle des 5. Jh. vergleicht, das Geschichtswerk des Thukydides (Thuk. 1,128-134, vgl. ferner Diod. 11,45-46 und Paus. 3,17,7-9).[168] Pausanias war damals nicht König der Spartaner, sondern faktisch 'Regent' und formal der Vormund für Pleistarchos, den noch unmündigen Sohn des 490 bei dem Kampf an den Thermopylen gefallenen Leonidas (Hdt. 9,10).

Lykurg lobt ein angebliches Gesetz der Spartaner, das alle Spartiaten mit dem Tod als Strafe bedroht habe, die ihr Leben nicht im Kampf für die Polis riskieren wollten. In unserer Überlieferung der Reden der kanonischen attischen Redner ist diese Stelle einzigartig, da nur hier ein athenischer Redner vor einem athenischen Gericht ein spartanisches Gesetz verlesen läßt. Bemerkenswert ist ferner, daß hier Lykurg offenbar eine Fassung dieses Gesetzes verlesen lassen kann, obwohl ursprünglich die Spartaner ihre Gesetze laut Plutarchs Bericht in der Vita des spartanischen Gesetzgebers Lykurgs nicht schriftlich aufzuschreiben pflegten (Plut. Lyk. 13,1). Alle Spartiaten, die nur mit dem Gedanken an Feigheit oder Desertion im Krieg gespielt hätten, hätten diesen Gedanken aus Furcht vor drohenden Anklagen nach dem Kriege aus den Reihen ihrer eigenen Mitbürger und harten Strafen für 'Feiglinge' in Sparta sofort aufgegeben. Mit der Todesstrafe übertreibt Lykurg allerdings wiederum. Zum Verlust des Status eines Spartiaten als Mitglied der 'Gleichen' (*homoioi*), der Gefahr des 'sozialen Todes' und schwerer Sanktionen als Strafen gegen 'feige' Spartaner, die ihre Soldatenpflichten nicht erfüllt hatten und die man in Sparta verächtlich die 'Zitterer' (*tresantes*) nannte, siehe die ausführlichen Notizen des guten Spartakenners und -freundes Xenophon in seiner *Lakedaimonion Politeia* (Xen. Lak. Pol. 9,1-6 und 10,6-7).[169]

Sprachliche Eigenheiten des par. 129 untersuchte kürzlich Tadde im Rahmen eines Beitrages über Lykurgs Stil.[170]

Par. 131: Lykurg wirft dem Leokrates auch Verletzung seiner militärischen Pflichten als Bürger bei der Kampagne von Chaironeia vor. Offenbar hatte es peinlicherweise nach der Niederlage von Chaironeia in Boiotien 338 nicht wenige Flüchtlinge und Deserteure unter den athenischen Soldaten gegeben, die (oder deren Verwandte) nun selbst möglicherweise unter den Richtern saßen. Lykurg entschuldigt diese Mitbürger aber sophistisch geschickt damit, daß sie damals durch ihren 'irregulären Rückzug' lediglich ihre Polis weiter hätten verteidigen wollen. Verletzung der militärischen Dienstpflichten (*deilia*, Feigheit vor dem Feind, *lipostrateia* oder *lipotaxia*, Verlassen des

---

[168] Vgl. zu dieser Stelle die Kommentare von Gomme, Vol. I, 1945, 431-437 und Hornblower, Vol. I, 1991, 211-219; siehe zur späteren 'Katastrophe der Sieger' in den Perserkriegen Themistokles und Pausanias auch Schumacher 1987.

[169] Siehe auch die Kommentare zur Schrift Xenophons über die *Verfassung der Spartaner* von Rebenich 1998, 118-119 und Lipka 2002; zur Idealisierung des Heldentodes in Sparta siehe Loraux 1977.

[170] Vgl. Tadde 2005 (non vidi).

Postens, oder *astrateia*, Nichterfüllen der Heerespflicht) rechnet Lykurg später in par. 147 zu den vielen Verbrechen, die er dem Leokrates wie in einer Abrechnung im Epilog summarisch vorwirft. Aus dem 5. und 4. Jh. sind uns aus Athen nur sehr wenige formale Gerichtsverfahren[171] als *graphai* vor einem *dikasterion* wegen Feigheit von dem Feind (*deilias graphe*) und anderer militärischer Dienstvergehen bekannt. Im allgemeinen wurden militärische Straftatbestände in Kriegszeiten von einem Sondergericht unter Vorsitz des verantwortlichen Strategen abgeurteilt und mit der *atimia* bestraft (vgl. Lys. 14,5; Aischin. 3,175; Aristot. AP 61,2).

Par. 132: Der Gedankengang des Kontextes dieses Paragraphen und Lykurgs Vergleich der Bürger, die für ihre Polis zu sterben bereit sind, mit Vögeln, die sich für das Überleben ihrer Brut opfern, paßt nicht gut zusammen mit den beiden mediokren Versen eines anonymen 'alten Dichters', die sich im par. 132 in unserer Manuskriptüberlieferung der Rede *gegen Leokrates* finden (TGrF Adespota Fr. 297 Kannicht - Snell). Denn diese Verse handeln von Vögeln, die ihre Jungen in Nester legen, die andere Vögel gebaut haben. Daher ist mit guten Gründen mehrfach vorgeschlagen worden, diese zwei Verse als spätere Einschübe zu tilgen. Andere Editoren und Kommentatoren, so z.B. Durrbach, haben versucht, den überlieferten Text mit Konjekturen notdürftig zu emendieren. Auch dann noch bleibt dieser Paragraph aber eine schwache Stelle der Rede.[172]

Par. 133: Die freche Behauptung des Anklägers Lykurg, ganz Griechenland habe den Verräter Leokrates so sehr verachtet, daß keine einzige Polis ihn als Metoiken habe aufnehmen wollen, befremdet doch sehr. Denn Lykurg selbst berichtet ja mehrfach in dieser Rede von dem langjährigen Aufenthalt des Leokrates als Metoike in Megara (vgl. par. 5 fünf Jahre, par. 21 mehr als fünf Jahre, par. 58 volle sechs Jahre, par. 145 mehr als fünf oder sechs Jahre).

Par. 135-145: Zunächst weist Lykurg in den folgenden Paragraphen, die zum Epilog überleiten, üblicherweise vorgebrachte Motive von Synegoroi oder anderen Personen als unehrenhaft zurück, die das Gericht für Leokrates um einen Freispruch bitten könnten. Danach beschwört Lykurg die Richter im Epilog im technischen Sinne par. 146-150, trotz der geheimen Abstimmung im Wissen um ihren Eid, ihre Verantwortung um die Polis und die Allwissenheit der Gottheit und angesichts der Vielzahl und Schwere der Verbrechen des Leokrates diesen zum Tode zu verurteilen.

Par. 135: Hier erörtert Lykurg das häufigste von Synegoroi vor attischen Gerichten vorgebrachte Motiv, die Freundschaft (*philia*).[173] Lykurg will es im

---

[171] Siehe zu militärischen Strafverfahren und der Einhaltung der militärischen Disziplin in Athen Lipsius 1905-15 Vol. 1, 452-453, Pritchett, Vol. II, 1974, 232-245.

[172] Siehe z.B. Durrbach 1956, 79 mit einem wenig überzeugenden Versuch der Emendierung und Verteidigung dieser Verse.

[173] Siehe zusammenfassend über Motive und Mechanismen der Synegoria im

Falle des Leokrates nicht gelten lassen, da Personen, die auch vor Gericht noch einem angeblich klar überführten Schwerverbrecher wie Leokrates die Freundschaft bewahren, sich dadurch selbst als Gesinnungsgenossen ausweisen würden und als nächste auf die Anklagebank gehörten, vgl. Lykurgs frühere Ausführungen über Ankläger und Verteidiger im Prooimion par. 3-7 und weiter unten par. 138.

Par. 136-137: Lykurgs Worten zufolge würde der eigene Vater des Leokrates, der zum Zeitpunkt der Verhandlung bereits verstorben war, der schärfste Ankläger seines mißratenen Sohnes sein, falls er von dessen Verbrechen noch im Jenseits Kenntnis erlangen könnte. Zur Zeit Lykurgs waren die Glaubensüberzeugungen und philosophischen Lehren unter den Athenern darüber geteilt, ob die Verstorbenen (seien sie nun nach ihrem Tode im Hades oder auch im Elysium) die Ereignisse in dieser Welt der Lebenden noch weiterhin zur Kenntnis nehmen könnten. Bereits Rehdantz[174] sammelte hierzu in seinem Kommentar gute Parallelen: z.B. die vorsichtigen Formulierungen in Plat. Apol. 40c-d, Menex. 248b, Isokr. 9,2; 14,61; 19,42-44; Hypereides im *Epitaphios* 6,43 Jensen; siehe auch Demosth. 20,87; 23,210; 27,69. Psychologisch geht es Lykurg in diesem Abschnitt lediglich um den juristisch irrelevanten Kontrast zwischen dem ehrbaren, frommen Vater, der eine Statue im Tempel des Zeus Soter (des Retters oder Bewahrers) weihte, und seinem verdorbenen, feigen Sohn, der das Andenken des Vaters, dessen Statue und die gesamte Polis verraten habe. Im technischen Sinne dient der Paragraph also der Erregung der *indignatio* gegen Leokrates.

Statuenweihungen in Tempelbezirken waren sowohl eine individuelle oder familiäre Statusdemonstration als auch ein Zeichen persönlicher Frömmigkeit durch die Betonung der gesuchten Nähe zu dieser Gottheit. Der Kult des Zeus Soter[175] hatte in Athen wichtige politische Aspekte (die Wahrung der Freiheit gegen die Perser und gegen die Feinde der Demokratie), aber die gemeinsamen Opfer für Zeus Soter, Athena Soteira, Asklepios und Hygieia am Fest der Diisoteria belegen, daß die Hoffnung auf persönliche Errettung aus Nöten und Krankheiten gleichfalls ein populärer Aspekt des Kultes war. Die genauen Motive der Weihung des Vaters des Leokrates kennen wir nicht. Mikalson[176] erwägt als eine allerdings nicht nachweisbare Möglichkeit, daß der Vater des Leokrates mit einem Leochares, Sohn des Leokrates, identisch sein könnte, der eine Weihung zu Ehren des Zeus Soter im Piräus vorgenommen hat. In IG II^2 1669,2 wird ein Leochares, Sohn des Leokrates, aus Pallene in einem Beschluß über Bauarbeiten am Zeus Soter-Tempel im 4. Jh. genannt.

---

klassischen Athen Rubinstein 2000.

[174] Siehe Rehdantz 1876, 158; über die vielfältigen, zur Zeit Lykurgs in Athen in der allgemeinen Bevölkerung oder den Philosophenschulen konkurrierenden Vorstellungen über das Jenseits siehe auch Mikalson 1983, 74-82.

[175] Siehe zu Zeus Soter in Athen und den Diisoteria Schwabl 1978, insb. 1055-1057.

[176] Mikalson 1998, 39 und Anm. 81.

Par. 138: Lykurg unterscheidet drei Gruppen von Synegoroi vor attischen Gerichten: Verwandte der Beklagten (*genos*), Freunde (*philoi*) und professionelle Rhetoren, die ihre juristischen Dienste (illegal) gegen Bezahlung (*misthos*) leisten. Diese Unterscheidung ist ein durchsichtiger Versuch der Anklage, die Synegoroi des Leokrates vorab zu diskreditieren. Vgl. zu den *synegoroi* auch bereits die Kommentare zu den par. 3-7 und 135.

Par. 139-140: Die Verleumdung aller Personen wird fortgesetzt, die für den Angeklagten Leokrates bei den Richtern um Milde bitten könnten, um einen Freispruch aus Gnade (*charis*) zu erwirken. Im Rahmen dieser Bitten um die Gnade und Milde des Gerichtes (*exaitesis, deprecatio*)[177] verwies man gerne auf frühere Verdienste des Angeklagten oder seiner Fürsprecher um die Polis Athen, z.B. auf Feldzügen oder auch durch häufige und großzügige Übernahme von Leiturgien.

In Athen wurden im 5. und 4. Jh. bekanntlich verschiedene öffentliche Funktionen und Aufgaben ohne magistratische Anordnungskompetenzen reichen Bürgern in sogenannten 'Leiturgien' übertragen. Diese Leistungen privater Bürger für die Polis beruhten auf einem hohen Mindestvermögen und bildeten einen Ersatz für die nur sehr rudimentär ausgebildete Struktur der Besteuerung in der athenischen Polis.[178] Einige dieser öffentlichen Aufgaben und Funktionen waren regelmäßig zu erbringen und wurden daher *enkyklios leiturgia* genannt (Demosth. 20, 18-23), andere im Bedarfsfall übertragen. Zu den wiederkehrenden (Fest-) Leiturgien gehörten die Choregie (Ausstattung eines Festchores), die Lampadarchie (Austattung eines Fackellaufes), die Gymnasiarchie (Finanzierung bestimmter Kosten für den Betrieb des Gymnasions), die Architheorie (Ausstattung einer Festgesandtschaft zu Heiligtümern, panhellenischen Festspielen und Versammlungen), die Hestiasis (Ausrichtung von Festmahlzeiten für Mitbürger aus den Phylen) und jedenfalls nach dem Verständnis des Lykurg in dieser Rede auch die Hippotrophie (Unterhaltung eines Pferdes). Zu den besonders teuren, aber auch prestigeträchtigen Leiturgien gehörte die Trierarchie (Ausrüstung eines Kriegsschiffes), die Lykurg in par. 139-140 hervorhebt. Man erinnere sich daran, daß Lykurg gerade in diesen Jahren die athenische Flotte in einem unerhörten Ausmaß nach der Zahl der Kriegsschiffe und durch neue Schiffstypen (nämlich auch bereits Tetreren und Penteren zusätzlich zu den Standardschiffen der Trieren) auf über 400 Schiffseinheiten aufrüstete. Außerdem lobt er den Einsatz einzelner Bürger für den Ausbau der Stadtbefestigungen. Hier ist weniger an reguläre Leiturgien zu denken, als vielmehr an die sorgfältige Ausfüllung des Amtes eines *teichopoios* und an Spenden für den Mauerbau aus privatem Vermögen. Ein prominentes Beispiel bot 337/6 Demosthenes in seinem Amtsjahr als *teichopoios*, der 100 Minen aus seinem Privatvermögen für die Baukosten bereitstellte (Demosth.

---

[177] Vgl. zur Sitte der *exaitesis* oder *deprecatio* Peters - Kalivoda 1994.
[178] Vgl. zu den Leiturgien in Athen und den reichen Athenern der leiturgiepflichtigen Bürgerschicht Oertel 1925, Lauffer 1974, Vannier 1988 sowie Leppin 1995.

18,113).[179] Schließlich hebt Lykurg noch als besonders gemeinnützige Taten Spenden (*epidoseis*) von Bürgern für die Polis hervor.

Lykurg erwartete, daß Freunde des Leokrates ihr soziales Ansehen zu dessen Gunsten einsetzen würden. Hiergegen wendet sich Lykurg in scharfen Worten. Offenbar rechnete er mit dem Auftreten von mehreren vermögenden Synegoroi des Leokrates, die auf ihre großzügig übernommenen Leiturgien verweisen konnten. In diesem Kontext sei nochmals daran erinnert, daß wir bisher keine Belege über von Lykurg selbst geleistete Leiturgien kennen, auch nicht aus den Jahren seiner führenden Stellung in Athen zwischen 338 und 324 v. Chr. Seine Familie war zwar altehrwürdig und hoch angesehen, aber vielleicht zu wenig vermögend, als daß er selbst mit teuren Leiturgien hätte glänzen können. Allerdings fanden sich im Kreis der Freunde und Unterstützer Lykurgs einige vermögende Personen, die Leiturgien übernommen haben. Die Freunde Lykurgs, darunter z.B. Xenokles, Deinias oder Eudemos, spendeten auch für seine Projekte hohe Summen oder stellten Baugrundstücke oder Arbeitstiere zur Verfügung. Sie repräsentieren frühe Beispiele für den Typos des 'Euergeten' (Wohltäters), der in der hellenistischen Epoche noch eine wesentlich wichtigere Rolle spielen wird als in der klassischen Poliswelt.[180] Die Vita erwähnt, daß athenische Bürger Lykurg 250 Talente aus ihrem Vermögen anvertrauten, das Stratoklesdekret nennt sogar eine noch höhere Summe von 650 Talenten (vgl. Ps.-Plut. Mor. 841d und Mor. 852b).

Lykurg differenziert im Unterschied zu anderen Rhetoren des lykurgischen Athen hier zwischen zwei Arten von Leiturgien. Während einige Leiturgien in Lykurgs Augen primär der Förderung des Ansehens des eigenen Hauses und der Familie (*oikos*) des Bürgers dienten, welcher sie übernahm, namentlich die Hippotrophie und die Choregie, seien andere für die gesamte Polis wertvoller. Die Hippotrophie konnte man in der Tat leicht vor demokratischen Gerichten als eine typisch 'aristokratische' Beschäftigung diskreditieren. Zu den für alle Bürger besonders wertvollen, gemeinnützigen Leiturgien rechnet Lykurg hier die Trierarchie, das Amt des Teichopoios, sowie großzügige Geldspenden aus Privatvermögen (*epidoseis*). Lykurg hält sich absichtlich hier damit zurück, das damals heikle Thema der *eisphora* vor Gericht anzusprechen, einer steuerähnlichen in der Ära des Eubulos und Lykurg fast jährlich erhobenen Abgabe auf das Vermögen der reichsten Athener, die mit der Leiturgie der Trierarchie verbunden worden war.

Par. 141: Hier regt Lykurg in einer besonders kühnen Steigerung des Schwunges seiner Rede an, daß in Hochverratsprozessen die Richter am Besten sogar in Anwesenheit ihrer eigenen Frauen und Kinder urteilen sollten,

---

[179] Vgl. Wankel 1976, Bd. 1, 10-11 und seinen Kommentar zu Demosth. 18,113, S. 616-618.

[180] Vgl. zur Bedeutung der Euergeten in den griechischen Poleis grundlegend Gauthier 1985.

über deren Wohl sie ja mit ihrer Stimme mitentscheiden, wenn dies nicht nach Gesetz und herrschender Sitte in Athen untersagt wäre.

Vor attischen Gerichten kam es jedoch manchmal tatsächlich zu rührseligen Szenen, wenn Ankläger oder Beklagte gegen Ende ihrer Reden Freunde, Frauen und Kinder (manchmal sogar in Trauergewändern) auftreten ließen, um das Mitleid der Richter zu erregen und eine Prozeßentscheidung zu ihren Gunsten zu erwirken. Dies wurde *paraklesis* oder *paragoge ton paidon kai gynaikon kai philon* genannt und bereits im 5. Jh. eindrucksvoll als eine gängige Praxis bei Aristophanes in der Komödie *Wespen* karikiert (vgl. Aristoph. *Wespen* 568ff und 976ff).[181] In diesem Zusammenhang sei daran erinnert, daß Frauen als Prozeßparteien eigenen Rechtes oder als Zeuginnen das Gericht nicht betreten durfen, sondern sie von einem Rechtsvorstand (*kyrios*) vertreten wurden und ihre Aussagen in eidlicher Form vor dem Prozeß (*horkos, martyriai*) hinterlegt wurden.[182]

Par. 143-144: Die Serie von ironischen rhetorischen Fragen, mit der Lykurg nochmals Leokrates angreift, gehört zu den Passagen der Anklagerede, die auch den heutigen Leser noch unmittelbar beeindrucken.

Par. 145: enthält erneut eine Anspielung auf den berüchtigten Vorschlag des Thebaners Erianthos (Plut. *Lys.* 15,2, siehe oben par. 52-54 und Lykurgs Anklage *gegen Autolykos* Fr. 2 Conomis), nach der Niederlage der Athener im Peloponnesischen Krieg die Stadt Athen zu zerstören und aus dem Stadtgebiet eine Weidefläche zu machen.

Par. 146-150: Der Epilog[183] der Rede *gegen Leokrates* im technischen Sinne in par. 146-150 ist schulbuchmäßig kurz konzipiert, besonders wenn man ihn mit der großen Gesamtlänge der Anklagerede, den ausführlichen proleptischen Widerlegungen der Argumente und Positionen der Prozeßgegner (par. 55-74) und den als Exkurse in die Beweisführung eingelegten langen Appellen an die Vergangenheit (par. 75-130) vergleicht. Der Beginn des Epiloges wird hier (wie in anderen Reden des 4. Jh., z.B. Lys. 12,92) durch die Ankündigung des baldigen Abtretens des Redners vom *bema*, der Rednerbühne, angekündigt. Der Epilog in einer Gerichtsrede sollte nach den Lehrbüchern der Rhetorik den Richtern die Hauptinhalte bzw. im vorliegenden Falle die konkreten Anklagepunkte gegen Leokrates erneut ins Gedächtnis rufen (*memoria*-Aspekt) und zugleich die Gefühle der Richter im Sinne der Anklage ein letztes Mal entscheidend beeinflussen (*affectus-*

---

[181] Weitere illustrative Stellen sind gesammelt bei Frohberger, Bd. 2, 1868, 9 Anm. 81.

[182] Vgl. zur Rechtsstellung von Frauen vor athenischen Gerichten knapp Just 1989, 26-39.

[183] Vgl. zu den antiken rhetorischen Regeln für den Epilog Laferl 1999 mit weiterer Literatur.

Aspekt). Beides wird bereits diskutiert im Kapitel der aristotelischen *Rhetorik* über den Epilog (Aristot. Rhet. 3,19,1-5 1419b 10 - 1420a 7).

Par. 147-148: Diese Paragraphen stellen eine Liste der angeblichen Verbrechen des Leokrates auf. Jedes davon erfordert nach Lykurgs Meinung bereits für sich genommen die schärfste Bestrafung: Angriff auf die demokratische Verfassung (*demu katalysis*), Frevel gegen die Gottheit (*asebeia*), Mißhandlung der Eltern (*tokeon kakosis*) und militärische Vergehen als Bürger gegen den Bürgereid (*lipotaxia, astrateia*). Lykurg ermahnt mit einem beliebten Topos die Richter, daß sie sich trotz der geheimen Abstimmung auf jeden Fall doch der Tatsache bewußt sein sollten, daß die allwissende Gottheit ihre Abstimmungsweise kenne. Daher solle jeder Richter 'richtig' abstimmen, also Leokrates verurteilen (ähnliche Überlegungen in Lys. 6,53; 15,10; Demosth. 19,239 und Ps.-Demosth. 59,126).

Par. 149-150: In den letzten Worten des Epiloges appelliert Lykurg in pathetischen Phrasen an die Richter, Leokrates auf jeden Fall zum Tode zu verurteilen. Dabei sieht sich der Ankläger wie in der gesamten Rede seit dem Prooimion - und in seiner ganzen Tätigkeit als Rhetor in Athen - in der Rolle des Verteidigers der Polis, ihrer Tempel, Gesetze und ruhmreichen Traditionen. Sogar das attische Land selbst, die Mauern der Stadt und die Schiffe der athenischen Flotte werden personifiziert und bitten die Richter um die Verurteilung des Verräters Leokrates. Für heutige Leser der Rede wirkt diese letzte Steigerung des Pathos der Rede übertrieben, doch athenische Hörer verbanden die Größe ihrer Stadt unmittelbar visuell mit dem Anblick der Mauern der Festung Athen-Piräus, mit der Unversehrtheit Attikas und der Flotte als Garant und militärpolitischem Fundament der Demokratie seit dem Seesieg von Salamis. Außerdem waren die Athener des 5. und 4. Jh. gegenüber Pathos in der Rhetorik (oder auf der Bühne) weniger empfindlich als heutige Leser einer solchen Gerichtsrede. Gefährlich für Leokrates war auch der Hinweis im Epilog durch den Ankläger und Dioiketen der Polis Lykurg, daß eine Verurteilung des Leokrates u.a. auch die zukünftigen Einkünfte der Polis sichern werde.

Im Eisangeliaverfahren erfolgte unmittelbar nach den Reden der Anklage und der Verteidigung eine einzige geheime Abstimmung mittels runder Stimmplättchen aus Bronze, da ja in diesem Verfahren im Falle der Verurteilung das Strafmaß, die Todesstrafe, feststand. Nach der detailgenauen Darstellung bei Aristoteles warfen die Richter üblicherweise im 4. Jh. eines von zwei Stimmplättchen, den freisprechenden *psephos apolyon* oder den verurteilenden *psephos apollys*, als gültige Stimme in ein bronzenes Stimmgefäß, den anderen in ein zweites hölzernes Gefäß (*amphora, kados* oder *kadiskos* genannt, vgl. Aristot. AP 68,2-69,1).[184] Lykurgs Formulierung

---

[184] Vgl. zu dieser wichtigen Quellenstelle über die Abstimmung vor Gericht die ausführlichen Kommentare von Rhodes 1981 und Chambers 1990; Abbildungen der 'Stimmsteine' der Richter findet man bei Camp 1989, Abb. 80.

von den zwei Urnen bei der bevorstehenden Abstimmung, die von dem bei Aristoteles beschriebenen Verfahren leicht abweicht, stellt vielleicht den pathetischen Effekt und eine poetische Reminiszenz über die damalige Realität des Abstimmungsverfahrens vor Gericht. Denn früher warfen die Richter ihren einen Stimmstein in eine der beiden Urnen, später aber erhielt jeder Richter zwei Stimmsteine, von denen der eine durchbrochen war (für die Anklage), der andere nicht durchbrochen war (für die Verteidigung). Nun warf man alle Stimmsteine in eine einzige entscheidende Urne.[185]

Die Richterstimmen wurden unmittelbar nach der Abstimmung vor Ort ausgezählt. Im Prozeß des Leokrates ergab sich eine Stimmengleichheit. Sie bedeutete glücklicherweise den Freispruch für den Angeklagten (Aischin. 3,252, Aristot. AP 69,1). Die ungerade Anzahl der Richter in den athenischen *dikasteria* (meist 501, 1001, 1501 Richter) sollte eigentlich ein Patt bei Abstimmungen verhindern. Aber in diesem Falle (und in einigen weiteren Verfahren) müssen einer oder mehrere Richter ihre Stimme eben doch nicht abgegeben haben, damit ein Patt der Stimmen überhaupt auftreten konnte.[186] Es sei aber nochmals daran erinnert, daß nur eine einzige Stimme mehr für die engagierte Anklage des Lykurg gereicht hätte, um Leokrates sieben oder acht Jahre nach den unklaren Ereignissen nach der Niederlage von Chaironeia 338 v. Chr. wegen Verrates zum Tode verurteilen und hinrichten zu lassen.

---

[185] Vgl. zur Erklärung dieser Stelle in par. 149 Boegehold 1985 und Worthington 2001.

[186] Siehe zum Problem der Stimmengleichheit vor athenischen Gerichten und zu dem Ausgang des Verfahrens gegen Leokrates auch Bianchi 2002 mit Kritik an Überlegungen von Sullivan 2002.

5. Exkurs zum Stil und zur Sprache Lykurgs

Lykurgs Reden fanden bereits in der Antike Aufnahme in den Kanon der sprachlich und stilistisch als Modelle der *mimesis* (bzw. *imitatio*) für den Rhetorikunterricht und das Selbststudium maßgeblichen Reden der zehn Attischen Redner. Vermutlich hat Kaikilios von Kale Akte die Aufnahme Lykurgs in den Kreis der kanonischen Redner wesentlich gefördert, der auch als Autor der *Lebensbeschreibungen der zehn Attischen Redner* vermutet wird. Einige Detailbeobachtungen und unterschiedliche Gesamturteile über die Sprache und den Stil des Redners Lykurg sowie Vergleiche seiner Reden mit denen anderer kanonischer Redner des 5. und 4. Jh. sind aus der Antike überliefert.[187] Jeder heutige Versuch, die antiken Stilurteile am Quellenmaterial der Originalwerke Lykurgs zu prüfen und ihre Berechtigung zu diskutieren, stößt auf methodische Schwierigkeiten durch die äußerst unvollständige Überlieferung der Reden Lykurgs. Denn es ist lediglich eine einzige seiner etwa 15 den antiken Kritikern, Biographen oder Lexikographen noch vorliegenden Reden (siehe Einleitungskapitel 24) bis heute vollständig erhalten, die Anklagerede *gegen Leokrates*, die in diesem Buch übersetzt und knapp kommentiert wird.

Nur wenige der gut 100 Fragmente aus Reden des Lykurg, die in der gründlichsten vorliegenden Ausgabe von Conomis gesammelt worden sind, haben überhaupt die notwendige Mindestlänge oder zeigen hinreichende sprachliche Auffälligkeiten, um sich für eine stilistische Analyse und Vergleiche mit dem rhetorischen Stil der Leokratesrede zu eignen. Vgl. vor allem das Fr. 5 Conomis aus dem *Apologismos* Lykurgs (or. I; aber dieses Fragment ist leider nur in der lateinischen Überlieferung aus Rutilius Rufus bekannt) oder die scharfe Anklagepassage aus der *Eisangelia* gegen den Strategen Lysikles (Lykurg. or. XII. Fr. 1 Conomis).

Nach der heutigen Überlieferungslage müssen wir die antiken Stilurteile über Lykurg daher also fast ausschließlich auf der Basis einer einzigen Rede, der Eisangelia *gegen Leokrates*, beurteilen. Offenkundig ist dies methodisch nicht unbedenklich. Denn Lykurg mag sehr wohl in anderen Reden auch andere Seiten seiner rhetorischen Kunst und andere Stilfarben vorgeführt haben, je nach seinem jeweiligen Persuasionsziel, dem Anlaß der Rede und dem Hörerkreis. Die 60 Reden des *Corpus Demosthenicum*, die den umfangreichsten Block erhaltener Reden eines attischen Redners darstellen, erlauben natürlich sprachlich-stilistische Analysen auf einer viel umfangreicheren Quellenbasis, als dies für Lykurgs Rhetorik möglich ist.

---

[187] Diese Zeugnisse sind gesammelt bei Conomis 1970, 31-32: V. *De Lycurgi eloquentia iudicia veterum*; zu ihrer Interpretation und einer allgemeinen Beschreibung des lykurgischen Stiles bleibt weiterhin grundlegend Blass Bd. III,2: 1898³, 116-135; vgl. ferner Dobson 1918, 276-285. Aus jüngerer Zeit siehe insb. Spina 1980-81 und Allen 2000a zu den Zitaten aus der Dichtung in der Rede, García Ruiz 2001 zur Verwendung von Sentenzen sowie Tadde 2005 (non vidi).

Auch antike Stilkritiker, die explizit bestimmte Vorzüge des Stiles Lykurgs loben, wie Dionysios von Halikarnassos in *Peri mimeseos* oder Hermogenes in *Peri ideon,* machen unter den kanonischen attischen Rednern noch deutliche Unterschiede hinsichtlich der Eignung der einzelnen Redner als allgemeine Stilvorbilder. Mehr rhetorisch-stilistische Vorzüge als in Lykurgs Reden fanden diese antiken Kenner vor allem in den Meisterreden des Demosthenes und des Lysias. Dionysios von Halikarnassos empfiehlt daher im *Brief an Ammaios* (Dion. Hal. ad. Amm. 1,2) Lykurg als Autor zwar zusammen mit verschiedenen weiteren Schülern des Isokrates, nennt ihn aber nicht an erster Stelle. Hermogenes lobt in *Peri ideon* (p. 402-403 Rabe) Lykurg als Meister des *politikos logos,* macht aber mehrere kritische Bemerkungen zu Stilmängeln und bedenklichen Eigenarten der Redeweise Lykurgs (s.u.). Bereits in hellenistischer Zeit beginnt auch schon die gelehrte, philologische Kommentierung der Reden Lykurgs. Als wichtigstes Beispiel hierfür sei ein Kommentar (*Hypomnema*) des Didymos Chalkenteros genannt (vgl. einige Fragmente bei Harpokr. s.v. *pelanos* P 44, *prokonia* P 96, *stroter* S 52, *tus heteros tragodus* T 19 Keaney). Wenn der Historiker Diodor (Diod. 17,15,1) Lykurg und Demosthenes als *epiphanestatoi rhetores* oder berühmteste Rhetoren lobt, dann meint er damit ihre politische Bedeutung in Athen zur Zeit des thebanischen Aufstandes 335 v. Chr., gibt aber kein stilkritisches Urteil. Unter den einflußreichen lateinischen Theoretikern der Rhetorik, insb. bei Cicero und Quintilian, spielt Lykurg nur eine eher marginale Rolle im Vergleich zu dem *princeps oratorum* Demosthenes oder auch etwa zu Lysias (vgl. knapp Cic. De orat. 2,94, Brutus 36; Quint. Inst. or. 12,10,22; Tac. Dial. 25,3).

Bereits Zeitgenossen erkannten an, daß Lykurgs Redestil gut mit seinem öffentlichen Auftreten und Lebenswandel in Athen übereinstimmte und die Wirkung seiner Redekunst durchaus mit den ersten Rednern seiner Zeit vergleichbar war. Wenn Hypereides den Lykurg bald nach 330 als *metrios* und *epieikes* lobt, so ist auch diese Äußerung weniger als allgemeines Stilurteil über Lykurgs Redekunst zu werten, denn als eine prozeßtaktisch bedingte Einschätzung der Autorität seiner Person in Athen (Hyp. 3,12 col. XXVI Jensen). Dionysios von Halikarnassos (Dion. Hal. De imit. 5,3 = Vol. 2, p. 212 Usener-Radermacher) charakterisiert im Traktat *Peri mimeseos* eine in seiner Einschätzung typische Eigenart des Stiles der Leokratesrede und vermutlich auch generell der Gerichtsreden Lykurgs gut, wenn er die *auxesis* und *deinosis*[188] hervorhebt, also eine Vorliebe für häufige Übertreibungen, stellenweise sogar unangemessene Steigerungen und pathetische Überhöhung. Dionysios nennt Lykurg als Rhetor feierlich-würdevoll (*semnos*), wahrheitsliebend (*philalethes*) und einen Freund freier Rede (*parrhesiastikos*) in seinen Anklagen. Dionysios kritisiert ferner bei Lykurg, daß seine Reden weniger sprachlich elegant (*asteios*) als diejenigen anderer kanonischer attischer Redner seien, mit weniger Esprit und nicht so angenehm zu hören (*hedys*), ja daß sie zuweilen einen gezwungenen, angestrengten Tonfall gehabt

---

[188] Zum rhetorischen Charakter der *deinosis* siehe Rutherford 1994.

hätten (*anagkaios*). Bereits in der Antike warf man der lykurgischen Rhetorik einen Mangel an ausgewogener Proportion in einzelnen Satzperioden, Redenabschnitten und dem Gesamtaufbau der Reden vor. In dieser Hinsicht entfernt sich Lykurg von den Regeln und Musterbeispielen seines angeblichen Lehrers Isokrates gerade auch in der Leokratesrede an mehreren Stellen erstaunlich weit. Er verwirft mit voller Absicht die isokrateische Gefälligkeit der wohlgeordneten, glatten Perioden. Denn Lykurgs Hauptziel ist eine möglichst nachdrückliche, pathetische Anklage. Ebenfalls verstößt es gegen die Regeln der isokrateischen Schulrhetorik, daß Lykurg in eine Gerichtsrede einen kleinen *Epitaphios Logos* auf die Gefallenen von Chaironeia, also eine epideiktische Rede, einbaut (par. 46-51). Im Sinne der rhetorischen Theorie sind auch die zum Teil penetrant häufigen Wiederholungen bestimmter Kernbegriffe in der Anklage (*prodotes, prodosia*) störend, mit denen Lykurg den Richtern das angebliche Verbrechen des Leokrates geradezu einhämmert. Andere Passagen, z.b. über die Rolle von Anklägern und Verteidigern oder die Bedeutung des Eides in der Demokratie, klingen stellenweise wie Vorlesungen zur staatsbürgerlichen Belehrung der Richter über die athenische Verfassung und ideale bürgerliche Moral. Dieser dozierende Tonfall aber wurde in der rhetorischen Theorie nicht empfohlen, da er Distanz zwischen Redner und Zuhörern schafft und die Richter als Zuhörer daran leicht Anstoß nehmen konnten. Dies nimmt Lykurg aber in Kauf. Fast durch die gesamte Leokratesrede wird eine für Gerichtsreden dieser Epoche auffällige kühle Distanz spürbar, die zwischen den Mitbürgern als Richtern und dem Redner Lykurg absichtlich gewahrt wird. Vielleicht wird man dieses außerordentliche Selbstbewußtsein Lykurgs mit dem Stolz auf seine aristokratische Familientradition erklären können, die ihn von den übrigen kanonischen attischen Rednern abhebt, welche alle nicht aus Eupatridenfamilien stammen und häufiger einen emotionalen Schulterschluß mit den Richtern anstreben.[189]

Dion Chrysostomos (Dion Chrys. or. 18,11) hebt hervor, Lykurg sei 'schlichter' oder 'einfacher' als Hypereides und Aischines. Damit hebt er nach dem Verständnis von Blass eine "gewisse Schlichtheit und Biederkeit des Charakters" Lykurgs hervor.[190] Dion empfiehlt Lykurg als Muster zur Nachahmung vor allem wegen der Einfachheit der Redeweise, jedoch erst nach Demosthenes, Lysias, Hypereides und Aischines. Man versteht jedoch als heutiger Leser nicht leicht, wieso dieser antike Kunstredner Lykurgs Leokratesrede für leichter verständlich und ungekünstelter hielt als z.B. die Reden des Aischines oder Hypereides. Auch diese beiden Redner zeigen in ihren Reden genügend viele beispielhafte Stellen für eine einfache Sprache, die zuweilen sogar zeitgenössisches Komödienvokabular streift. Lykurg dagegen mutet den Hörern in der Leokratesrede auch auffällig lange und

---

[189] Gut vergleichbar mit Lykurgs Selbstbewußtsein aufgrund seiner Herkunft als Eteobutade sind der Stolz auf die Eumolpiden und der religiöse Tenor einiger Äußerungen des Sprechers der or. 6 des Lysias *gegen Andokides*.

[190] Zitat Blass III.2, 1898, 134.

sprachlich schwierige Passagen aus Euripides (55 Verse) und Tyrtaios (32 Verse) zu.

Eine wichtige Passage über die Vorzüge und Nachteile des Stiles Lykurgs findet sich in dem einflußreichen Traktat des Hermogenes *Peri ideon* (Hermog. *Peri ideon* p. 402 Rabe). Wie schon zuvor Dionysios von Halikarnassos hebt auch Hermogenes besonders die Technik der *auxesis* und *deinosis* bei Lykurg hervor. Hermogenes kritisiert aber auch Schwächen in der Ausdrucksweise Lykurgs, die oft hart und uneben, allzu heftig und ohne genügende Sorgfalt in der sprachlich-stilistischen Ausarbeitung der Rede sei (*trachy, sphodron, choris epimeleias*). Lykurg ist außerdem in der Vermcidung des Hiates nicht völlig konsequent. Er liebt im Ausdruck Synonymenpaarungen an Stellen, an denen einer der beiden gekoppelten Begriffe voll und ganz genügt hätte, manchmal gebraucht er unnötig Abstrakta im Plural statt im Singular. Auch stören den Kritiker und Theoretiker Hermogenes die Überfrachtung mancher Redenpassagen Lykurgs mit kühnen Metaphern und Personalisierungen sowie die zahlreichen und langen Exkurse (*parekbaseis*) mit Erzählungen aus Mythen, früheren Geschichtsperioden oder Zitaten aus poetischen Werken ohne unmittelbaren Zusammenhang zum Argumentationsgang (*mythoi, historiai, poiemata*). Für alle diese bedenklichen Eigenschaften des lykurgischen Stiles findet man in der Anklagerede gegen Leokrates Beispiele. Insgesamt nehmen die starke und sittenstrenge Persönlichkeit Lykurgs und seine politischen und staatspädagogischen Ziele auf den Stil seiner Redekunst in der Leokratesrede einen zu starken, keineswegs immer positiven Einfluß. Blass hat daher bereits folgendes treffende, meines Erachtens weiterhin gültige Fazit über Lykurgs Redekunst und Persönlichkeit gezogen: "Immer wird dieser Redner mehr Achtung vor seinem Charakter und vor der Mächtigkeit seiner sittlichen Gefühle als vor seiner rednerischen Begabung einflössen."[191]

---

[191] Zitat Blass III.2, 1898, 135.

6. Literaturverzeichnis

Periodika werden nach den Siglen der APh abgekürzt.

Textausgaben, Übersetzungen, Kommentare und Indices zur Rede gegen Leokrates:

H. Bender, Lykurgos Rede gegen Leokrates, (Langenscheidtsche Bibliothek sämtlicher griechischer und lateinischer Klassiker in neueren deutschen Musterübersetzungen Bd. 34) Stuttgart 1869, Berlin-Schönefeld 1916⁴.

F. Blass, Lycurgus oratio in Leocratem, (Bibliotheca Teubneriana) Leipzig 1899.

J.O. Burtt, Minor Attic Orators II, (Loeb Classical Library) London - Cambridge Mass. 1954.

N.C. Conomis, Lycurgi oratio in Leocratem cum ceteris Lycurgi oratoris fragmentis, (Bibiliotheca Scriptorum Graecorum et Latinorum Teubneriana) Leipzig 1970.

F. Durrbach, Lycurge contre Léocrate, (CUF) Paris 1932, 1956².

L.L. Forman, Index Andocidis, Lycurgi, Dinarchi, Oxford 1897 (ND Amsterdam 1962).

J.M. García Ruiz, Oradores menores: discursos y fragmentos, (Biblioteca clásica Gredos 275) Madrid 2000 (non vidi).

O. Güthling, Lykurgs Rede gegen Leokrates, (Reclams Universal-Bibliothek) Leipzig 1882 (1928²).

E. Malcovati, Licurgo. Orazione contro Leocrate e frammenti, (Classici latini e greci, classici greci II) Rom 1966.

M. Marzi - P. Leone - E. Malcovati (Hgg.), Oratores Attici Minori, Vol. 1, Iperide, Eschine, Licurgo, (Classici Greci) Turin 1977.

A. Nicolai, Lykurgos' Rede gegen Leokrates, erklärt von Adolph Nicolai, Berlin 1885².

A. Petrie, The Speech against Leocrates, Text and Notes, Cambridge 1922.

C. Rehdantz, Lykurgos' Rede gegen Leokrates, für den Schulgebrauch erklärt, Leipzig 1876.

E. Sofer, Lykurgos' Rede gegen Leokrates, herausgegeben und erklärt von E.S., (Meisterwerke der Griechen und Römer in kommentierten Ausgaben 10) Leipzig 1905.

Th. Thalheim, Lycurgi oratio in Leocratem, Berlin 1880.

P. Treves, L'orazione contro Leocrate, con commento di Piero Treves, Mailand 1934.

I. Worthington - C. Cooper - E.M. Harris, Dinarchus, Hyperides and Lycurgus, (The Oratory of Classical Greece, Vol. 5) Austin 2001.

Ausgewählte Literatur über Lykurg, die athenische Demokratie im 4. Jh. v. Chr. und ihr Gerichtswesen:

A. Albertz, Exemplarisches Heldentum. Die Rezeptionsgeschichte der Schlacht an den Thermopylen von der Antike bis zur Gegenwart, München 2006.

U. Albini - S.F. Aprosio, Il porto dei ladri (Contro Lacrito), Venedig 1987.

D.S. Allen, Changing the Authoritative Voice: Lycurgus' Against Leocrates, ClAnt 19,1, 2000, 5-33 (= Allen 2000a).

D.S. Allen, The World of Prometheus. The Politics of Punishing in Democratic Athens, Princeton 2000 (= Allen 2000b).

A.M. Andreades, Geschichte der griechischen Staatswirtschaft, Bd. 1: Von der Heroenzeit bis zur Schlacht bei Chaironeia, München 1931.

J. Andreau, Zins, DNP 12/2, Stuttgart - Weimar 2002, 812-816.

H.V. Apfel, Homeric Criticism in Fourth Century B.C., TAPA 69, 1938, 245-258.

T.A. Arvantopoulou, *Dekéleia*, Athen 1958.

J.E. Atkinson, Macedon and Athenian Politics in the Period 338 to 323 B.C., AClass 24, 1981, 37-48.

C. Auffarth, Aufnahme und Zurückweisung "neuer Götter" im spätklassischen Athen: Religion gegen die Krise, Religion in der Krise?, in: W. Eder (Hg.), Die athenische Demokratie im 4. Jh. v. Chr. Vollendung oder Verfall einer Verfassungsform?, (Akten eines Symposiums 3.-7. August 1992 Bellagio) Stuttgart 1995, 337-365

E. Badian, The Peace of Callias, JHS 107, 1987, 1-39.

E. Badian, From Plataea to Potideia, Studies in the History and Historiography of the Pentecontaetia, Baltimore - London 1993.

E. Badian, Herodotus on Alexander I of Macedon, in: S. Hornblower (Hg.), Greek Historiography, Oxford 1994, 107-130.

E. Badian, The Ghost of Empire. Reflections on Athenian Foreign Policy in the Fourth Century BC, in: W. Eder (Hg.), Die athenische Demokratie im 4. Jh. v. Chr. Vollendung oder Verfall einer Verfassungsform?, (Akten eines Symposiums 3.-7. August 1992 Bellagio) Stuttgart 1995, 79-106.

J.M. Balcer, The Persian Conquest of the Greeks 545 - 450 B.C., (Xenia Bd. 38) Konstanz 1995.

I. Barkan, Capital Punishment in Ancient Athens, New York 1935.

R.A. Bauman, Political Trials in Ancient Greece, London 1990.

R. Baumgarten, Schule: Elementar- und Grammatikunterricht, in: J. Christes - R. Klein - C. Lüth (Hgg.), Handbuch der Erziehung und Bildung in der Antike, Darmstadt 2006, 89-100.

E. Berneker, Hochverrat und Landesverrat im griechischen Recht, Eos 48, 1956, 105-137 (= Symbolae R. Taubenschlag dedicatae I).

V. Bers, Dikastic thorybos, in: P. Cartledge - F.D. Harvey (Hgg.), Crux. Essays pres. to G.E.M. de Ste. Croix, Exeter 1985, 1-15.

R.M. Berthold, Rhodes in the Hellenistic Age, Ithaca - London 1984.

M. Berti, Fra tirannide e democrazia. Ipparco figlio di Carmo e il destino dei Pisistratidi ad Atene, (Fonti e Studi di Storia Antica 8) Alessandria 2004.

M. Berti, Licurgo e il tradimento di Ipparco (Lycurg. Leocr. 117 SG.), in: M.G. Angeli Bertinelli - A. Donati (Hgg.), Il cittadino, lo straniero, il barbaro, fra integrazione ed emarginazione nell'antichità, (Atti del I Incontro Intern. di Storia Antica, Genova, 22-24 maggio 2003) Rom 2005, 401-409.

E. Bianchi, Ancora su Eschine, III 252, Dike 5, 2002, 83-94.

G. Billeter, Geschichte des Zinsfußes im griechisch-römischen Altertum bis auf Justinian, Leipzig 1898.

F. Blass, Die attische Beredsamkeit, Vol. I-III.2, Leipzig 1887-98³ (ND Hildesheim 1962).

B. Bleckmann, Athens Weg in die Niederlage. Die letzten Jahre des Peloponnesischen Krieges, (BzA 99) Stuttgart - Leipzig 1998.

C.W. Blegen u.a., Troy IV. Settlements VIIa, VIIb and VIII, Princeton 1958.

J. Bleicken, Verfassungsschutz im demokratischen Athen, Hermes 112, 1984, 383-401.

A.L. Boegehold, Lycurgus 1.149, CPh 80, 1985, 132-135.

A.L. Boegehold, The Lawcourts of Athens: Sites, Buildings, Equipment, Procedures, and Testimonia, (The Athenian Agora XXVIII) Princeton 1995.

R.J. Bonner, Lawyers and Litigants in Ancient Athens, Chicago 1927 (ND New York 1969).

A.B. Bosworth, Alexander the Great, Part 2: Greece and the Conquered Territories, in: D.M. Lewis, J. Boardman, S. Hornblower, M. Ostwald (Hgg.), The Cambridge Ancient History Vol. VI: the Fourth Century B.C., Cambridge u.a. 1994², 846-875.

F. Bourriot, Recherches sur la nature du genos. Étude d'histoire sociale athénienne - periodes archaiques et classiques, 2 Bde., Lille - Paris 1976.

E. Bowie, Tyrtaios, DNP 12/1, Stuttgart - Weimar 2002, 957-958.

H. Brandt, Wird auch silbern mein Haar. Eine Geschichte des Alterns in der Antike, München 2002.

K. Brodersen - W. Günther - H.H. Schmitt, Historische griechische Inschriften in Übersetzung, Bd. I: Die archaische und klassische Zeit, (TzF 59) Darmstadt 1992 (= HGIÜ)

P. Brun, Eisphora, Syntaxis, Stratiotika - Recherches sur les finances militaires d'Athènes au IVe siècle av. J.-C., (Annales Lit. de Besançon 284) Paris 1983.

O. de Bruyn, L'Aréopage et la Macédoine à l'époque de Démosthène, LEC 57, 1989, 3-12.

O. de Bruyn, La compétence de l'Aréopage en matière de procès publics: des origines de la polis athénienne à la conquête romaine de la Grèce (vers 700 - 146 avant J.-C.), (Historia Einzelschr. 90) Stuttgart 1995.

J. Buckler, Aegean Greece in the Fourth Century B.C., Leiden - Boston 2003.

L. Burckhardt, Söldner und Bürger als Soldaten für Athen, in: W. Eder (Hg.), Die athenische Demokratie im 4. Jh. v. Chr. Vollendung oder Verfall einer Verfassungsform?, (Akten eines Symposiums 3.-7. August 1992 Bellagio) Stuttgart 1995, 107-137.

L. Burckhardt, Bürger und Soldaten. Aspekte der politischen und militärischen Rolle athenischer Bürger im Kriegswesen des 4. Jahrhunderts v. Chr., (Historia Einzelschr. 101) Stuttgart 1996.

E.M. Burke, Lycurgan Finances, GRBS 26, 1985, 251-264.

E.M. Burke, Contra Leocratem and De Corona - Political Collaboration?, Phoenix 31, 1977, 330-340, jetzt auf dt. in: U. Schindel (Hg.), Demosthenes, (WdF 350) Darmstadt 1987, 249-264.

E.M. Burke, Character Denigration in the Attic Orators with Particular Reference to Demosthenes and Aischines, (Diss. Tufts Univ.) Medford Mass. 1972.

W. Burkert, Homo necans. The Anthropology of Ancient Greek Sacrificial Ritual and Myth, Berkeley u.a. 1983.

W. Burkert, The Making of Homer in Sixth Century B.C.: Rhapsodes versus Stesichoros, in: Kleine Schriften I: Homerica, hg. von C. Riedweg, (Hypomnemata Supplement-Reihe 2) Göttingen 2001, 198-217.

J.M. Camp, Die Agora von Athen, Mainz 1989 (vgl. in Englisch: The Athenian Agora, A Short Guide, Athen - Oxford 2005).

D.A. Campbell, Greek Lyric: Stesichorus, Ibycus, Simonides, and Others, Cambridge Mass. - London 1991.

E. Cantarella, I supplizi capitali in Grecia e Roma, Mailand 1991.

E. Carawan, Rhetoric and the Law of Draco, Oxford 1998.

M. Caravan, *Apóphasis* and *eisangelía*. The Role of the Areopagus in Athenian Political Trials, GRBS 26, 1985, 115-140.

C. Carey, The Witness's Exomosia in the Athenian Courts, CQ 45, 1995, 114-119.

L.B. Carter, The Quiet Athenian, Oxford 1986.

P. Cartledge, Sparta and Laconia. A Regional History 1300-362 B.C., London u.a. 1979.

G. Cawkwell, The Greek Wars. The Failure of Persia, Oxford 2005.

M. Chambers, Aristoteles Staat der Athener, übersetzt und erläutert von Mortimer Chambers, Darmstadt 1990.

J.T. Chambers, The Fourth-Century Athenians' View of Their Fifth-Century Empire, PdP 30, 1975, 177-191.

V. Christopoulou, Ancient Agora of Athens - Areopagus Hill. Brief History and Tour, Athen 2004.

M. Clark, The Spirit of the Lykurgan Navy, in: Preatti XI Congresso Intern. di Epigrafia Greca e Latina, (Roma 18-24 Settembre 1997) Rom 1997, 157-166.

D. Cohen, Seclusion, Separation, and the Status of Women in Classical Athens, G&R 36, 1989, 1-15.

G. Colin, Note sur l'administration financière de l'orateur Lycurge, REA 30, 1928, 189-200.

N.C. Conomis, Notes on the Fragments of Lycurgus, Klio 39, 1961, 72-152.

J.M. Cook, The Troad: An Archaeological and Topographical Survey, Oxford 1973.

A. Coppola, Epitafio per i caduti di Lamia, Venedig 1996.

M. Cuvigny, Plutarque oeuvres morales, tome XII,1, traité 55: vies des dix orateurs, Paris 1981

R. Czech-Schneider, Das *demosion sema* und die Mentalität der Athener: Einige Überlegungen zur Einrichtung des attischen Staatsfriedhofes, Laverna 5, 1994, 3-37.

J.K. Davies, Athenian Propertied Families, 600-300 B.C., Oxford 1971 (= APF).

J.F. Dobson, The Greek Orators, London 1918 (ND Chicago 1974).

K.J. Dover, Greek Popular Morality in the Time of Plato and Aristotle, Oxford 1974.

B. Dreyer, Wann endete die athenische Demokratie?, AncSoc 31, 2001, 27-66.

F. Durrbach, L'orateur Lycurge, (BEFAR 57) Paris 1890.

W. Eder (Hg.), Die athenische Demokratie im 4. Jh. v. Chr. Vollendung oder Verfall einer Verfassungsform?, (Akten eines Symposiums 3.-7. August 1992 Bellagio) Stuttgart 1995.

K.-V. von Eickstedt, Piräus, Beiträge zur Topographie des antiken Piräus, Athen 1991.

K. Emminger, Bericht über die Literatur zu den attischen Rednern aus den Jahren 1886-1904 (1912), in: Jahresberichte über die Fortschritte der klassischen Altertumswissenschaft, begr. von C. Bursian, Hg. W. Kroll, 161, 1913, VIII. Lykurgos, 172-186.

J. Engels, Anmerkungen zum 'Ökonomischen Denken' im 4. Jh. vor Chr. und zur wirtschaftlichen Entwicklung des Lykurgischen Athen, MBAH VII.1, 1988, 90-134 (= Engels 1988a).

J. Engels, Das Eukratesgesetz und der Prozeß der Kompetenzerweiterung des Areopages in der Eubulos- und Lykurgära, ZPE 74, 1988, 181-209 (= Engels 1988b).

J. Engels, Zur Stellung Lykurgs und zur Aussagekraft seines Militär- und Bauprogramms für die Demokratie vor 322 v. Chr., AncSoc 23, 1992, 5-29 (= Engels 1992a).

J. Engels, Zur Entwicklung der Attischen Demokratie in der Ära des Eubulos und des Lykurg (355-322 v. Chr.) und zu Auswirkungen der Binnenwanderung von Bürgern innerhalb Attikas, Hermes 120, 1992, 425-451 (= Engels 1992b).

J. Engels, Studien zur politischen Biographie des Hypereides. Athen in der Epoche der lykurgischen Reformen und des makedonischen Universalreiches, (Quellen und Forschungen zur Antiken Welt, Band 2) München 1993[2].

J. Engels, Das athenische Getreidesteuer-Gesetz des Agyrrhios und angebliche 'sozialstaatliche' Ziele in den Maßnahmen zur Getreideversorgung spätklassischer und hellenistischer Poleis, ZPE 132, 2000, 97-124.

J. Engels, Partes orationis, HWRh 6, Tübingen 2003, 666-678 (= Engels 2003a).

J. Engels, Antike Überlieferungen über die Schüler des Isokrates, in: W. Orth (Hg.), Isokrates. Neue Ansätze zur Bewertung eines politischen

Schriftstellers, (Europäische und Internationale Studien, Bd. 2) Trier 2003, 175-194 (= Engels 2003b).

J. Engels, Philipp II. und Alexander der Große, (Geschichte kompakt) Darmstadt 2006.

R.M. Errington, Biographie in hellenistischen Inschriften, in: K. Vössing (Hg.), Biographie und Prosopographie, (Historia Einzelschr. 178) Stuttgart 2005, 13-28.

A. Erskine, Troy between Greece & Rome: Local Tradition and Imperial Rome, Oxford 2001.

M. Faraguna, Atene nell'età di Alessandro. Problemi politici, economici, finanziari, (Atti della Accademia nazionale dei Lincei 389) Rom 1992.

M. Faraguna, I documenti nelle 'Vite dei X oratori' dei Moralia plutarchei, in: A.M. Biraschi - P. Desideri - S. Roda - G. Zecchini (Hgg.), L'uso dei documenti nella storiografia antica, (Incontri Perugini di storia della storiografia 12) Perugia 2003, 479-503.

B. Fehr, Die Tyrannentöter, oder kann man der Demokratie ein Denkmal setzen?, Frankfurt am Main 1984.

H. Frohberger, Ausgewählte Reden des Lysias, Bd. 2, Leipzig 1868.

S. Forsdyke, Exile, Ostracism, and Democracy. The Politics of Expulsion in Ancient Greece, Princeton - Oxford 2005.

B. Forsén - G.R. Stanton (Hgg.), The Pnyx in the History of Athens, Helsinki 1996.

V. Gabrielsen, Financing the Athenian Fleet. Public Taxation and Social Relations, Baltimore 1994.

M. Gagarin, Drakon and Early Athenian Homicide Law, New Haven - London 1981.

M. Gagarin, The Torture of Slaves in Athenian Law, CPh 91, 1996, 1-18.

J.M. García Ruiz, Sentencias en el orador Licurgo, Analacta Malacitana 24, 2001, 113-116 (non vidi).

R. Garland, The Piraeus from the Fifth to the First Century B.C., London 1987.

R. Garland, The Greek Way of Life from Conception to Old Age, London 1990.

P. Gauthier, Les cités grecques et leurs bienfaiteurs, (BCH Suppl. 12) Paris 1985.

H. van Gelder, Geschichte der alten Rhodier, Den Haag 1900 (ND Aalen 1979).

O. Gigon, Idiotes, in: E.Ch. Welskopf (Hg.), Belegstellenverzeichnis altgriechischer sozialer Typenbegriffe von Homer bis Aristoteles, Bd. 3, Berlin 1981, 385-391.

A.W. Gomme, A Historical Commentary on Thucycides, Vol. I, Oxford 1945 (ND 1971).

A.W. Gomme, A Historical Commentary on Thucydides, Vol. II, The Ten Year's War, Books II-III, Oxford 1956 (ND 1979).

F. Graf, Kodros, DNP 6, Stuttgart - Weimar 1999, 622-623.

B. Graziosi, Inventing Homer. The Early Reception of Epic, Cambridge 2002.

G. Grossi, Frinico tra propaganda democratica e giustizio tucidideo, Rom 1984.

A. Gutsfeld - W. Schmitz (Hgg.), Am schlimmen Rand des Lebens? Altersbilder in der Antike, Köln 2003.

C. Habicht, Falsche Urkunden zur Geschichte Athens im Zeitalter der Perserkriege, Hermes 89, 1961, 1-35.

S. Halliwell, Comic Satire and Freedom of Speech in Classical Athens, JHS 111, 1991, 48-70.

D. Hamel, Strategoi on the bema: the separation of political and military authority in fourth-century Athens, AHB 9, 1995, 25-39.

D. Hamel, Athenian Generals. Military Authority in the Classical Period, (Mnemosyne Suppl. 182) Leiden u.a. 1998.

M.H. Hansen, Eisangelia - The Sovereignty of the People's Court in Athens in the 4th Century B.C. and the Impeachment of Generals and Politicians, (Odense Univ. Class. Stud. 6) Odense 1975.

M.H. Hansen, Rhetores and Strategoi in Fourth-Century Athens, GRBS 24, 1983, 151-180 (mit Addenda in: Hansen, The Athenian Ecclesia II, 1989, 25-72).

M.H. Hansen, The Athenian 'Politicians' 403-322, GRBS 24, 1983, 33-55 (mit Addenda in: Hansen, The Athenian Ecclesia II, 1989, 1-24).

M.H. Hansen, The Athenian Ecclesia II. A Collection of Articles 1983-1989, (Opuscula graecolatina 31) Kopenhagen 1989.

M.H. Hansen, Die Athenische Demokratie im Zeitalter des Demosthenes. Struktur, Prinzipien und Selbstverständnis, (Antike in der Moderne) Berlin 1995.

R.E. Harder, Die Frauenrollen bei Euripides, Stuttgart 1993, 336-342.

E. M. Harris, The Penalty for Frivolous Prosecution in Athenian Law, Dike 2, 1999, 123-142.

E. M. Harris, Open Texture in Athenian Law, Dike 3, 2000, 27-79

A.R.W. Harrison, The Law of Athens, 2 Bde., Oxford 1968-1971.

E. Hartmann, Heirat, Hetärentum und Konkubinat im klassischen Athen, (Historische Studien Bd. 30) Frankfurt a.M. 2002.

D. Harvey, The Sykophant and Sykophancy: Vexatious Redefinition?, in: P. Cartledge, P. Millett, S. Todd (Hgg.), Nomos. Essays in Athenian Law, Politics and Society, Cambridge 1990, 103-122.

H. Heftner, Der Oligarchische Umsturz des Jahres 411 v. Chr. und die Herrschaft der Vierhundert in Athen. Quellenkritische und historische Untersuchungen, Frankfurt am Main u.a. 2001.

J. Hesk, Deception and Democracy in Classical Athens, Cambridge 2000.

M. Hillgruber, Die zehnte Rede des Lysias, (UaLG 29) Berlin 1988.

B. Hintzen-Bohlen, Die Kulturpolitik des Eubulos und des Lykurg. Die Denkmäler und Bauprojekte in Athen zwischen 355 und 322 v. Chr., (Antike in der Moderne) Berlin 1997.

B. Hintzen-Bohlen, Retrospektive Tendenzen im Athen der Lykurg-Ära, in: M. Flashar, H.-J. Gehrke, E. Heinrich (Hgg.), Retrospektive. Konzepte von Vergangenheit in der griechisch-römischen Antike, München 1996, 87-112.

K.-J. Hölkeskamp, Schiedsrichter, Gesetzgeber und Gesetzgebung im archaischen Griechenland, (Historia Einzelschr. 131) Stuttgart 1999.

T. Hölscher, Griechische Historienbilder des 5. und 4. Jahrhunderts v. Chr., (Beiträge zur Archäologie 6) Würzburg 1973.

H. Hohmann, Gerichtsrede, HWRh 3, Tübingen 1996, 770-815.

M. Hoppmann, Statuslehre, HWRh 8, Tübingen 2007, 1327-1358.

S. Hornblower, A Commentary on Thucydides, Vol. I: Books I-III, Oxford 1991 (ND 1997).

S. Hübner, Alte Männer im klassischen Athen (5. Jh. v. Chr.) - An den Rand gedrängt?, GFA 8, 2005, 31-57.

D.D. Hughes, Human Sacrifice in Ancient Greece, London - New York 1991.

S. Humphreys, Lycurgus of Butadae: An Athenian Aristocrat, in: J.W. Eadie - J. Ober (Hgg.), The Craft of the Athenian Historian, Essays in Honor of Ch.G. Starr, Boston 1985, 199-252.

S. Humphreys, A Historical Approach to Drakon's Law on Homicide, in: M. Gagarin (Hg.), Symposion 1990. Vorträge zur griechischen und hellenistischen Rechtsgeschichte, Köln u.a. 1991, 17-45.

V.J. Hunter, Constructing the Body of the Citizen: Corporal Punishment in Classical Athens, EMC 36, 1992, 271-291.

V.J. Hunter, Policing Athens: Social Controll in the Attic Lawsuits, 420-320 B.C., Princeton 1994.

F. Jacoby, Patrios Nomos: State Burial in Athens and the Public Cemetery in the Kerameikos, JHS 64, 1944, 37-66 (= Jacoby, Abhandlungen zur griechischen Geschichtsschreibung, hg. von H. Bloch, Leiden 1956, 260-315).

K. Jost, Das Beispiel und Vorbild der Vorfahren bei den attischen Rednern und Geschichtsschreibern bis auf Demosthenes, (Rhetorische Studien 19) Paderborn 1936.

M. Jung, Marathon und Plataiai. Zwei Perserschlachten als "lieux de mémoire" im antiken Griechenland, (Hypomnemata 164) Göttingen 2006.

R. Just, Women in Athenian Law and Life, London 1989.

D. Kagan, The Fall of the Athenian Empire, Ithaca - London 1987.

R. Kannicht, Tragicorum Graecorum Fragmenta, Vol. 5,1 Euripides, Göttingen 2004.

B. Kartes, Der Epitaphios des Lysias, (Diss. Saarbrücken 1999) Saarbrücken 2000.

E. Kearns, The Heroes of Attica, (BISC Suppl. 57) London 1989.

E. Kearns, Erechtheus, DNP 4, Stuttgart - Weimar 1998, 56-57.

N.M. Kennell, Ephebeia. A Register of Greek Cities with Citizen Training Systems in the Hellenistic and Roman Periods, (Nikephoros Beihefte Bd. 12) Hildesheim u.a. 2006.

D.B. King, The Appeal to Religion in Greek Rhetoric, CJ 50, 1955, 363-371 und 376.

J. Knape, Narratio, HWRh 6, Tübingen 2003, 98-106.

H. Knell, Athen im 4. Jahrhundert v. Chr. - eine Stadt verändert ihr Gesicht. Archäologisch-kulturgeschichtliche Betrachtungen, Darmstadt 2000.

U. Knigge, Der Kerameikos von Athen. Führung durch Ausgrabungen und Geschichte, Athen 1988.

A. Kolb, Nachrichtenwesen, DNP 8, Stuttgart - Weimar 2000, 665-672.

F. Kolb, Die Bau-, Religions- und Kulturpolitik der Peisistratiden, JDAI 92, 1977, 99-136.

H. Kotsidu, Die musischen Agone der Panathenäen in archaischer und klassischer Zeit: eine historisch-archäologische Untersuchung, (Quellen und Forschungen zur antiken Welt, Band 8) München 1991.

P. Krentz, The Thirty at Athens, London - Ann Arbor 1982.

U. Kron, Die zehn attischen Phylenheroen. Geschichte, Mythos, Kult und Darstellungen, (Beihefte AM 5) Berlin 1976.

R. Krumeich, Bildnisse griechischer Herrscher und Staatsmänner im 5. Jh. v. Chr., München 1997.

C.F. Laferl, Epilog, HWRh 2, Tübingen 1999, 1286-1291.

S.D. Lambert, Athenian State Laws and Decrees, 352/1 - 322/1, part I: Decrees Honouring Athenians, ZPE 150, 2004, 85-120; II: Religious Regulations, ZPE 154, 2005, 125-159; III: Decrees Honouring Foreigners. A Citizenship, Proxeny, and Euergesy, ZPE 158, 2006, 115-158, B Other Awards, ZPE 159, 2007, 101-154; IV: Treaties and Other Texts, ZPE 161, 2007, 67-100.

M. Landfester - B. Egger (Hg.), Der Neue Pauly Supplemente Bd. 2. Geschichte der antiken Texte. Autoren- und Werklexikon, Stuttgart - Weimar 2007.

J. Latacz, Kampfparänese, Kampfdarstellung und Kampfwirklichkeit in der Ilias, bei Kallinos und Tyrtaios, (Zetemata 66) München 1977.

S. Lauffer, Die Liturgien in der Krisenperiode Athens: Das Problem von Finanzsystem und Demokratie, in: E.Ch. Welskopf (Hg.), Hellenische Poleis. Krise - Wandlung - Wirkung, Bd. 1, Berlin 1974, 147-159.

H. Lausberg, Handbuch der literarischen Rhetorik, Stuttgart 1990[3].

B. Lavelle, Adikia, the Decree of Kannonos and the Trial of the Generals, C&M 39, 1988, 19-41.

B. Lavelle, The Sorrow and the Pity: A Prolegomenon to a History of Athens under the Peisistratids, c. 560 - 510 BC, (Historia Einzelschr. 80) Stuttgart 1993.

R.P. Legon, Megara - The Political History of a Greek City State to 336 B.C., Ithaca 1981.

G.A. Lehmann, Oligarchische Herrschaft im klassischen Athen. Zu den Krisen und Katastrophen der attischen Demokratie im 5. und 4. Jh. v. Chr., Opladen 1997.

H. Leppin, Zur Entwicklung der Verwaltung öffentlicher Gelder im Athen des 4. Jahrhunderts v. Chr., in: W. Eder (Hg.), Die athenische Demokratie im 4. Jh. v. Chr. Vollendung oder Verfall einer Verfassungsform?, (Akten eines Symposiums 3.-7. August 1992 Bellagio) Stuttgart 1995, 557-571.

D.M. Lewis, Mainland Greece, 479-451 B.C., in: D.M. Lewis, J. Boardman, J.K. Davies, M. Ostwald (Hgg.), The Cambridge Ancient History, Vol. V: The Fifth Century B.C., Cambridge 1992², 96-120 (= Lewis 1992a).

D.M. Lewis, The Thirty Years' Peace, in: D.M. Lewis, J. Boardman, J.K. Davies, M. Ostwald (Hgg.), The Cambridge Ancient History, Vol. V: The Fifth Century B.C., Cambridge 1992², 121-146 (= Lewis 1992b).

D.M. Lewis, On the Financial Offices of Eubulus and Lycurgus, in: P.J. Rhodes (Hg.), D.M. Lewis, Selected Papers in Greek and Near Eastern History, Cambridge 1997, 212-229.

S. Lewis, News and Society in the Greek Polis, Chapel Hill 1996.

L. de Libero, Die archaische Tyrannis, Stuttgart 1996.

M. Lipka, Xenophon's Spartan Constitution. Introduction, Text, Commentary, (TuK 24) Berlin - New York 2002.

H.J. Lipsius, Das attische Recht und Rechtsverfahren, Leipzig 1905-15.

J.O. Lofberg, Sycophancy in Athens, Chicago 1917.

W. T. Loomis, Wages, Welfare Costs and Inflation in Classical Athens, Ann Arbor 1998.

N. Loraux, La belle mort spartiate, Ktèma 2, 1977, 105-120.

N. Loraux, L'autochthonie, une topique athénienne. Le mythe dans l'espace civique, Annales ESC 34, 1979, 3-26.

N. Loraux, The Children of Athena. Ideas about Citizenship and the Division between the Sexes, Princeton 1993.

N. Loraux, Nés de la terre: mythe et politique à Athenes, Paris 1996.

N. Loraux, The Invention of Athens. The Funeral Oration in the Classical City, Cambridge Mass. 2006.

N. Luraghi, Becoming Messenian, JHS 122, 2002, 45-69.

N. Luraghi - S.E. Alcock (Hgg.), Helots and their Masters in Laconia and Messenia: Histories, Ideologies, Structures, (Hellenic Studies 4) Washington D.C. 2003.

P. Maas, Zitate aus Demosthenes' Epitaphios bei Lykurgos, Hermes 63, 1928, 258-260.

D.M. MacDowell, Athenian Homicide Law in the Age of the Orators, Manchester 1963.

D.M. MacDowell, The Law in Classical Athens, Ithaca - London 1978.

G. Mader, Foresight, Hindsight, and the Rhetoric of Self-Fashioning in Demosthenes' Philippic Cycle, Rhetorica 25, 2007, 339-360.

S. Markianos, A Note on the Administration of Lycurgus, GRBS 10, 1969, 325-331.

H.I. Marrou, Geschichte der Erziehung im klassischen Altertum, München - Freiburg 1976⁷ (ND München 1977).

J. Martin, Antike Rhetorik. Technik und Methode, (HdAW II.3) München 1974.

A. Masaracchia, Erodoto, La sconfitta dei Persiani. Libro IX delle Storie, Mailand 1995².

A. Masaracchia, Erodoto, La battaglia di Salamina. Libro VIII delle Storie, Mailand 1996³.

A.P. Matthaiou, *Eríon Lykoúrgou Lykófronos Boutádou*, Horos 5, 1987, 31-44.
S. Matuschek, Exkurs, HWRh 3, Tübingen 1996, 126-136.
M. Meier, Aristokraten und Damoden. Untersuchungen zur inneren Entwicklung Spartas im 7. Jh. v. Chr. und zur politischen Funktion der Dichtung des Tyrtaios, Stuttgart 1998.
M. Meier, Tyrtaios - die Entstehung eines Bildes, A&A 49, 2003, 157-182.
R. Meiggs, The Athenian Empire, Oxford 1972 (ND 1975).
K. Meister, Die Ungeschichtlichkeit des Kalliasfriedens und deren historische Folgen, (Palingenesia 18) Wiesbaden 1982.
H. Meyer-Laurin, Gesetz und Billigkeit im attischen Prozeß, Weimar 1965.
J.D. Mikalson, Athenian Popular Religion, Chapel Hill u.a. 1983.
J.D. Mikalson, Religion in Hellenistic Athens, Berkeley u.a. 1998.
D.C. Mirhardy, Torture and Rhetoric in Athens, JHS 116, 1991, 119-131.
D.C. Mirhardy, The Athenian Rationale for Torture, in: V. Hunter - J. Edmondson (Hgg.), Law and Social Status in Classical Athens, Oxford 2000, 53-74.
F.W. Mitchel, Athens in the Age of Alexander, G&R 12, 1965, 189-204.
F.W. Mitchel, Lycourgan Athens 338-322 B.C., (Lectures in Memory of Louise Taft Semple, 2. ser.) Cincinnati 1973, 163-214.
J.H. Molyneux, Simonides. A Historical Study, Waconda, Ill. 1992.
E. Montanari, Il mito dell'autoctonia. Linee di una dinamica mitico-politica ateniese, Rom 1981.
A. Moreno, Feeding the Democracy. The Athenian Grain Supply in the Fifth and Fourth Centuries BC, Oxford 2007.
D.J. Mosley, Lycurgus and Kleitomachos in 343-342 B.C., AC 43, 1974, 338-339.
C. Mossé, Lycurge l'Athénien: homme du passé ou précurseur de l'avenir?, QS 30, 1989, 25-36.
S. Müth, Eigene Wege: Topographie und Stadtplan von Messene in spätklassisch-hellenistischer Zeit, (Intern. Archäologie 99) Rahden, Westf. 2007.
C. Mugler, Les origines de la science grecque chez Homère, Paris 1963.
M. Munn, Thebes and Central Greece, in: L.A. Tritle (Hg.), The Greek World in the Fourth Century B.C., London - New York 1997, 66-106.
O. Murray, The Ionian Revolt, in: J. Boardman, N.G.L. Hammond, D.M. Lewis, M. Ostwald (Hgg.), The Cambridge Ancient History, Vol. IV: Persia, Greece and the Western Mediterranean, c. 525 - to 479 B.C., Cambridge 1988², 461-490.

J. Neils, Goddess and Polis. The Panathenaic Festival in Ancient Athens, Princeton - Hanover 1992.
J. Neils (Hg.), Worshipping Athena. Panathenaia and Parthenon, Madison 1996.
G. Németh, Kritias und die Dreißig Tyrannen. Untersuchungen zur Politik und Prosopographie der Führungselite in Athen 404/403 v. Chr., (HABES Bd. 43) Stuttgart 2006.

M. Nouhaud, L'utilisation de l'histoire par les orateurs attiques, Paris 1982.

J. Ober, Fortress Attica. The Defense of the Athenian Land Frontier 404-322, (Mnemosyne Suppl. 84) Leiden 1985.

E.A.M.E. O'Connor-Visser, Aspects of Human Sacrifice in the Tragedies of Euripides, Amsterdam 1987.

F. Oertel, Leiturgia, RE XII,2, Stuttgart 1925, 1871-1879.

D. Ogden, Aristomenes of Messene. Legends of Sparta's Nemesis, Swansea 2004.

M.J. Osborne - S.G. Byrne, A Lexicon of Greek Personal Names, Vol. II Attica, Oxford 1994.

R.G. Osborne, Vexatious Litigation in Classical Athens: Sycophancy and the Sykophant, in: P. Cartledge, P. Millett, S. Todd (Hgg.), Nomos. Essays in Athenian Law, Politics and Society, Cambridge 1990, 83-102.

H.W. Parke - D.E.W. Wormel, The Delphic Oracle, Vol. 2: The Oracular Responses, Oxford 1956.

R. Parker, Athenian Religion: a History, Oxford 1996.

R. Parker, Polytheism and Society at Athens, Oxford 2005.

V. Parker, The Dates of the Messenian Wars, Chiron 21, 1991, 25-47.

M. Pazdera, Getreide für Griechenland, Untersuchungen zu den Ursachen der Versorgungskrisen im Zeitalter Alexanders des Großen und der Diadochen, (Antike Kultur und Geschichte Bd. 9) Berlin 2006.

C. Pélékidis, Histoire de l'éphébie attique des origines à 31 av. J.-C., Paris 1962.

H. Peters - G. Kalivoda, Deprecatio, HWRh 2, Tübingen 1994, 546-548.

A. Petrovic, Kommentar zu den Simonideischen Versinschriften, (Mnemosyne Suppl. 282) Leiden - Boston 2007.

D.D. Phillips, Why Was Lycophron Prosecuted by Eisangelia?, GRBS 46, 2006, 375-394.

M. Pohlenz, Zu den attischen Reden auf die Gefallenen, SO 26, 1948, 46-74.

L. Prauscello, Il decreto per Licurgo: IG II² 457, IG II² 513 e [Plut.] Mor. 851F - 852E, in: B. Virgilio (Hg.), Studi ellenistici 12, Pisa 1999, 41-71.

W.K. Pritchett, The Greek State at War, Bde. 1-5, Berkeley u.a. 1971-1991.

E. Rawson, The Spartan Tradition in European Thought, Oxford 1969 (ND 1991).

S. Rebenich, Xenophon Die Verfassung der Spartaner, (TzF 70) Darmstadt 1998.

E.D. Reeder, Pandora. Women in Classical Greece, Princeton 1995.

O.W. Reinmuth, The Ephebic Inscriptions of the 4th Century B.C., (Mnemosyne Suppl. 14) Leiden 1971.

R.R. Renehan, The Platonism of Lycurgus, GRBS 11, 1970, 219-231.

P.J. Rhodes, A Commentary on the Aristotelian Athenaion Politeia, Oxford 1981 (ND 1985).

P.J. Rhodes, The Delian League to 449, in: D.M. Lewis - J. Boardman - J.K. Davies - M. Ostwald (Hgg.) CAH Vol. V: The Fifth Century B.C., Cambridge 1992², 34-61.

P.J. Rhodes, The Athenian Empire, G&R new surveys in the classics 17, Oxford 1985 (ND 1993).

P.J. Rhodes - R. Osborne, Greek Historical Inscriptions 404-323 BC, Oxford 2003.

E. Robbins, Simonides 2, DNP 11, Stuttgart - Weimar 2001, 573-575.

D.G. Romano, Lykurgos, the Panathenaia and the Great Altar of Athena: further thoughts concerning the Pnyx, in: B. Forsén - G.R. Stanton (Hgg.), The Pnyx in the History of Athens, Helsinki 1996, 71-85.

V.J. Rosivach, Execution by Stoning in Athens, CSCA 18, 1987, 232-248.

P. Roth, Der Panathenaikos des Isokrates. Übersetzung und Kommentar, (BzA 196) München - Leipzig 2003.

P. Roulliard - A. Bresson (Hgg.), L'Emporion, (Publications du Centre Pierre Paris 26) Paris 1993.

L. Rubinstein, Litigation and Cooperation. Supporting Speakers in the Courts of Classical Athens, (Historia Einzelschr. 147) Stuttgart 2000.

L. Rubinstein, Volunteer Prosecutors in the Greek World, Dike 6, 2003, 87-113.

I. Rutherford, Deinosis, HWRh 2, Tübingen 1994, 467-472.

S. Salomone, L'impegno etico e la morale di Licurgo, Atene e Roma 21, 1976, 41-52.

H. Sancisi-Weerdenburgh (Hg.), Peisistratos and the Tyranny. A Reappraisal of the Evidence, (Publ. of the Netherlands Institute of Athens Vol. III) Amsterdam 2000.

A. Schaefer, Demosthenes und seine Zeit, 4 Bde., Leipzig 1885-1887².

W. Schmitz, Kallistratos 2, DNP 6, Stuttgart - Weimar 1999, 205-206.

W. Schmitz, Pentekoste, DNP 9, Stuttgart - Weimar 2000, 527-528 (= Schmitz 2000a).

W. Schmitz, Phrynichos 2, DNP 9, Stuttgart - Weimar 2000, 971 (= Schmitz 2000b).

C. Schnur-Redford, Frauen im klassischen Athen. Sozialer Raum und reale Bewegungsfreiheit, Berlin 1996.

C. Schrader, La Paz de Callias, testimonias e interpretacion, Barcelona 1976.

J.H. Schreiner, The Origin of Ostracism Again, ClMed 31, 1970, 84-97.

C. Schuler, Die *dioíkesis tes póleos* im öffentlichen Finanzwesen der hellenistischen Poleis, Chiron 35, 2005, 385-403.

W. Schuller, Die Herrschaft der Athener im Ersten Attischen Seebund, Berlin und New York 1974.

L. Schumacher, Servus Index. Sklavenverhör und Sklavenanzeige im republikanischen Rom, Wiesbaden 1982.

L. Schumacher, Themistokles und Pausanias: Die Katastrophe der Sieger, Gymnasium 94, 1987, 218-246.

H. Schwabl, Zeus, München 1978.

C.J. Schwenk, Athens in the Age of Alexander: the Dated Laws & Decrees of the 'Lycourgan Era' 338-322 BC, Chicago 1985.

R. Sealey, Callistratos of Aphidna and His Contemporaries, Historia 5, 1956, 178-203 (= R. Sealey, Essays in Greek Politics, Berkeley 1967, 133-163).

H.A. Shapiro, Art and Cult under the Tyrants in Athens, Mainz 1989.

H.A. Shapiro, Hipparchos and the Rhapsodes, in: C. Dougherty - L. Kurke (Hgg.), Cultural Poetics in Archaic Greece. Cult, Performance, Politics, Cambridge 1993, 92-107.

T.L. Shear jun., Bouleuterion, Metroon and the Archives at Athens, in: M.H. Hansen - K. Raaflaub (Hgg.), Studies in the Ancient Greek Polis, (Historia Einzelschr. 95) Stuttgart 1995, 157-190.

J.P. Sickinger, Public Records and Archives in Classical Athens, Chapel Hill - London 1999.

P. Siewert, Der Eid von Plataiai, (Vestigia 16) München 1972.

P. Siewert, Ostrakismos-Testimonien I, (Historia Einzelschr. 155) Stuttgart 2002.

I. Sluiter - R.M. Rosen (Hgg.), Free Speech in Classical Antiquity, (Mnemosyne Suppl. 254) Leiden - Boston 2004.

J. Soffel, Die Regeln Menanders für die Leichenrede in ihrer Tradition dargestellt, herausgegeben, übersetzt und kommentiert, (Beitr. zur klass. Philologie 57) Meisenheim am Glan 1974.

L. Spina, Poesia e retorica contro Leocrate, AFLN 23, n.s. 11, 1980-81, 17-41 (non vidi).

G. Staab, Refutatio, HWRh 7, Tübingen 2005, 1109-1113.

E. Stein-Hölkeskamp, Adelskultur und Polisgesellschaft. Studien zum griechischen Adel in archaischer und klassischer Zeit, Stuttgart 1989.

R.S. Stroud, The Athenian Grain-Tax Law of 374/3 BC, (Hesperia Suppl. 29) Princeton 1998.

J. Sullivan, "Second" Thoughts on Aiskhines 3.252, G&R 49, 2002, 1-7.

J. Sullivan, Demosthenes' Areopagus Legislation - yet again, CQ 53, 2003, 130-134.

A. Tadde, Lyc. 1,129: L'innovazione linguistica di un conservatore (e il conservatorismo linguistico dei suoi editori), Lexis 23, 2005, 213-222 (non vidi).

R.J.A. Talbert, Barrington Atlas of the Greek and Roman World, Princeton - Oxford 2000, Map 59: Attica compiled by J.S. Traill (1995).

Th. Thalheim, Eisangelia, RE, V 2, Stuttgart 1905, 2138-2141.

P.G. Themelis, Ancient Messene. Site and Monuments, Marousi 1998.

G. Thür, Folter (juristisch), RAC 8, Stuttgart 1972, 101-112.

G. Thür, Beweisführung vor den Schwurgerichtshöfen Athens. Die Proklesis zur Basanos, Wien 1977.

G. Thür, Die Todesstrafe im Blutprozeß Athens, JJP 20, 1991, 143-156.

G. Thür, Reply to D.C. Mirhardy: Torture and Rhetoric in Athens, JHS 116, 1996, 132-134.

G. Thür, Eranos, 1, DNP 4, Stuttgart - Weimar 1998, 40.

E.N. Tigerstedt, The Legend of Sparta in Classical Antiquity, 2 Vols., Stockholm u.a. 1965-1974.

H. Tischler, Das Beispiel und Vorbild der Vorfahren bei Aischines, Lykurg, Hypereides und Deinarchus, (masch. Diss.) Graz 1940.

S.C. Todd, The Purpose of Evidence in Athenian Courts, in: P. Cartledge, P. Millett, S.C. Todd (Hgg.), Nomos: Essays in Athenian Law, Politics, and Society, Cambridge 1990, 19-40.

S.C. Todd, The Shape of the Athenian Law, Oxford 1993 (ND 1995).

S.C. Todd, A Commentary on Lysias, Speeches 1-11, Oxford 2007.

J.S. Traill, The Political Organisation of Attica. A Study of the Demes, Trittyes and Phylai, and their Representation in the Athenian Council, (Hesperia Suppl. 14) Princeton 1975.

J.S. Traill, Persons of Ancient Athens, Vol. 1-16, Toronto 1994-2007 (= PAA).

J. Travlos, Bildlexikon zur Topographie des antiken Attika, Tübingen 1988.

M. Treu, Der Euripideische Erechtheus als Zeugnis seiner Zeit, Chiron 1, 1971, 115-131.

J. Triantaphyllopoulos, Das Rechtsdenken der Griechen, (Münchener Beiträge zur Papyrusforschung und antiken Rechtsgeschichte 78) München 1985.

L. Tritle, Leocrates: Athenian Businessman and Macedonian Agent?, in: Ancient Macedonia VI, Vol. 2, Thessaloniki 1999, 1227-1233.

J. Tully, Democracy in Action: Office Holding in Fourth Century Athens. Pytheas of Alopece and the Panathenaic Quadrennium, Historia 55, 2006, 504-508.

F. Vannier, Finances publiques et richesses privées dans le discours athénien aux Ve et IVe siècles, Paris 1988.

W.F. Veit, Argumentatio, HWRh 1, Tübingen 1992, 904-914.

W.J. Verdenius, Homer the Educator of the Greeks, Amsterdam - London 1970.

F. Verkinderen, The Honorary Decree for Malousios of Gargara and the koinon of Athena Ilias, Tyche 2, 1987, 247-269.

C. Vial, La femme athénienne vue par les orateurs, in: A.M. Vérilhac (Hg.), La femme dans le monde méditerranéen, Vol. I Antiquité, Lyon - Paris 1985, 47-60.

M. Vielberg, Die religiösen Vorstellungen des Redners Lykurg, RhM 134, 1991, 49-68.

W. Voegelin, Die Diabole bei Lysias, Diss. Basel 1943.

R. Volkmann, Die Rhetorik der Griechen und Römer in systematischer Übersicht, Leipzig 1885².

R.W. Wallace, The Areopagos Council, to 307 B.C., Baltimore - London 1989.

R.W. Wallace, The Athenian Laws against Slander, in: G. Thür (Hg.), Symposion 1993, Köln u.a. 1994, 109-124.

H. Wankel, Demosthenes Rede für Ktesiphon über den Kranz, 2 Bde., Heidelberg 1976 (= Wankel 1976a).

H. Wankel, Das Chaironeia-Epigramm GV Peek 29, ZPE 21, 1976, 97-115 (= Wankel 1976b).

H. Wankel, Die athenischen Strategen der Schlacht bei Chaironeia, ZPE 55, 1984, 45-53.

H. van Wees, 'The Oath of Sworn Bands'. The Acharnae Stela, the Oath of Plataea and Archaic Spartan Warfare, in: A. Luther - M. Meier - L. Thommen (Hgg.), Das Frühe Sparta, Stuttgart 2006, 125-164.

M. Weißenberger, Lykurg (9), DNP 7, Stuttgart - Weimar 1999, 581-582.

E.Ch. Welskopf (Hg.), Belegstellenverzeichnis altgriechischer sozialer Typenbegriffe von Homer bis Aristoteles, Bd. 1, Berlin 1985.

K.-W. Welwei, Unfreie im antiken Kriegsdienst, 1. Teil: Athen und Sparta, (Forschungen zur antiken Sklaverei 5) Wiesbaden 1974.

K.-W. Welwei, Das klassische Athen. Demokratie und Machtpolitik im 5. und 4. Jahrhundert v. Chr, Darmstadt 1999.

C.W. West, The Public Archives in Fourth-Century Athens, GRBS 30, 1989, 529-543.

M.L. West, Iambi et Elegi Graeci ante Alexandrum Cantati, Vol. II, Oxford 1992².

M. West, Die Geschichte des Textes, in: J. Latacs (Hg.), Homer. Ilias. Ein Gesamtkommentar: Prolegomena, München 2000, 27-38.

D. Whitehead, The Ideology of the Athenian Metic, Cambridge 1977.

D. Whitehead, Immigrant Communities in the Classical Polis: Some Principles for a Synoptic Treatment, AC 53, 1984, 47-59.

D. Whitehead, Cardinal Virtues: The Language of Public Approbation in Democratic Athens, C&M 44, 1993, 37-75.

D. Whitehead, Absentee Athenians: Lysias Against Philon and Lycurgus Against Leocrates, MH 63, 2006, 132-151.

J. Wickersham, Hegemony and Greek Historians, London 1994.

H.-U. Wiemer, Rhodische Traditionen in der hellenistischen Historiographie, (FAB 7) Frankfurt am Main 2001.

H.-U. Wiemer, Krieg, Handel und Piraterie. Untersuchungen zur Geschichte des hellenistischen Rhodos, (Klio Beihefte NF 6) Berlin 2002.

W. Will, Athen und Alexander. Untersuchungen zur Geschichte der Stadt von 338-322 v. Chr., (Münchener Beitr. z. Papyrusforschung und antiken Rechtsgeschichte 77) München 1983.

G. Wirth, Lykurg, Philipp und Athen: Mutmassungen zu einigen turbulenten Wochen griechischer Geschichte, (Abh. Akad. Wiss. Wien 133) Wien 1996, 63-110.

G. Wirth, Lykurg und Athen im Schatten Philipps II., in: W. Eder - K.-J. Hölkeskamp (Hgg.), Volk und Verfassung im vorhellenistischen Griechenland, Stuttgart 1997, 191-225.

G. Wirth, Hypereides, Lykurg und die *autonomia* der Athener. Ein Versuch zum Verständnis einiger Reden der Alexanderzeit, (Österr. Akad. Wiss. Phil.-hist. Kl. SB 666) Wien 1999.

H.J. Wolff, 'Normenkontrolle' und Gesetzesbegriff in der attischen Demokratie. Untersuchungen zur *graphe paranomon*, (SB Heidelberger Akad. Wiss., phil.-hist. Kl. 1970,2) Heidelberg 1970.

I. Worthington, The Chronology of the Harpalus Affair, SO 61, 1986, 63-76.

I. Worthington, Lycurgus 1.149 and those two Voting Urns, CQ n.s. 51, 2001, 300-304.

I. Worthington, Demosthenes, Speeches 60 and 61, Prologues, Letters. Translated with introduction and notes, (The Oratory of Classical Greece 10) Austin 2006.

E. Ziebarth, Eine Handelsrede aus der Zeit des Demosthenes. Die Rede XXXIV gegen Phormion, Heidelberg 1936.

7. Register

176; 60,23: 139.

Diod. 11,3,3: 155;
11,29,3: 155;
11,33,2-4: 165;
11,45-46: 170;
11,62: 151; 12,4,5:
152; 15,81,3: 148;
15,84,7: 138;
16,88,1-2: 23, 140,
144; 17,15: 20
Anm. 17; 17,15,1:
180.

Diog. Laert. 1,57:
163; 3,46: 17; 5,75:
142; 5,77: 142.

Dion Chrys. or.
18,11: 181.

Dion. Hal. ad
Amm. 1,2: 180.

Dion. Hal. De imit.
5,3: 180.

Drakon FGrHist
344 F 1: 16.

Etym. magnum s.v.
Eteobutadai: 16.

Eur. Ion 278-293:
160.

Eur. Erechtheus
TGrF Kannicht Fr.
349-370: 161; Fr.
360: 137, 161;
360a: 162.

GV Peek 29: 140.

Harpokr. s.v. Akte
A 64 Keaney: 127;
s.v. Butades B 21:

15; s.v. Butes B
22: 16; s.v.
Eisangelia E 7:
111; s.v. Epikrates
E 101: 153; s.v.
Eteobutadai E 148:
16; Karkinos K 15:
160; Pelanos P 44:
180; Prokonia P
96: 180; Stroter S
52: 180; tus heterus
tragodus T 19: 180.

Hellanikos FGrHist
4 F 125: 157.

Hermog. Peri ideon
Rabe p. 402-403:
182.

Hdt. 1,56,2: 137;
1,127: 158; 5,67:
163; 7,132: 155;
7,228: 164; 8,49-
82: 150; 8,53: 154;
8,74: 150; 8,136:
150; 8,137: 158;
8,140-143: 150;
9,4-5: 168; 9,5:
150; 9,10: 170;
9,19: 156.

Hes. Fr. 223
Merkelbach /
West: 15.

HGIÜ I Nr. 40:
154 Anm. 129, 155
Anm. 130.

Hom. Il. 22,60:
136; 15,494-499:
163; 24,487: 136;
Od. 15,348: 136.

Hyg. Fab. 46: 161.

Hyp. or. 1 gegen
Demosthenes col.
XXVIII Jensen: 22,
23.

Hyp. or. 2 für
Lykophron 2,20
col. XVI: 112, 124.

Hyp. or. 3 für
Euxenippos 3,1
col. XVIII: 158;
3,6-8 col. XXII-
XXIII: 111; 3,12
col. XXVI: 180;
3,13 col. XXVII:
124; 3,18 col.
XXXI: 112; 3,27
col. XXXVII: 124;
3,29 col. XXXIV:
111; 3,30 col. XL:
124.

Hyp. or. 5 gegen
Athenogenes 9:
131; 31-32: 139.

Hyp. or. 6
Epitaphios 42 col.
VIII: 139; 43: 172.

Hyp. Fr. Jensen 27-
39: 126; 117: 139;
118: 14, 22, 23.

IG I^3 84: 157.

IG II^2 337: 17; 360:
120 Anm. 54; 457:
14, 16, 20 Anm.
17, 22; 463: 22;
513: 14; 1035: 127;
1492: 22; 1623:
131; 1628: 131;
1629: 131; 1669:
127, 172; 1745: 15;

Register der Personennamen, Ortsnamen und Sachbegriffe: